教育の大衆化は何をもたらしたか

フランス社会の階層と格差

園山大祐［編著］

勁草書房

はしがき

編者は、2009年に『日仏比較 変容する社会と学校』(明石書店)、そして2012年に『学校選択のパラドックス』(勁草書房) においてフランスの社会学者と共同研究をまとめている。本書は、編者が約20年間日仏を行き来しながらつくってきた共同研究ネットワークの成果の一部である。また2014年度から、大阪大学国際共同研究促進プログラム「人文科学における日仏研究交流拠点の形成——思想・教育・臨床を中心として」(代表：檜垣立哉) を受けて、2014年11月末に大阪大学にフランスから研究者を招へいし、日本の研究者との研究交流を促進することができた。本書の構成の骨格は、そのとき開催した日仏教育セミナー「庶民階層における教育の大衆化」における報告を基にしている。

本書では、フランスの「庶民階層 (classe populaire＝別名、庶民階級、労働者階級とも呼ぶ)」に焦点を当てながら、20世紀後半から進められた中等教育改革による教育の大衆化の影響について検討する。

本書の構成としては、第1章および第2章は、高等教育機関における中等教育の大衆化の影響について、その課題となる点を明らかにしている。

第3章は中等教育のなかでも、庶民階層が最も多く在籍する職業高校に焦点をあわせ、そこからの職業参入への課題についてまとめている。第4章では、中途退学に導かれる庶民階層の問題に関して質的調査からみえてきた課題について述べている。第5章は、歴史学者によって、1970年代以降に単線化された中学校による弊害が明らかにされる。それらは前期中等教育の大衆化および義務教育の延長化に対応するかたちで教育制度をすべての子どもに平等な学校教育を用意したが、そうした大衆化改革がもたらしたものは留年、落ちこぼれ、そして選抜システムの強化の問題であった。

そうした学歴獲得に向けた関心が社会的に高まるなか、競合空間における学校間競争、生徒の学校選択による庶民階層の特定校 (地区) への集中がみられ、中学校における学業成績に影響を及ぼしている。結果、公立学校の教育機会は均等ではないことを明示したのが第6章であり、フランスの教育界で高く評価された論文である。第7章ではこうした評判を基にした学校選択行動がみられるなか、庶民階層地区における積極的差別是正策が裏目に出るような事態を描き出している。こうした積極的差別是正策としての優先教育政策は、ヨーロッパ諸国においてとられているが、その横断比較について分析している。

第8章では、移民の学業達成に焦点を当てている。移民の多くは庶民階層であり、かれらの学業達成の低さを問題視することがこれまでにもしばしばあった。しかし、そうした評価には問題もあり、同一階層における移民出自とフランス人の学業達成はほとんど変わらない。むしろ職業参入にみられるような人種主義やジェンダー差別が壁となる。その意味でも、エスニシティ以上に出身社会階層の影響をより強く受ける庶民階層全般への対応が課題となる。第9章では、こうした庶民階層の学業困難がどこから来るのか、そして初等教育段階から起きている問題をどのように克服できるかについて明らかにし、フランスの伝統的な教育実践上のあり方について鋭い問いを投げかけている。

第10章では、庶民階層の持つ文化的な障壁が、学校・教師に対する信頼や、コミュニケーションを困難にさせている点をインタビュー調査から明らかにしている。また第11章では、同じく庶民階層でも移民の出自を持つ家庭背景における教育戦略についてフィールドワークを基に分析している。第12章では、同じく郊外における移民の多い地区における書く行為を通じた文化の違いについて考察している。庶民階層に対する、そして特にアフリカ系フランス人に対するステレオタイプに焦点を当てる。

以上の第10章から第12章においては庶民階層および移民の社会、文化についてあまり紹介されてこなかった学校文化との齟齬、また不適応の要因について庶民階層自身の声に耳を傾けるかたちで検討している。こうした庶民階層の学業失敗（échec scolaire）について、その深層に迫った研究は貴重なデータである。

なお、フランスの学業失敗とは、主に第1にフランスの学校制度・学校文化への適応困難さ、第2に基礎学習能力に課題がある場合、第3に不適切な進路指導によって排除・周縁化される場合を指す。1950年代より使用されているこの学業失敗という語は、教育の大衆化の結果つくられた用語である。今日の学業失敗は生物学的、心理学的な要因に限定されず、より社会学的・文化的な背景、あるいは学校教育の選抜機能、そして学校文化に対する不適応を要因とした広範な現象を指す。そして学業の成功も失敗も、学校の選抜機能が精緻化されることによる結果でもある。この用語は研究者や教育政策者側からみたときに使用されるが、むろん生徒個人の学業成功・失敗に関する評価と一致するものではない。

第13章においては、日本との比較を試みている。フランスの社会学理論の枠組みを援用するかたちで、我が国における生活困難層の教育的再生産戦略についてブルデューの方法論を使った実証的な研究成果である。近年では、貧困問題が話題とされるなか、1980年代に久冨善之編『豊かさの底辺に生きる―学校システムと社会の再生産』（青木書店、1993年）において、調査を担当した小澤が、25年後の再調査を基に考察している。新自由主義時代における教育改革の行く末を検討するに相応しい論文であり、日仏比較の観点からも、最終章を通じて日本の将来展望を考えるきっかけになれば幸いである。

フランスの教育と社会の研究者だけではなく、教育の不平等との闘いに関心のある多くの人に読まれることを願っている。

2016年4月

執筆者を代表して
園山　大祐

教育の大衆化は何をもたらしたか

―フランス社会の階層と格差―

目　次

はしがき

凡例

・本文中の［　］内については、訳者による解説を表す。

序章

教育の大衆化は庶民階層に
どのような教育効果をもたらしたか

園山　大祐

1. はじめに

ヨーロッパでは、戦後のベビーブーム、義務教育の延長に伴い、教育人口の爆発が生じた。フランスでは60年代以降、産業構造の転換に伴った産業界からの供給もあり、中等教育の大衆化が爆発的に進み、学歴のインフレが生じた。また、女性の社会進出に伴う進学率の上昇などがある。学歴上昇そのこと自体は、高く評価でき、これまでにもボードロとエスタブレなどによっても解明されてきた[1)]。しかし、そうした問題が、1980年代の景気の低迷と重なり、学校から労働市場への移行（transition）の不一致、あるいは後期中等教育や高等教育における離脱（早期離学、中途退学）問題として近年喫緊の政策課題として浮上した[2)]。さらに、こうした結果の不平等が強化され、富裕層と庶民階層の二極化および庶民階層により厳しい結果を与えていることが指摘されている。

本書でも取り上げるように、前期中等教育制度の単線化および教育課程の統一化というのは、階層による教育結果（最終学歴）の違い、つまり出身階層の再生産や、社会移動の固定化を解消する策として積極的に受け入れられてきた。しかし実は、この50年ほどを振り返ると、出身階層よりも恵まれた社会的地位の獲得を長期化する教育歴が充分に保障されていないことがわかってきた。むしろ、共通の教育制度内における選抜システムはより厳しさを増し、学歴に見合った労働市場、社会的地位を獲得できない若者が増えている。高校入試がないため、中学校における内申書によって進路が決められる。実は単線化された中学校内部における差別化の指標は、外国語（ドイツ語、古典語の選択を上位とする）や選択科目、外国語を強化した教育課程（バイリンガルコース）や、スポーツ・音楽・芸術学校との兼ね合いを認めたエリート志向の強い教育課程か、普通職業適応教育科（SEGPA）といった職業準備に向けた教育課程による[3)]。1975年以降、前期中等教育制度の単線化を行いつつも、逆に教育課程においては選択教科（現代外国語・古典語）等による多様性を残しているために内部における排除の構造を生み出している。こうした点は、本書第5章および第6章で詳しく述べるが、学校内部の教育課程の差異だけではなく、より深刻なのは、地域間、学校間の格差拡大にある。

OECD（経済協力開発機構）が2013年に提出した報告書においても明らかとされているが、PISA（国際学力到達度調査）において成績上位の国は義務教育期間の単線化、教育課程の統一化が特徴であり、さらに学校間の格差が小さいことが特徴となっている。フランスにおいては、社会学者や経済学者によって、地域における経済格差の拡大、住宅事情の格差拡大、こうした地域差を修正できない学区における問題が指摘されている[4)]。したがって、教育結果の格差拡大は、教育環境面の違いと生徒の出自の違いが二重の障壁となっているため、その両面から対処しなければならない[5)]。社会学者ブルデューは1966年に「文化資本」の違いに注目したわけだが[6)]、50年経過した現在は、プポーらの研究にみられる空間への注目がみられ、どの学区に就学するか、あるいは住居戦略と学校選択といった、学校を取り巻く環境を学校の内外に焦点を当てるようになっている[7)]。

2. 階層別にみる教育の大衆化

フランスの中等教育改革は1960年代より行われ、教育の大衆化が進められ、その結果を受けて高等教育も広く、中間層および庶民階層に開かれてきた。現在若年層の4割が高等教育に進学するようになった。こうした教育の大衆化を評価する一方、中途退学や、階層間の教育達成（取得資格、学歴）の違いが社会的な問題となっている。本書では、こうした問題の第一線の研究者の論文をまとめ、日本の研究者と交差させ、どのような教育課題があるのかを考察し、今後の教育と社会の方向性を示唆する[8)]。

教育の大衆化をもっともよく表している数値は、大学入学資格試験として毎年行われるバカロレア試験の結果にみることができる。図序－1にみるように、戦後1950年時点では、普通バカロレアのみしかなく、その取得率は同一世代の2％である。技術バカロレアが用意される前の1968年においても普通バカロレアの取得率は20％であった。1981年から2013年までの数値は、普通バカロレアにおいて19％から38％、技術バカロレアにおいて7％から16％、職業バカロレアにおいては0％から24％と急激に増加している。つまりこの30年間で倍以上の高校生がバカロレアを取得していることになる。

興味深いことにボードロとエスタブレは、1962年と1973年世代の管理職（富裕）層と労働者（庶民）層における学歴の上昇とアスピレーションの違いを分析している。1973年の労働者層の3分の2の保護者が、自分の子どものバカロレア取得を期待するが、その10年前までは6分の1であった。その間に4％しか実質バカロレア取得率は上昇していない[9)]。60年代においては、依然として教育期待が高く、特に技術教育における期待と成果がみられる。ボードロらは、同著で1969年時点では、職業適格証（CAP）取得者の35％は労働者となり、23％は一般事務職となっているとし、CAP取得者の半数ないし、自由業も含めると4分の3が社会上昇移動に成功していて、熟練職に従事しているとする[10)]。

しかし図序－1にみるように1985年から95年の10年間にバカロレア取得率（Taux de bacheliers）は大幅に上昇している。2014年現在の同一世代にみるバカロレア取得見込率は、普通バカロレア（38％）、技術バカロレア（16.2％）、職業バカロレア（24.1％）の合計78.3％である[11)]。この30年間の上昇においては景気の低迷もあり、教育のアスピレーションや、教育神話が低下し始め、教育の不平等が拡大し、民主化に対する疑問が投げかけられている[12)]。同時に、郊外地区における隔離（セグレゲーション）が強まり、中学校教育課程内の自己選抜が厳しくなる時期である[13)]。この点は、本書では、第6章の学校間格差についてトランカールが、第10章の庶民階層の保護者と学校の規範に関す

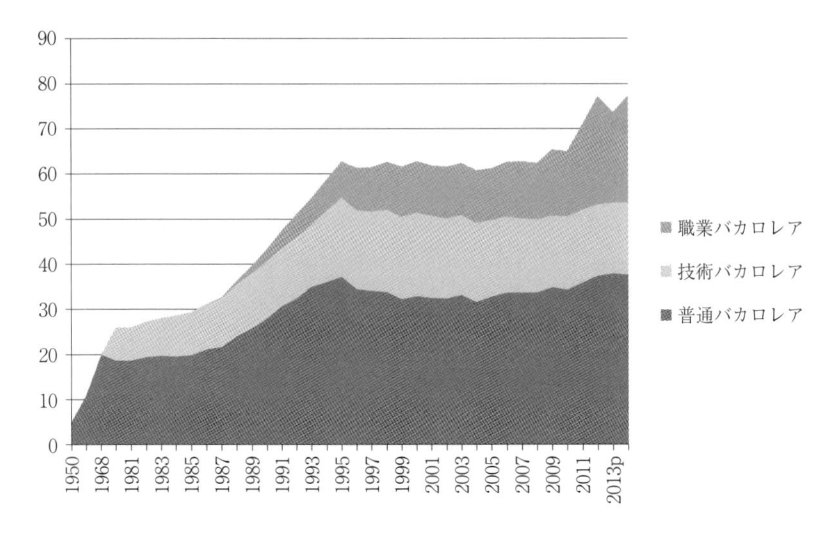

図序－1　バカロレア取得率（1950年から2014年まで，%）

出典：DEPP, *L'état de l'école*, 2014, p. 63と http://www.education.gouv.fr/cid21399/le-baccalaureat-2008.html を基に作成

る理解についてペリエが詳細に述べている。いずれにしても、こうした中学・高校の大衆化は、第1章のボーのいう大学の大衆化を招きつつも、これら「新しい学生」層は不本意入学による挫折を経験することになる。ただ、同時にこうした大衆化がすべての出身階層に等しく生じているわけではない。挫折をより多く経験するのは庶民階層である。

図序－2では、1987-1991年生まれで庶民階層出身の労働者・一般事務職の場合57%しかバカロレアを取得できず、管理職・中間職の85%には程遠いことがわかる。そしてこの格差が、この20年間ほぼ変わらない点がより重大な点となる[14]。全体の学歴取得者が増えるものの、就職率が厳しくなっている今日において、庶民階層の若者が、富裕層の社会関係資本などを持った若者と比較して不利なのは明白である。その意味において、第2章のオランジュや、第3章の荒井が明らかにしたように高等および後期中等教育内におけるコース、資格の選択が、労働市場における有効性の違いとなって跳ね返ってくる。

こうした資格の有効性について充分な戦略や情報を持たない庶民階層にとっ

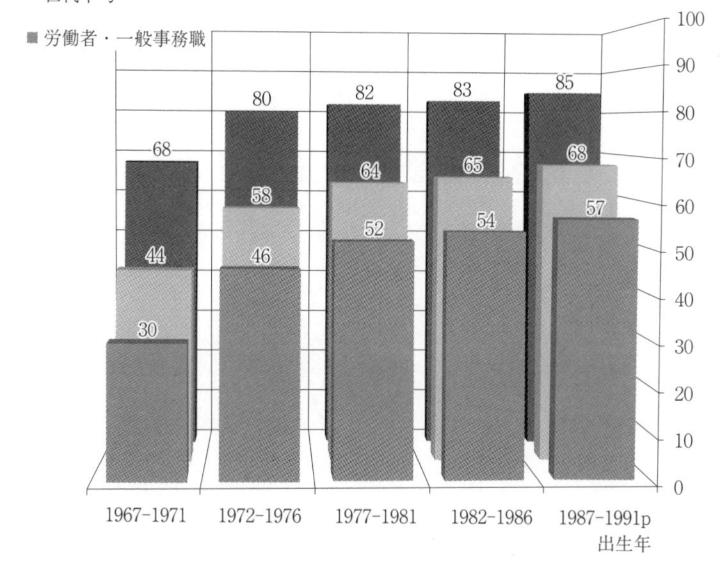

図序－2　年代、出身階層別バカロレア取得率（%）

出典：DEPP, *L'état de l'école*, 2014, p. 71

ては、中学校からの進路指導における精鋭化された選択教科、コース、学校の選択というのは自己責任による失敗として片づけられることが多い。しかし、本書でこの問題を取り上げる執筆者らは、こうした教育システムにこそ問題の根源があるとする。

さらに図序－3では、出身階層別にバカロレアの種類の選択の違いおよび取得率の違いが際立っていることがわかる。富裕層（管理職等）の普通バカロレア 77%（職業バカロレア 9%）を頂点に、労働者のそれは 35%（職業バカロレア 41%）に留まり、平均よりだいぶ低いことが読み取れる。こうしたバカロレアの種類別の取得率の差異は偶然ではなく、進路指導の結果および自己選抜による。社会学者デュベは、1980 年代における技術バカロレア進学者が普通バカロレアコースの高校生とは異なる文化を持っていることを指摘している。また

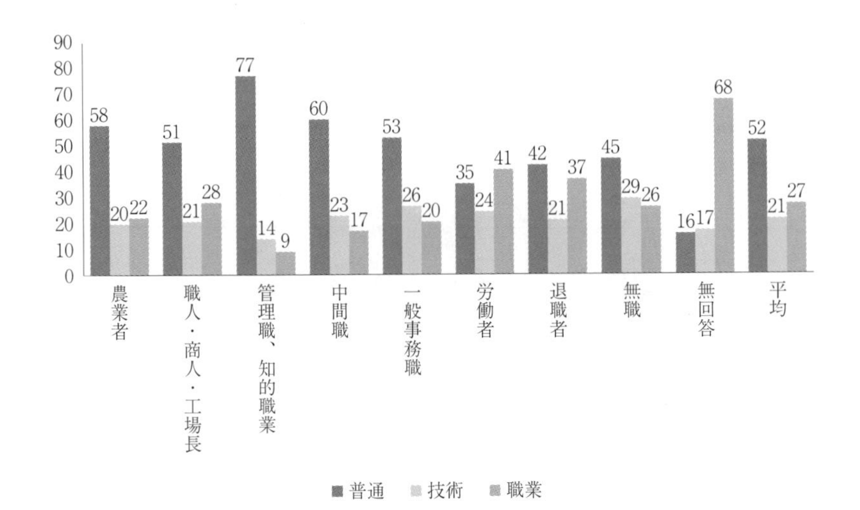

図序－3　出身階層別バカロレア取得率（2013 年度、%）

出典：DEPP, *L'état de l'école*, 2014, p. 71

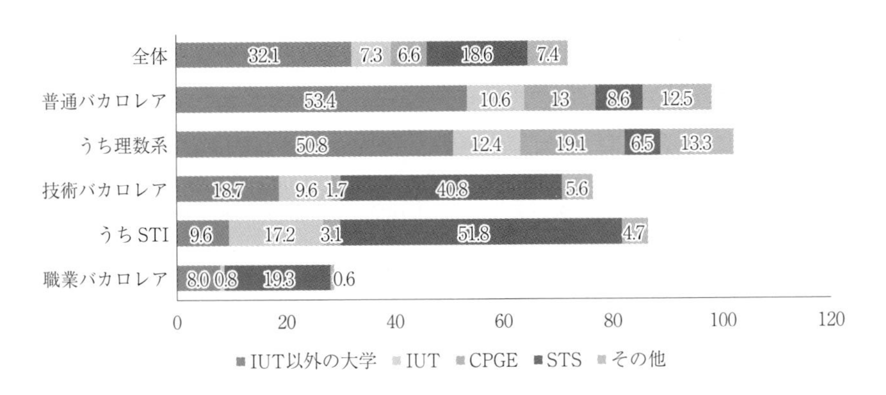

図序－4　バカロレア種類別進路（2012 年度、%）

出典：DEPP, *L'état de l'école*, 2014, p. 45

技術高校生の学業に対する「挫折感」について述べている[15]。

当然ながら、こうした取得した資格に応じて高等教育への進路に影響を及ぼす。図序－4 にみられるように、普通バカロレア取得者の 53.4% は技術短期大学部（IUT）以外の大学あるいはグランゼコール準備級（CPGE：13%）に進学し、IUT あるいは上級技手養成短期高等教育課程（STS）を選択するものは少ない。他方、技術バカロレア取得者の40.8% はSTS に進学している。なかでも工業科学技術系（STI）コースからは半分がSTS へ進学していて大学への進学率が低いことがわかる。そして職業バカロレアに関しては、その大多数が高等教育には進学していないことがわかる。こうした職業高校における高校生文化の変遷は顕著であり、先にみた60 年代にみられた労働者層の期待から、現在では高校に進学しても、普通高校ではないという「挫折」として、または「屈辱」に感じられている。

3. 初等教育段階から始まる学力低下と階層間格差の固定化

こうした教育の民主化の問題は、近年学力低下論争にもみられる。図序－5に示されているのは、フランス国内における小学生を対象に行われている読解（左のグラフ）および計算（右のグラフ）の全国学力調査の過去20 年間の同類問題にみる変化である。全体の平均値が下がっているが、深刻なのは管理職よりも中間職以下の階層においてより学力の低下が深刻なことにある[16)]。別の数値でみると、1980 年に中学に入学した労働者層の生徒のうち約半数が無資格離学者となっている。こうした点は、社会学者ライールの研究において、庶民階層の家庭における会話、メモ書き、学校での出来事に対する関心など、日々の保護者から子どもへの働きかけにみる違いによる文化資本の問題が指摘されてきた[17)]。

また本書第9 章のボネリーの指摘にあるように、初等教育段階から落ちこぼれが始まり、中等教育段階で学力格差が固定化される。彼は、落ちこぼれの始まりに注目し、初等教育段階における不可視的な教授法の改善を求める。なぜなら第4 章におけるミエとタンによる中等段階における落ちこぼれ対策より早い段階に問題は始まり、それは教授法の改善によって可能と考えるからである。ミエらが分析している早期離学対策として1990 年よりフランス国民教育省が打ち出した学校の外に用意した措置には、第4 章が示すようにその効果には限界もある。特にすでに郊外のゲットー地区における、スティグマ化された中学

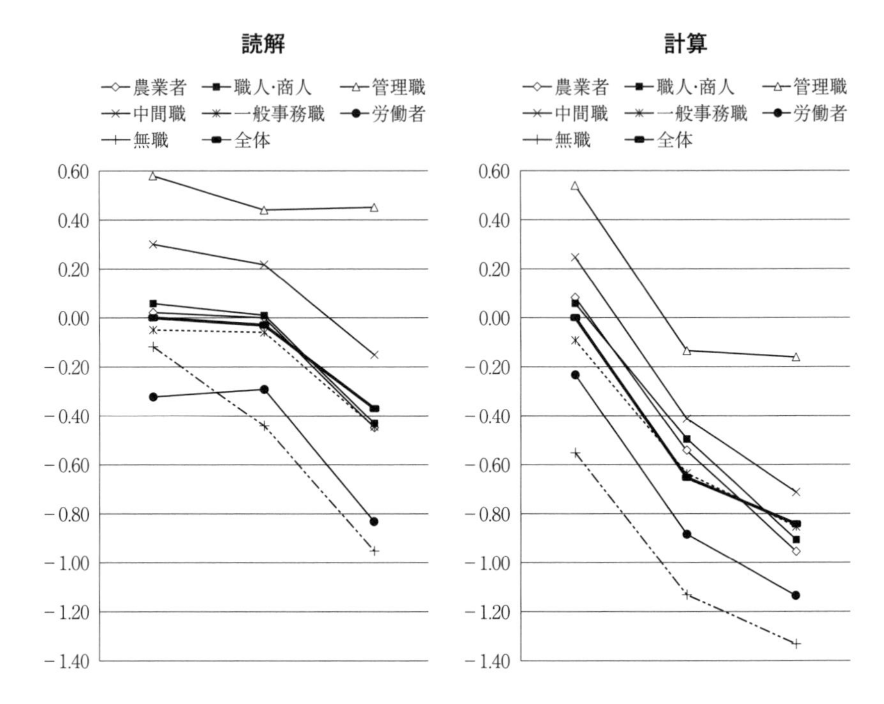

図序－5　出身階層別の小学生の読解・計算力の変化

出典：Rocher, T., «Lire, écrire, compter: les performances des élèves de CM2 à vingt ans d'intervalle 1987-2007», *Note d'information*, n° 08.38, Depp, 2008

校（たとえば「優先教育地域 ZEP」）内から排除されている教育課程（たとえば「普通職業適応教育科 SEGPA」）において、繰り返し問題行動がみられた生徒が校内の懲罰委員会を通じて複数回の退学処分の結果送り出された生徒の受入先として用意された復帰準備中継学級から、もう一度やる気を見出し、学力を身につけて普通学級に戻るというのは、相当な心理的な負担を乗り超えるエネルギーが必要であることは想像に難くない。こうした学級に追いやられる危険性が高いのも庶民階層や移民であるが、かれらの場合、初等段階の早い段階で留年が始まり、同時に家庭からの充分な理解と支援が不足しがちな点も、また事実である 。

4. むすびにかえて

以上にみてきたように、フランスでは、戦後一貫して教育の大衆化を進めてきた。その成果は数量的には明らかに達成したと言えるだろう。大学入学資格試験であるバカロレアの受験者数および合格者数は事実一貫して上昇してきた。しかし、その量的な評価とは逆に質的な面においては、出身階層（文化資本）別の差異が際立ってきている。したがって政策立案者の想定していたような教育の民主化に一定程度、ある時期までは貢献しつつも、経済成長の後押しもなかっただけに、出身階層の違いを捨象するほど獲得した学歴の効果がみられない。さらには、庶民階層の一部の移民や女性などにとっては、同一学業達成において同一水準の就職先が保障されない課題が浮上し、教育神話が崩れたようにもみえる。無論、学歴は持たないより持った方が就職に有利なのは間違いない。とはいえ、一部のマイノリティにとってその学歴が絶対的な保障ではなくなっていることも紛れもない事実である。我が国においても、この十数年、社会格差や希望格差が話題となり、教育神話の崩壊も指摘されたところである。日本では階層意識が弱いため、フランスのような社会論争には発展せず、社会や教育制度設計の問題を政治課題として充分な議論はされていない。

しかし本書で扱う、こうした庶民階層にみる教育の大衆化が、どこまで達成され、そのうえでだれが、どのような不利益を被っているのかという争点は日仏に共通した21世紀の社会および教育課題である。特にそのことは教育制度そして、社会構造問題として政治課題として議論しなければならないだろう。以下の各章では、各教育段階、各教育アクター、優先教育地域や庶民地区のもとで、どのような課題がみられるのか、教育の大衆化の結果に迫ってみたい。

本書では、こうした教育の大衆化による犠牲者はだれなのか、なぜ庶民階層により厳しい結果として現れているのかについて考えていきたい。

注

1）Christian Baudelot et Roger Establet, *Le niveau monte*, Seuil, 1989.　女性の学歴上昇については以下を参照のこと。*Allez les filles!*, Seuil, 1992, 2006. C.

ボードロ「女性に役立つ学校」『日仏比較 変容する社会と教育』明石書店、245-259頁、2009年。学歴インフレについてはマリー・ドゥリュ＝ベラによる『フランスの学歴インフレと格差社会』（明石書店、2007）がある。

2）園山大祐「フランス教育制度における周縁化の構造」中野裕二ほか編著『排外主義を問いなおす』勁草書房、127-150頁、2015年。

3）現国民教育大臣ヴァロ＝ベルカセム（Najat Vallaud-Belkacem）は、中学校改革に着手しているが、こうした不平等の解消としてヨーロッパ言語学科などの外国語を強化した教育課程を廃止して、すべての生徒に共通の外国語の授業時数（中学2年から第2外国語の開始）を必修化しようとしている（Décret n° 2015-544 du 19 mai 2015、Circulaire n° 2015-106 du 30 juin 2015）。

4）フランスでは、1980年代より地域間格差是正を目的に積極的な差別是正策を実施してきた。こうした優先教育政策は、イギリスをモデルに導入されたが、全国学力調査結果に限定すると充分な結果がみられない。特に教育経済学の研究からは厳しい評価が示されている。他方、教育学者には、この30年間の失業率の上昇や収入の減少を鑑みれば、また住宅事情を含めた生活環境を考慮すれば、教育格差是正策の効果は一定程度評価できるとする。大前敦巳・園山大祐「フランス――学力二極化に対する共和国の挑戦」志水宏吉・山田哲也編『学力格差是正策の国際比較』岩波書店、121-148頁、2015。

5）OCDE, *Equité et qualité dans l'éducation*, pp. 103-113, OCDE, 2013. Eric Maurin, *La nouvelle question scolaire*, Seuil, 2007. Pierre Merle, *La ségrégation scolaire*, La découverte, 2012.

6）Pierre Bourdieu, « L'école conservatrice. Les inégalités devant l'école et devant la culture », *Revue Française de Sociologie*, no. VII, 1966.

7）Frank Poupeau et Jean-Christophe François, *Le sens du placement*, Raisons d'agir, 2008. Agnès Van Zanten, *L'école de la périphérie*, PUF, 2001. Daniel Thin, *Quartiers populaires*, PUL, 1998. 園山大祐編著『学校選択のパラドックス』勁草書房、第6章、2011。

8）園山編著『学校選択のパラドックス』（勁草書房）の第1章にて、フランスの戦後教育の大衆化と民主化の変遷についてまとめている。ここでは、その概略をいくつかの図表にて紹介するが、詳細は同著を参照いただきたい。

9）Baudelot et Establet, *Avoir 30 ans en 1968 et 1998*, Seuil, p.105, 2000.

10）*Ibid.*, pp. 148-149.

11）DEPP, *Repères et références statistiques sur les enseignements, la formation et la recherche*, Edition 2015, pp.240-241, 2015.

12）P. Merle, « Démocratisation ou accroissement des inégalités scolaires ? L'exemple de l'évolution de la durée des études en France (1988-1998) », *Population*, no. 4-5, pp. 633-659, 2002.

13) A. Van Zanten, *Ibid.*

14) Stéphane Beaud, « Enseignement supérieur: la "démocratisation scolaire" en panne », *Formation Emploi*, no.101, pp.149–165, 2008. Jean-Paul Larue, *Baccalauréat, à qui profite la démocratisation ?*, L'Harmattan, 2005. Louis Chauvel, *Le destin des générations*, PUF, 1998. Tristan Poullaouec, *Le diplôme, arme des faibles*, La dispute, 2010.

15) François Dubet, *Les lycéens*, Seuil, 1991.

16) Jeanne-Marie Daussin, Saskia Keskpaik, Thierry Rocher, « L'évolution du nombre d'élèves en difficulté face à l'écrit depuis une dizaine d'années », *France Portrait Social*, La documentation française, pp. 137–152, 2012. http://www.education.gouv.fr/archives/2012/refondonslecole/wp-content/uploads/2012/07/fiche_thematique_depp_n_3_evaluation_l_evolution_du_nombre_d_eleves_en_difficulte_face_a_l_ecrit_depuis_une_dizaine_d_annees_2012.pdf (閲覧日：2015.05.01).

17) Bernard Lahire, *Tableaux de familles*, Gallimard/Seuil, 1995. *Culture écrite et inégalités scolaire*, PUL., 2000. Jean-Yves Rochex et Jacques Crinon, *La construction des inégalités scolaires*, PUR, 2011.

第1章

「バック取得率 80%」から 30 年

―学校教育民主化政策に関する考察―

ステファン・ボー

1. はじめに

まずは、学校制度のみに専念していると忘れがちな自明の理を思い出すことから始めよう。高等師範学校で（ともに生徒だった時期に）エミール・デュルケムと長年にわたる交友があった社会主義者ジャン・ジョレスの美しい警句を借用させてもらおう。「学校の問題、あるいはむしろ教育の問題を社会問題の全体に結び付けない者は、不毛な努力か夢想に終始するほかない」というものだ。これがここでの我々の観点となるだろう。それでは、本題に入ろう。フランスで 30 年ほど前に、社会党所属のジャン＝ピエール・シュヴェーヌマン国民教育相が打ち出した「バック取得率 80%」［訳注：「バック」は「バカロレア」を短縮した通称で、本章は双方を意図的に使い分けている］というスローガンの下で施行された学校教育民主化政策に、今日どのような意味を見出すことができるかという問題である。

この政策が開始して以後の 10 年間には、「学校教育の爆発的拡大の第二波」[1] と呼び習わされている現象が起きた。同年齢層でのバック取得率が 10 年間で 35% から 65% に上昇したという統計を見るだけで、このことは明らかだ。学校教育水準のこのような向上（30 ポイントもの上昇！…）は、非常に急激で、歴史的にも異例だが、そこには、この学校教育拡大政策が極めて意欲的に推進されたことと、歴代政府が学校教育予算を優先したことが反映している。学校教育の供給面では、この「民主化」政策は「職業バック」という新たな資格の創設（1985年）によって可能になった。これは、理念上は、フランスの中等教育制度において構造的に冷遇されてきた職業教育に平等な尊厳を与えることを狙いとしていた。学校教育の需要面では、この「バック80%」政策は庶民階層の家族から支持された。庶民階層では学校について現実主義的な冷めた見方が強いが、この政策は「見逃してはならない」チャンスと受け止められたのである。この階層にとって、学校の免状を保持することは、やはり、大量失業や賃金の不安定に対する最良の防御だと思われたのだ。ソショー（フランス東部）にあるプジョー社の自動車工場において、我々が工員を対象に実施したフィールド調査［訳注：*Retour sur la condition ouvrière,* Fayard, 1999］でも、インタビューでしばしば「今や教育がないとやっていけない」という言葉が聞かれたが、これは、失業や不安定な身分を避けるには「重要な」資格を持っていないといけないというほどの意味合いである。

我々はまず、この学校教育民主化の成果を概括した上で、高等教育に関する重要な問題をじっくりと検討し、最後に、この政策が見逃している問題点を取り上げたい。この問題点というのは、フランスでは長期間にわたる教育が新たな基準になったが、これに適応できない生徒がいることである。

2. 学校教育の民主化：不平等の単なる移動

フランスのように、学校教育を通じた社会移動という政治的に魅力のあるテーマが、共和主義のイデオロギーにより聖化されている国では、教育政策や、学業証書の社会的影響について、一定の歴史的距離をとって考えることが大切である。かつてのフランスの学校は、極端な複線型だった。一方に、「民衆の学校」があって、そこで初等教育修了証書を取得し（取得できないケースもある）、そのうち、極めて少数の「奨学生」のみがリセに進学して、バックを取得することができた。しばしば引き合いに出されるアルベール・カミュ（父親がおらず、母親は家政婦）の場合がそうで、カミュはノーベル文学賞の授賞式で、アルジェの熱心な小学校教諭だったジェルマン先生を讃えた。他方には、地域のブルジョワ家庭の子どもが通うリセがあった。こうしたブルジョワ家庭の子どもは、第6級から「小リセ」と呼ばれるリセの前期課程に入学したが、その前は小学校に行かずに、自宅で教育を受けただけの生徒もいた（もう1人のノーベル賞受賞者である物理学賞受賞者ピエール＝ジル・ド・ジェンヌの場合がそうである)。この2つの学校教育の世界ははっきりと分かれていて、交わることがなく、庶民階層の子どもにとって学校教育からの排除システムは容赦のないものだった。庶民階層の子どものほうも、予め排除されることが分かっているため、先手を打って、学校制度を拒否したり、そこまで行かずとも、自分で自分を排除する態度（「長期の教育は自分には関係ない」）に甘んじたりしていた。弱者に過酷な複線型の教育制度が生み出した人間は、しばしば学業に欲求不満を抱いていたものの、言わば、社会的には「分相応」だった。

エドモン・ゴブロは1925年に名著『障壁と水準（*La barrière et le niveau*)』で、「バカロレア」（当時は、社会的地位の確保をもたらすこの試験の名称をバックに短縮することは問題外だった）が担った強力な差異化の役割を明らかにした。ゴブロの巧みな表現を借りると、バックはその取得者に「ブルジョワジー権」を付与したのである。これに対して、60年後の「バック80%」政策は、バックを最大多数が取得できるようにすることを目指していた。これは決して小さな改革ではない！　その結果はどうだったのか？　過去30年間の「学校教育民主化」の成果はいかなるものだろうか？[2]　この政策の公的な評価方法は、講じられた措置の重要性にそぐわないお粗末なものであることを認めざるを得ない。国民教育省のDEPP（評価予測成果局）による定期調査にもかかわらず、この問題について掘り下げた回答を可能にするような、大規模なサンプルを対象とした全国的調査は行われていない。社会学者による量的研究のうちで最も充実したものは、量的データの生産チェーン全体において、学校の統計調査に依拠している。つまり、学校制度自体が生産した統計値を拠り所にしているわけである。こうした統計の利点は、生徒の年齢、性別、社会的出自（親の社会職業的分類を通じて把握)、バックの種類と成績など、分析に最適の個人的データが集計されていることである。地域圏レベルでの網羅的な大規模調査は2つしかない。1つはブルターニュ地域圏でピエール・メルルが実施した調査(Merle 2000, 2002)、他方はノール・パ・ド・カレ地域圏でベルナール・コンベール（Convert 2003）が実施した調査である。ピエール・メルルの調査は「隔離的な」民主化が見られたと結論している。これは、リセの最終学年における（受験するバカロレアの種類に応じた）進路分けに際して、社会的出自の違いによる機会格差が広がったことを指している。逆にベルナール・コンベールの調査は、リール地方（ノール・パ・ド・カレ）に関して、「平等化を伴う」（上記の格差を縮める）民主化が見られたと結論している。

両地域圏での成果の相違は、おそらく、それぞれの地域に特有の学校教育普及の歴史、労働市場の変化、職業教育の比重、移民家庭出身の子どもの割合（リール市のあるノール県のほうが割合が多い）などに由来するところが大きい。

ソショー・モンベリアルのように労働者の多い地方で我々自身が行った調査に基づいて、こうした地域間の差異を説明する二重の仮説を提示することができる。一方で、失業、不安定な賃金、社会住宅の不足と居住環境の劣悪化などの打撃をまともに被った庶民階層の家族が子どもの学校教育への投資を（長期教育という形で）強化したと考えられる。他方では、学業の継続を求める家族の圧力がより強い地域においては、学校による選抜の基準が緩んだと考えられる。民主化の成果に立ち戻ると、アンリ・レリドン（Leridon 2000）の次のような結論は今でも全体的に有効である。「不平等の移動が起きた。即ち、かつては下のレベルで見られた不平等が上のレベルへと移動したのである。この不平等の移動が教育の本当の民主化と受け止められる可能性はまずないだろう。」

したがって、現行の教育制度は、庶民階層の子どもが以前よりも遅い段階で学業から排除される傾向に特徴があることになる（Œuvrard 1979）。この学業継続政策の開始前には、庶民階層の子どもは早い段階で学業競争から排除されていた。1990 年以後は、庶民階層の子どもはより長い時期にわたって篩い落とされ、多数が一般リセで最も格の低いコース（技術課程）や、より本格的な格落ちのコースである職業リセに進むことになる。この問題に関する量的調査と質的調査を交差させた研究は（Cayouette-Remblière 2013）、学業継続政策が、特に庶民階層において、学校教育に食傷気味で、自分の教育レベルの価値に不安を抱き、客観的な将来の見通しが不明瞭な個人を生産することに、それなりに貢献したことを証明している。

我々としては、「バック 80%」政策の成果として特に注目すべきなのは、そのシンボリックな効果だと考える。この政策によって、フランスでは長期教育が強力かつ持続的な基準となった。この長期教育の基準はフランス社会のあり方に深いところで「作用」し続けている。今や30年近くになろうとするこの長期教育の新体制においては、バカロレアが学位の段階的位置づけでゼロポイントの役割を担うことが多くなっている。日常生活において、個人の社会的地位が以前にも増して学位や学歴で測られるのを見て取るのは容易だが、この場合の学歴とはしばしばバック取得後の就学年数のことである。たとえば賃上げ要求において、高学歴の職業に従事している者（特に医師）が、「バック・プラス10」［訳注：バック取得後に10年間の高等教育を修めたことを意味する］の学歴にふさわしい給与を要求することは珍しくない。逆に、バックをゼロとして、学歴がそれよりも低いマイナス値だと、その学歴の保持者は社会的価値が低いとされ、時として、一種の無能力者とすらみなされかねない。たとえば、ある人物を貶すのに、「バック・マイナス5」でしかない、というような言い方をすることがある（私が現在調査中のプロサッカー選手の場合などがまさしくそうだ〔Beaud S. 2014〕）。今日、バックよりも低い学歴しかないことを、特にメディアなどで誇示して、自分の個人的メリットを強調する人がいるとすれば、それは経済的あるいは職業的に親から特別な財産を受け継いだ者に限られる（ショービジネスの有名人や中小企業オーナーなどの子ども）。

3. 学業継続政策の社会的真価が問われる場、高等教育

フランスでは高等教育の二重制度が、歴史の遺産であり、古くかつ根強いものとなっている。学業面でも社会面でも非常に選抜的なグランゼコールのエリート世界に、開放的で、費用もかからず、庶民階層からの進学もより多い大学の諸課程の世界が対立している。学業継続政策は学生の数を大幅に増やし、バック取得以後の教育世界のカードを部分的に切り直したものの、今日なお、グランゼコールがかつてにも増して庶民階層や中流階層に対して閉ざされた場であることには驚かざるを得ない。たとえば高等師範学校［ENS、訳注：19世紀半ばに創設されたフランスのエリート養成機関で、M. フーコーや P. ブルデューなどもここの出身］の場合、今日の生徒の80%は上級管理職や知的職業の階層の出

身である。商業系のグランゼコール（HECなど）は、生徒の社会的出自を秘しているものの、多くの生徒が社会的上流階層の出身である（Lambert 2010）。パリ政治学院は2000年に、首都圏郊外の複数のリセと「ZEP（優先教育地域）協定」を結んで、社会的により開かれた生徒募集を目指したイニシアティブを打ち出し、波紋を投じた。これに倣ったグランゼコールは（ESSECなど）数校だけで、他の大多数のグランゼコールは共和主義的な選抜試験の原則を固守し、その入学者の社会的出自が、（非常に）恵まれた階層の子どもに有利な形で、閉鎖性を強めていることに気づかないふりをした。こうした傾向が特に著しいのは商業系グランゼコールで、グランゼコール中でも社会的相続の度合いが「最高度」に達している。つまり、グランゼコールの社会的開放政策はメディアでは大きく取り上げられたものの、グランゼコールの民主化に対する実質的なインパクトは比較的小さかったと認めざるを得ない（Pasquali 2014）。

要するに、図式的にまとめると、フランスの上流階層を構成するさまざまな諸集団は、過去30年間を通じて、グランゼコールへの進学における貴重な独占権を維持し、中流階層及び庶民階層の子どもたちとの競争から身を守ることに成功したわけである。ただし、フランスにおける国の役割と権力が衰退したことで、上流階層の子どもの進路選択の優先順位は変わった。「国家貴族」［訳注：エリート官僚などを指すブルデューの用語で、グランゼコールに関する著作の題名でもある］になろうとする者が多少減った（現在、国立司法学院の生徒の80%は女性である）。一方で、今や（英米のビジネススクール風にするために）軒並み魅力的な英語名に改名した商業系グランゼコールには入学希望者が殺到し、また、知的ブルジョワジーの子どもは従来通りに3校の高等師範学校［訳注：パリ、カシャン、リヨンのENS］や美術系グランゼコール（FEMIS、高等演劇学校、ルーブル学院、国立遺産学院など）に進学し続けている。

高等教育のヒエラルキーの上部におけるこうした現状のみにとらわれて、学校の大衆化のおかげで、フランスの高等教育の他のセグメントで起きた大掛かりな変化を見逃してはならない。新たなバカロレア取得者が多数押し寄せたことで、（大学に付設されている）IUT（技術短期大学部）や（リセに付設されている）BTS（上級技術者証書、Orange 2010を参照［本書第2章参照］）クラスのような「バック・プラス2」レベルの中間セグメントが追い風に乗った。これらのセグメントは「選抜的」に見える（入学するには書類審査や時として面接も受ける必要がある）というメリットがあり、「庶民的な学生」と一線を画すことができるという印象を一部の学生に与えたためである。実際、入学者を選抜しない大学の第1期課程の意味合いは変わった。新たなバカロレア取得者は、特に文学部の諸学科（心理学や社会学など）において、新設された課程（経済社会管理AESや応用外国語LEAなど）に入った。「学校民主化の子どもたち」（Beaud 2002）はそこで混乱を経験し、多くの場合は挫折し、大学文化とのギャップを味わった。なぜなら、ベルナール・コンベールがいみじくも言ったように、「中等教育では隔離的というよりも平等的な民主化が行われたと言えるとしても、それに伴う選抜不足は、ある種の選抜メカニズムを高等教育の入り口か、さらにその上の段階へと先送りすることにつながっている」からである。

4. 落ちこぼれには代償が大きい長期教育の基準

フランスでの学校に関する諸研究に対して包括的な批判が可能だとすれば、それは、これらの研究があまりに学業継続の動きに寄り添い、社会需要に密着しすぎて、新たな学生人口が加わった高等教育の変化に焦点を絞りすぎている点だろう。ところが、社会学者が学校教育を研究する際に、労働市場と若者の深刻な失業（今日のフランスにおける喫緊の社会問題）に対する目配りを忘れなければ、フランスの学校制度にとって目下の優先的問題が何かを指摘できるだろう。最大の問題は今日のフランスにおいて「無資格離学者」の割合が高く（20%）、しかも、呆れるほどコンスタントなことである。「バックに関しては、取得率80%という目標を達成できないことよりも、それが及ぼす敷居効果のほうが懸念される。実際、無資格離学者は『低学歴』という深い落とし穴に閉じ込められてしまう恐れがある（Verdier 2001）。」学校教育の分野で緊急課題の優先順位を定めるとすれば、最初に取り組むべき課題はこれである。つまり、学校から排除され、学業に完全に挫折した人々の問題だ。

生徒が辿る学業の進路に関する研究、特に同年齢層の進路追跡調査に基づいた研究はいずれも、コレージュ・リセ及び高等教育における学業の成功において、初等教育が担う決定的役割を強調している。過去15年間に小学校での留年はかつてほど頻繁ではなくなったものの、第6級［訳注：中学校の初年度］に遅れて進学する生徒は学業を途中で放棄する可能性が高く、そうでなくとも、中等教育での就学が不安定で、普通バックを取得できる可能性は小さい。このような生徒の大多数が庶民家庭の出身であることが明らかになっている。移民の子どもの場合は特に留年が顕著で、1年遅れで中等教育に進学する子どもの割合は、親がフランス人の場合には15%だが、マグレブ系移民の子どもでは36%、ポルトガル人移民の子どもでは32%に達している（男子のほうが女子よりも留年率ははるかに高い）［本書第8章］。また、初等教育段階でフランス語と算数の基礎的能力を獲得しなかったことが、学業の遅れと密接に結びついており（Brinbaum, Kieffer 2009）、これがその後の中等教育における学業にも強い悪影響を及ぼすことになる（Baudelot-Establet 2009）。こうしたハンディキャップの社会的分布にも強い偏りが見られ、庶民階層の子どもが主な犠牲者である。要するに、学業継続の動きのみに注目して、今や大幅に長期化した学業競争を早期に放棄してしまう人々の側で何が起きているかを見逃すと、代償が大きいように思われる。

それというのも、長期化した教育体制においては、学業失敗はいっそう激しい苦痛をもたらすリスクが大きいからだ。まず、長期的な学業が基準になったことで、これに適応できなかった人々が「少数派」の地位に貶められた。他方で、庶民階層の大家族では、今や兄弟姉妹の学歴が大きく異なるため、学業失敗が他の兄弟姉妹の成功と比較してよけい目立つようになった。かつてなら運命でしかたないと思われたことが、今日では家族によって子ども本人の性格の問題（「不真面目」、「怠け者」、「おふざけ者」など）だとみなされがちになった。なお、学業失敗がもたらす効果は、学校外の社会化形態によっても大きく異なる。移民家族の比率が高い、いわゆる「困難な」地域では、学業失敗がしばしば非行集団の世界に入るきっかけになっていることが、未成年犯罪に関する研究（Mohammed 2011）により明らかにされている。常に尊敬の獲得を追求している状況では、学業不適応（disqualification scolaire）が非行集団の世界への参加資格に転換され、非行の世界が、自尊心の回復を可能にする復権の場と映る可能性がある。そうなると悪循環に陥ってしまい、そこから抜け出すのは非常に難しい。非行集団の世界で勝ち取った評判を維持するのに必要な「仕事」は、当然のことながら、顕在的あるいは潜在的な形での学業放棄につながり、また、家族関係の緊張も招いて、そのため、いっそう非行集団世界にのめり込むことになるからである（Mauger 2006）。

学業面での不適応だけでなく、そのほぼ必然的な帰結である職業的な不適応を強調しておくことも大切だ。これにはいくつかの形態がある。まず、知識経済においては、無資格労働者の使用が大幅に減り、最も過酷な作業は非正規滞在者が多い新規の移民労働力に割り当てられる傾向がある。次に、職場での態度に関する不適応がある。ZUS（困難都市地域、「シテ」と呼ばれる郊外団地地域）で育った若者たちは、工場のライン作業員などの仕事で、同じ社会的特性を備えた若い女性たちと競合関係に置かれる可能性があるが、女性たちのほうが一種の妥協術に長けており、職場での人間関係を円滑にする能力が高い。より一般的に、無資格の若者たちは、有期労働契約（CDD）や派遣労働契約を得るチャンスを得た場合でも、アノミーを強める作業集団、職場の人間関係の悪化、自分の職と小さな既得権を守ろうとする「先輩たち」などに直面することになる。

庶民階層出身の若者たちの学業面と職業面での不適応と、それに伴う社会的価値の大幅な低下は、自分たちの客観的な将来に関する見通しの悪化や、さまざまな形での社会的絶望を表現する一連の社会的行動を生む。こうした若者層に見られるさまざまなタイプの自己破壊的行動がすぐに思い浮かぶ。アルコールや薬物の依存的消費、自動車の運転や性行為における危険行動、若年自殺率の上昇傾向、繰り返される刑務所への拘禁などである。次元は異なるが、やはり関連性のある行動として、統計的にはほとんど把握されていないものの、若いフランス人のヨーロッパ諸国への移民をあげることもできる。一部の国では、無資格でも就職できるからだ（ロンドンやバルセロナの労働市場のケースがよく知られている）。資格がほとんどないフランス人の若者たちが国外に職を求めて移民するのは「足による投票」に近い行動だと考えられ、母国において自分たちに与えられた「終身の若者」［訳注：《jeunes à perpétuité》は、安定した職業に就けず、親から自立できず、一人前の家庭を築けない若者層を指す表現で、《à perpétuité》は終身刑などを意味する表現で用いられる言葉］という地位や、履歴書などに記載された額面的価値のみに基づいて雇用主が自分たちに貼った「雇用不適格者」というレッテルに対する、多かれ少なかれ意識的な抗議の意味合いを帯びている。

5. おわりに

今日、量的な民主化の動きは息切れしてしまった。同年齢層のバック取得率はこの10年ほどは62%前後［訳注：2013年度は73%］で推移している。歴史的に見ると、この民主化政策はほとんど実験的な試みだったが、今やそこから一連の教訓を引き出すことがかつてよりも容易になった。学校教育システムの実質的民主化の諸段階に関する社会・歴史学的研究（Briand & Chapoulie 1992；Prost 1986［本書第5章］）によると、フランスでは民主化の進歩が「トップダウン」でなされたことは一度もなく、むしろ「間接的手段で」［訳注：« par la bande » の原義は、ビリヤードで台の「クッションを使って」プレイすること］実現されてきた。すなわち、（旧制の）高等小学校とその小学校補習科において、教員が学校文化と庶民階層の生徒の間で効果的な仲介者の役割を演じる小規模な指導体制で、巧妙な組織的工夫によって実現されてきたのである。この分析に照らし合わせると、逆に、カリキュラムに関する予備的検討や、教授法の本格的な変更がないまま、性急に強行されたリセと大学の民主化が行き詰まりに陥ったことも理解しやすくなる。主な理由は2つある。1つは、民主化によって庶民家庭が学校に対して強い失望や幻滅を抱き、その結果、子どもに長期的な教育を受けさせることを躊躇するようになったことだ。2つ目は、民主化が、高等教育における教育／雇用の関係についての厳密な「適応主義的（adéquationniste）」［訳注：教育を雇用に適合させようという考え方］ビジョンの復権（しかも長期的な復権が懸念される）に大きく貢献したことである。これに伴い大学はひたすら職業教育化に向かっているが、これは大学の長い歴史にそぐわないし、また、大学が得意とすることでもない。

注

1）第一波は、ドゴール大統領の下で1960年に起きた。学校制度が統一され、中等教育、つまりコレージュ（12-16歳）への進学が一般化した。［訳注：

本書第5章を参照のこと。この頃義務教育が14歳から16歳へと延長される。]

2）この設問には重要な問題が伴う。現象の測定という問題である（Garcia 2003）。何を測るのか？　異なる時期の数値を比較するために、どのような指標を選ぶか？　一部の専門家があまりにしばしばやっているように、単に修了レベルだけを考えればいいのか？　それとも、逆に、リセや高等教育（「バック以降」）の各種コースの細かい評価体系を加味すべきではないか？

参考文献

Baudelot Christian, Establet Roger, (2009), *L'élitisme républicain. L'école française à l'épreuve des comparaisons internationales*, Seuil.

Beaud Stéphane, Pialoux Michel, (1999), *Retour sur la condition ouvrière*, Fayard.

Beaud Stéphane, (2002), *80% au bac. Et après ?... Les enfants de la démocratisation scolaire*, La Découverte.

Beaud S. (2014), *Affreux, riches et méchants ? Un autre regard sur les Bleus,* La Découverte.

Briand Jean-Pierre, Chapoulie Jean-Michel, (1992), *Les collèges du peuple. L'enseignement primaire supérieur et le développement de la scolarisation prolongée sous la Troisième République*, ENS Fontenay/INRP.

Brinbaum Yaël, Kieffer Annick, (2009), « Les scolarités des enfants d'immigrés de la sixième au baccalauréat : différenciation et polarisation des parcours », *Population*, vol. 64, n° 3, pp. 561-610.

Cayouette-Remblière Joanie, (2013), *Le marquage scolaire. Une analyse statistique ethnographique des trajectoires des enfants de classes populaires à l'École*, thèse de doctorat de sociologie, EHESS.

Convert Bernard, (2003), « Des hiérarchies maintenues : Espace des disciplines, morphologie de l'offre scolaire et choix d'orientation en France, 1987-2001 ». *Actes de la recherche en sciences sociales*, n° 149, pp. 61-73.

Garcia Sandrine et Poupeau Franck, (2003), « La mesure de la 'Démocratisation' scolaire. Notes sur les usages sociologiques des indicateurs », *Actes de la recherche en sciences sociales*, n° 149, pp. 74-87.

Lambert Anne, (2010), « Le comblement inachevé des écarts sociaux : Trajectoire scolaire et devenir professionnel des élèves boursiers d'HEC et de l'ESSEC », *Actes de la recherche en sciences sociales*, n° 183, pp. 106-124.

Leridon Henri, (2000), « La démocratisation de l'enseignement : présentation d'un dossier », *Population*, vol. 55, n° 1, pp. 11-13.

Mauger Gérard, (2006), *Les bandes, le milieu et la bohème populaire*, Belin.

Merle Pierre, (2000), « Le concept de démocratisation scolaire. Une typologie et sa mise à l'épreuve », *Population*, vol. 55, n° 1, pp. 15–50.
Merle P., (2002), *La démocratisation de l'enseignement*, La Découverte.
Mohammed Marwan, (2011), *La formation des bandes. Entre la famille, l'école et la rue*, PUF.
Œuvrard Françoise, (1979), « Démocratisation ou élimination différée ? », *Actes de la recherche en sciences sociales*, n° 30, pp. 87–97.
Orange Sophie, (2010), « Le choix du BTS. Entre construction et encadrement des aspirations des bacheliers d'origine populaire », *Actes de la recherche en sciences sociales*, n° 183, pp. 32–47. [本書第2章]
Pasquali Paul, (2014), *Passer les frontières sociales. Comment les 'filières d'élite' entrouvrent leurs portes*, Fayard.
Prost Antoine, (1986), *L'enseignement français s'est-il démocratisé ? Les élèves des lycées et collèges de l'agglomération d'Orléans de 1945 à 1980*, PUF.
Verdier Eric, (2001), « La France a-t-elle changé de régime d'éducation et de formation ? », *Formation-Emploi*, n° 76, pp. 11–34.

（渡辺　一敏 訳）

第2章

上級技術者証書（BTS）という選択

—庶民階層出身のバカロレア取得者における志望の構築と囲い込みの間で—

ソフィ・オランジュ

1. はじめに

この20年、上級技手養成短期高等教育課程（STS）［この課程を修了すると取得できるのが上級技術者証書（BTS）］は徐々に「新しい学生[1]」と呼ばれる層が優先して落ち着く先となっている。事実、ここには1980年代から1990年代にかけ技術バカロレア取得者が大量に入学し、これに続きそこまでの勢いではないものの職業バカロレア取得者が多く入学し、それにより高等教育における学歴構造は完全に塗り替えられた[2]。技術バカロレア取得者がバカロレア後に進学する率は1982年には6割以下だったが、1990年代末には8割以上となった。デュボワとローランが言うように「この目を見張るような展開はほぼSTS（中でも主にサービス業のセクション）のみによるものである。なぜなら技術バカロレア取得者でSTSに登録するものは1982年にはほんの24.1%だったが、1996年には47.1%となったからである[3]」。1980年代を通し高等教育の様相はほとんど変わらなかった一方で、その短期課程の学歴構造は大きく再編された。普通バカロレア取得者がSTSには進まなくなり大学へと進学先を向けて行ったのと同時に、IUT［技術短期大学部、大学に設置］から技術バカロレア取得者が締め出されていったのである。このようにSTSが突破口となり新たなカテゴリーのバカロレア取得者が高等教育に進学するようになることで、この教育課程の社会的スティグマは強まることになった。この「新しい層」、つまり主に一般事務職と労働者の子ども[4]を非常に多く受け入れることで、STSは「庶民階層の子どもが好む*世界*」になったのだ[5]。これらの短期課程への大熱狂は、大学がこれら新しい学生層を受け入れそして卒業させることができないことからくる当然の結果ととらえられた。つまり、STSへの入学とは大学の第一課程［旧教養部、大学一般教育免状が取得できた］からの迂回という策ではなかろうか。このような理解によって大学の第一課程離れを阻むために大学における入学時選抜の実施や専門職業化という方向性が強められているわけではない[6]。ここで学歴的にも社会的にも最も不確実なバカロレア取得者の高等教育への入り方に興味を向けてみると、バカロレア取得後にSTSに進学するという彼らの選択は、大学進学の代替としての選択肢というよりも、大学への進学という選択肢がないことによることがわかる。彼らにとって高等教育は、分割された市場のように現れている。そしてその市場はSTSという高等教育から部分的に切り取られた空間で作られており彼らの目にはそれが特に選ばれたもの、あるいは唯一のもののように映っている。

学生は、BTSでの専攻を決める前にまずそこには一般的にどのような学歴の生徒が進学しているのかということに注意を向ける。庶民階層出身のバカロレア取得者がSTSに大挙しているのは、ある職業にとってプラスの魅力があるからというよりも、それが唯一の方法だからなのである。

2008年のポワティエ大学区における高校最終学年11,265人の生徒の進路志望票、同大学区のSTS 1年生892人を対象として実施された統計調査（STS学歴調査）、および5つのSTS課程を持つラ・ヴィエンヌ高校で実施されたエスノグラフィー調査は、学校制度がいかにこの「偏った学歴嗜好のロジック[7]」に関与しているかということを示していると言えるだろう。ここで、何が他の進路よりもSTSに進むという選択を彼らにさせるのか、そして、どのようにしてこの課程の入学時に実施される選抜は主観的希望を客観的な見込みに合わせるという事例となって現れるのか、理解していきたい[8]。この課程に進むという進路は、1つには庶民階層の高校生の学業に対する野心を囲い込んだ結果とも言えるし、一方で社会的、学歴的に設定された募集の結果だということもできるだろう。

表2－1　ポワティエ大学区・2008年最終学年の生徒の出身階層ごとのバカロレア後の第一志望に見る学業計画（第一志望のみ；n=11,265）

父親の職業	STS	IUT	CPGE（グランゼコール準備級）	大学学士1年	医・薬学系	その他の課程	合計
農業者	41.9%	17.7%	7.4%	18.4%	4.8%	9.8%	100%
職人、商人、企業主	33.5%	16.6%	9.2%	25.0%	5.0%	10.7%	100%
管理職、教員、知識人、上級管理職	19.0%	15.7%	17.3%	26.2%	9.6%	12.2%	100%
中間職業	27.0%	18.2%	9.1%	27.3%	7.0%	11.4%	100%
一般事務職	36.0%	18.6%	6.0%	23.8%	4.8%	10.8%	100%
労働者	46.9%	16.0%	2.5%	20.3%	4.1%	10.2%	100%
合計	33.3%	17.0%	8.7%	23.9%	6.1%	11.0%	100%

読み方：高校最終学年の生徒で父親が労働者である者の46.9%が第一志望で一つSTSを志望している。
出典：ポワティエの学業進路情報相談センターに提出されたバカロレア後の進路志望調査票

2. STS：庶民階層出身のバカロレア取得者にとって最適かのように映し出された空間

STSは、統計的な視点から見て庶民階層出身のバカロレア取得者にとって高等教育への主な入り口であると言えるが、同時に彼らの集合意識においても重要な入り口をなしていると言える。この課程の実際の社会的構成は主に学生募集の結果からわかるが、その前段階であるバカロレア取得者により作成される進路志望票（願書）からも、ここが高等教育の中で特に社会的に特徴づけられた投影空間であるということがわかる[9]。

ポワティエ大学区での進学志願者により提出された進路の第一志望を解析すると（表2－1参照）労働者および農業者の子どもにはSTSの比重が大きく（それぞれ第一志望の46.9%、41.9%）、一般事務職の子どもでは少し小さいものの（36.0%）、いずれも他のタイプの教育課程への志望数とは遠いところに位置付けられている。中流あるいは上流階層出身のバカロレア取得者においてはどのタイプの教育課程もこのように格段にあるタイプの教育課程が他の教育課程よ

表2-2 ポワティエ大学区の2008年最終学年の生徒の出身階層ごとのバカロレア後の全志望に見る学業計画（全志望；n= 47,132）

父親の職業	STS	IUT	CPGE（グランゼコール準備級）	大学学士1年	医・薬学系	その他の課程	合計
農業者	43.2%	16.4%	13.4%	18.2%	2.1%	6.7%	100%
職人、商人、企業主	36.4%	16.2%	15.5%	21.1%	2.3%	8.5%	100%
管理職、教員、知識人、上級管理職	20.7%	13.3%	29.0%	21.1%	3.6%	12.3%	100%
中間職業	32.0%	16.6%	15.9%	23.4%	2.9%	9.2%	100%
一般事務職	39.8%	17.2%	10.8%	21.4%	2.3%	8.5%	100%
労働者	53.0%	14.2%	5.2%	18.0%	1.7%	7.9%	100%
合計	35.9%	15.3%	16.1%	20.8%	2.6%	9.3%	100%

読み方：高校最終学年の生徒で父親が労働者である者の志望の53.0%がSTSである。
出典：ポワティエの学業進路情報相談センターに提出されたバカロレア後の進路志望調査票

りも多く志望されているということはない。上級管理職の子どもは大学の学士課程を熱望するが、これは彼らの第一志望先の26.2%であり、STS（19.0%）やグランゼコール準備級（17.3%）と近いところに位置づけられている。中級管理職の子どもについていえば、大学の学士課程とSTSは同じ比率で重視されている（それぞれ27.3%、27.0%）。

次に高校の最終学年の生徒の、第一志望だけではなく全志望を合わせて解析してみると（表2-2参照）、一般事務職、農業者、労働者の子どもにおけるSTS志望の主導権ともいうべきものを確認することができる（それぞれ39.8%、43.2%、53.0%）。この志望ヒエラルキーは上級管理職の子どもにおいては逆になり、彼らの志望はグランゼコール準備級（29.0%）で占められており、これは大学の学士課程（21.1%）よりも多い。中級管理職の子どもにおいて志望（出願）はさまざまなタイプの教育課程に分散しており、それは平均値に近い。

つまり、庶民階層出身のバカロレア取得者は、他のバカロレア取得者以上にSTSに入ることをめざしているということなのである。しかし、これよりもさらに興味深いように思われることは、彼らの中にはSTS以外の教育課程に

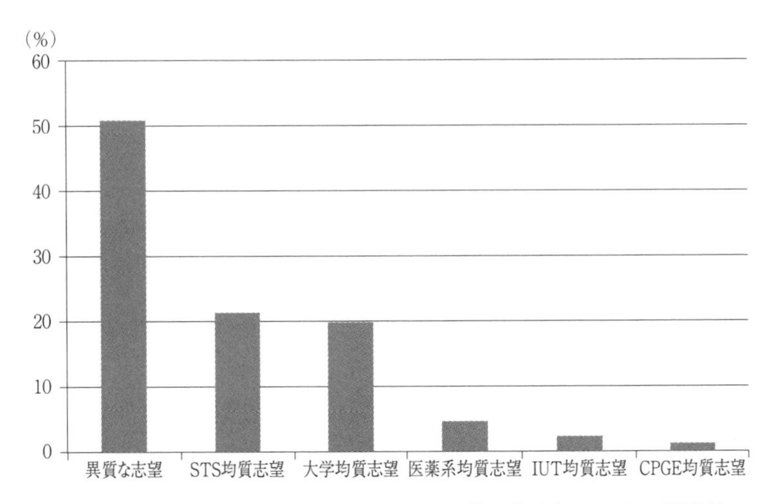

図2－1　高校最終学年の生徒のバカロレア後の全志望における異質性を持つ願書と均質的な願書の分布（%；n=11,265 願書）

出典：ポワティエの学業進路情報相談センターに提出されたバカロレア後の進路志望調査票
解説：異質な願書とは：違うタイプの教育課程への出願をしている者（例：IUT 2、STS 1、大学学士課程 3 や、IUT 1、STS 1、等）
均質な願書とは：一つのタイプの教育課程だけに出願をしている者（例：STS 均質志願とは：5 STS、CPGE 均質志願とは：2 CPGE、等）
注：均質性は教育課程のタイプにのみもたらされている（STS、大学、医薬系、IUT、CPGE）。もしある出願者が 2 つの違う STS の 2 専攻を志願したら（例 STS 不動産業と STS アシスタント・マネージャー）、これを STS 均質志願とみなす。

進むことは考えていない者がいるということである。実際、ある 1 つのタイプの教育課程への志望からなる均質性のある願書と、複数のタイプの教育課程への志望からなる混成の願書と区別してバカロレア後の進学志望構造に注目してみると、バカロレア後の進学を志望する者の 21.2%、すなわち 2,395 人の高校最終学年の生徒が STS に進む自分しか映し出せていないということがわかる。こうして、大多数の者が併願で志望を出す中で、1 つの志望しか出していない願書の場合には、2 つのタイプの教育課程が集中して重要な位置を占めている。すなわち STS（志願者の 21.2%）そして大学（19.8%）である〔図 2－1 参照〕。IUT[10]およびグランゼコール準備級[11]だけを志望することは比較的稀である。このようにして、STS はバカロレア後の進学志望先の上から 3 分の 1 に集中しているのみならず（志望全体の 35.9%、第 1 志望の 33.3%〔表 2－1 と 2－2 参照〕）、

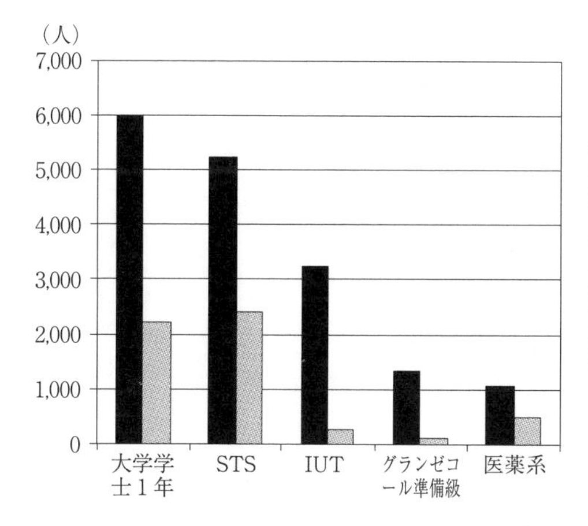

図2-2 高校最終学年の生徒のバカロレア後の全志望における異質性を持つ願書と均質的な願書の分布（人；n=47,132 願書）

出典：ポワティエの学業進路情報相談センターに提出されたバカロレア後の進路志望調査票
解説：左棒：少なくとも１つの教育課程の志望を出していた生徒の数。大学学士課程１年を例に取ると左棒は少なくとも１つ学士課程の志望を出していた生徒の数（例：応用言語学学士１年、STS アシスタントマネージャー；物理学士１年、数学学士１年；等）
右棒：少なくとも１つ志望を出していた出願者の中で１つのタイプだけ志望していた者の数。大学学士課程を例に取ると、右棒は、学士の専攻に関わらず（例：応用言語学学士１年と現代文学学士１年、数学学士１年と物理学士１年、等）学士（医薬系以外）だけを志望していた学生全数。

高校最終学年の生徒のうちの大部分の進路志望先を独占していると言える。その点において、この課程は高等教育の中でまったくもって特別な位置を占めているように思われる。大多数のバカロレア取得者は、大学とグランゼコール準備級、IUT と大学、グランゼコール準備級と IUT と大学、等々……というように自身の志望の中でこれらを関連づける。つまり、さまざまな可能性をあわせて検討し、そしてそれらを序列化する。それとは反対に、多くの学生にとって STS は、その課程内での競争にしか置かれることなく、そしてそれは高等教育内での自立的な進路選択のまったく部分的な空間として体験される１つの空間であるため、他のすべての可能性を排除して彼らの選択を構成するのである。

このようにして各タイプの教育課程別に志願者全員のうち１つの教育課程のみを志願する者の割合を見てみると、BTS を少なくとも１つ志望と書いてい

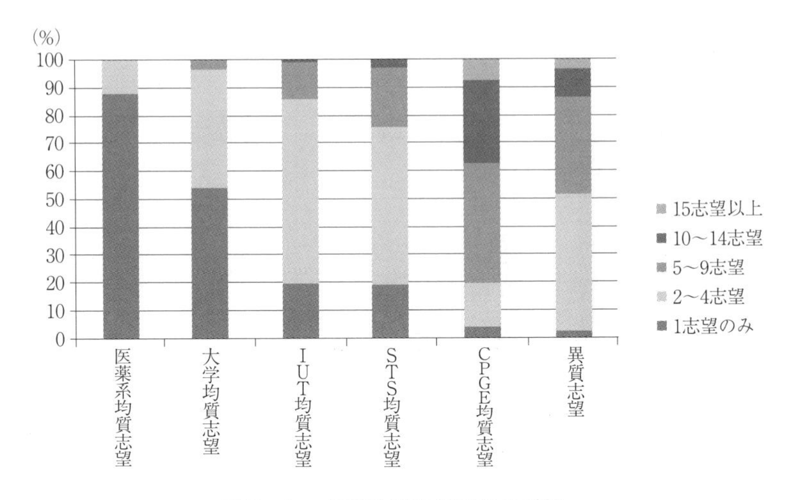

図２－３　志望数別均質志望の詳細

出典：ポワティエの学業進路情報相談センターに提出されたバカロレア後の進路志望調査票
読み方：グラフは１タイプの教育課程だけを志望している者の志望数。例：１志望：１STS、１IUT、１学士課程、；２志望：２STS、２CPGE、等

るバカロレア取得者の45.6%がすべての志望をこのタイプの教育課程だけにしていることがわかる〔図２－２参照〕)。STSへの入学志望の構造は、その点においてIUTやグランゼコール準備級といった高等教育の他の選抜制の課程への入学志望とは差異化される。後者の課程への願書には様々な志望が混在していることが大半である（それぞれたった7.9%、9.8%だけがその教育課程のみを志望している。）反対にこの構造は、大学の学士課程や医学・薬学部の１年目といった高等教育の非選抜課程への志望構造と近い（それぞれ37.1%、47.3%がその教育課程のみを志望している）。しかし現実には、非選抜制の教育課程では、ある教育課程のみを希望しているケースの中に、単一出願が隠されている（大学へは54%、医学・薬学部の１年目へは87.8%がこれにあたる〔図２－３参照〕)。大学への入学および医学部の１年目への入学には選抜は行われず、多くの志願者は１つの希望しか出さず、彼らはそれで満足しているようである。反対に、STSしか志望していない者の80%は併願しており、この傾向はIUTでも同様である（ほとんどが１～９つ出願している）。グランゼコール準備級しか希望していない場合、彼らは慎重であり、ほとんどの者が５～22つ出願している。

医学部あるいは他の大学課程について、そこだけを志望している場合というのは、ある1つの教育課程が選択されていることが多い。しかし反対に、STSのみを志望している者は、ある1つの専攻を選んでいるとは到底言えない。ひたすらSTSだけというこの選択は、併願であることが多いという特徴があり、ゆえに限られた枠組みの中で予備知識なしに出された進路決定であることがわかる。このようにSTSだけを志望している願書は、様々な志望を作成しているのだが、ある一構造の中にとどまっているのである。高等教育への進路はこのように分割された市場として現れており、多くの学生には断片的にしか把握できていないものなのである。高等教育の他のどこでもなくSTSにだけ現れている。これらの学生の社会的・学歴的構造を解析するとこれらの者たちとは大部分が庶民階層の子どもであることがわかり（54.0%が父親が一般事務職、労働者あるいは無職である）、さらには彼らの大部分が技術バカロレアおよび職業バカロレア取得者であることがわかる（それぞれ52.1%と33.8%）。

3. STSへという進路：学校的要請

高等教育への進路の中でSTSへの進路という1つの切り取られた空間はどのようにして成り立つのか、それを理解するための要素が以下にみるエスノグラフィー調査によってもたらされる。実際のところ、学歴的にも地理的にもすでに隣接しているある人々に対し、BTSを新しい学歴展望として強いるような学校の仕事ぶりというのが存在するのである。たとえば調査対象とした高校の中等教育では「学校開放」の日を設け、教師たちが将来の高校生とその家族に、この学校が提供するバカロレア取得へと導く様々な課程を紹介するのだが、その際「ここで、この学校で」バカロレア取得後も学業を続けることができる点を強調して止まない。将来の中等教育の生徒にとってこれは3年間の教育課程を提供されるだけでなく、バカロレアにまで自分たちを到達させてくれるものであり、いやむしろ5年間、つまりBTSまで導いてくれるものなのである。学校紹介の冊子の見出しにはこのように書かれている――「メリュジンヌ高校。2年生からバカロレア取得後3年まで、今日の教育課程、明日の職業」[12]。あらかじめ作られた道のりのように響くスローガンである。

STG[13]の各履修コースの紹介をしている教室に映し出されたパワーポイントにも、将来の高校生の学歴の宿命が書かれているようだった。そこでは、学校が提供するSTGの4つの履修コースについての説明ののち、その後可能な進学先が4つのスライドで示される。1つめはSTSであり、17の白抜きのタイトルが紺色の背景のスライドを完全に覆う。さらに学校が提供する5つのセクションがアステリスクで示される。続く3枚のスライドではSTSの星が空に見える。他には6つのDUT［大学科学技術免状］、2つの学士、3つの職業学士、そして最後に2つのグランゼコール準備級だけが描かれている。スライドはこのようにして中等教育と高等教育の自然なつながりを先に決め、その先に来る進路にそのようにして影響を与えている。高校の最終学年を通し、STSの教師は学校の生徒に会いに来てちくりちくりと喚起させるのである。このような熱心な勧誘は、とりわけキャリア計画がほとんどないかあるいはまだ定まっていない生徒に対し結果を出している。選抜委員会で教師により審議される願書の中には、「私のクラスにあなたが説明しに来てくれたことでこの課程を選びたいと思いました。」などという志望動機書もある。

高校のSTG系選択の教室では、情報掲示板が学歴の可能性への展望を限定する役割をまだ担っている。4枚の白い紙には大学区の提供する全てのSTSと、いくつかのIUTがリストにあげられている。この掲示は高校生にとっての可能性の代表でありまたその部分を区分しているもののように見える。そしてこれは彼らにとってバカロレア後の進学志望表明の際の前提条件のようなものをなす。学校の最終学年のある女子生徒が当時3年生の弟と一緒に「学校開放」の日に来ていたのだが、彼女は一人の教師に「キャリア計画の模範的な歩み」をしている者として紹介されていた。その女子生徒は長く不確定な時期を過ごしたのち、確固とした計画を持つに至った。それは、自分自身の不動産屋を開業するということであった。どのようにしてこの選択に至ったのか、彼女はこのように説明していた。「可能な限りのすべてのBTSを見てみたところ、このBTSに目が止まりました。」同様に、公証人業BTSの入学願書にある志望動機理由には、一人の女子学生が以下のように自分の決断に至った歩みを書いていた。「私が公証人業BTSを選んだのは、他にもっと法律関係の仕事に近づくことのできるBTSがないからです。しかし今年開講されたこの公証人業BTS

は、私がしたい将来のキャリアにもっとも近づける唯一のBTSです。」

まずキャリア計画が構築されるという方法がここでは見られたわけだがそれはとりわけある者にとっては提供されるSTS内でされていることがわかる。将来の高校生や現役の高校生たちはある一つの学歴、5年課程を提案され、バカロレア後の学歴展望を2年延長する。STS入学者の多くがこのようにしてSTSへの進学というこの「自然性」を内在化しているように思われる。なぜなら彼らの26.9%が、入学した課程の選択はバカロレアの連続性からであるとしているからである。（これに対し、キャリア計画にはっきりと一致しているからという者は27.4%、そのセクターにおける雇用の可能性が良いからであるとしているのが24.0%、そして21.6%は教科に興味があるから選択したとのことである。）この内在化は庶民階層出身（一般事務職および労働者の子ども）のSTSの学生ではより顕著であり、29.9%が進路選択の主な理由はなによりも学業的継続性であったと回答している（キャリア計画にはっきりと一致しているからという者は22.7%、そのセクターにおける雇用の可能性が良いからであるとしているのが23.9%、教科に興味があるから選択したという者は23.6%）[14]。

学業継続を希望する願書の特徴を統計的に解析する中で、一部分を切り取られた形での高等教育のマッピングが現れてくるが、このことは学校教育関係者による教えの産物であると部分的には理解することができる。彼らの教えを聞く者たちというのは主に庶民階層の出身者であり、したがって彼らは両親によって高等教育に慣れ親しんだりそこに向けて準備したりということをあまりしていない。すなわち彼らは他の生徒たちよりも学校教育の中での教えに依存しているため、STSへの進学を学校からの一種の命令のように受け取り、受け入れやすい傾向がある。STSの第1学年の学生のうち父親が労働者である学生の26.8%が、進路選択でもっともアドバイスをくれた人は学校の教師あるいは進路相談員であったと答えているが、この数は上級管理職の子どもではほんの14.3%である。高校の最終学年で進路志望先をどのようにかためたかについて問われたSTSの学生[15]は「バカロレアを終えながらさっさと決めた。」と答えている。主語をはっきり言うようにとたずねられた彼は「先生たちと一緒に。」と述べた。これらもっとも庶民階層に属するバカロレア取得者たちは、高等教育へのイメージを、周りが彼らに与えたいと思う高等教育についてのイメージから作っているのだ。彼らにとってはそのイメージは多彩に変化する色見本のようなものではなく、むしろモノトーンな部分的空間の形をしたもので、そこでは語尾変化のような選択肢しかないように感じられている。

したがって庶民階層出身の生徒は他のどのタイプの教育課程よりもSTSこそが自分の行き先であるように思えるということができる。以下のアシスタント・マネージャー業のSTSで学ぶ一人の女子学生のケースは高等教育の世界にもっとも疎い生徒たちが進路指導に関わる人たちに影響を受けやすいことを描いている。父は亡くなっており母は清掃業に携わっているこの学生は、バカロレアSTGを取得したのと同じ学校内にあるSTSに進学した。新学期がはじまってほどない2日たった頃、彼女と話す機会があった。彼女は「私は、実は本当は商業グランゼコール準備級に行きたかったんです。調べたけれども、結局行きませんでした。準備級のあと進むグランゼコールは学費が高すぎると言われたから。私は学費が高くつきすぎるのが怖かったんです。それで人事部で働くにはどうしたらいいか調べました。そうしたら、それにはBTSがいいというアドバイスをされたんです。」

さらに、STSへの志望とIUTへの志望の間にはこの2つを分ける重要な違いがあることがわかる。2つの教育課程は高等教育に関する研究の中では「バカロレア取得後の職業短期課程」というように同じ類のものとして同じように扱われることが多い[16)]。さらには庶民階層出身のバカロレア取得者は、グランゼコール準備級のように入学にあたり非常に選抜性の高い課程や、医学系の課程のように入学後1年目での選抜性が高いところへは最初から自らの選択肢から除外しているということが言える（前者へは労働者の子どもの2.5%、一般事務職の子どもの6.0%、農業者の子どもの7.4%という少数の者だけが第一志望としているのみであり、後者へは労働者子どもの4.1%、一般事務職の子どもの4.8%、農業者の子どもの4.8%のみが第一志望としているだけである）。

庶民階層出身のバカロレア取得者はまた、自らの大学への進学ももっとも想像できていない者たちである。すなわち、労働者の子どもの20.3%、農業者の子どもの18.4%が大学への進学を第一志望としているのみであるが、全体平均では23.9%が志望している。さらに、新学期に調査をしたSTSの学生の多くが大学を不可能な進学先として言及している。すなわち、33.9%が大学を「問題外」とし、27.9%が最後の手段として語っている。このことから、BTSという選択が庶民階層出身のバカロレア取得者に強いられたものであるとすれば、それは同時にまた大学や他のいくつかの教育課程への入学というものが学業的可能性の外側に位置づけられているからであるようだ。彼らの語りの中で、自分たちは大学に行くような者ではないという表現があるが（「大学に自分が行くなんて全然考えたこともなかった。」、「自分は大学に行くような者ではないと思っていた。」）、その背景には大学は彼らに向けられたものではないという考え（「大学は自分が行くところじゃない。」）が透けて見える。技術バカロレアを取得したある女子学生は、父親はトラック運転手で母親は秘書をしているが、LEA［Langues étrangères appliquées、応用言語学科］を1年間やってみたのち、アシスタント・マネージャー業STSに入り直した。「みんな、私がバカロレアL［文系バカロレア］をやってないからLEAをやっても無駄だっていうんです。一度、二度、三度と言われ、結局私もそう思いました。」と彼女は言う。自分にあてがわれた世界の限界を乗り越えようとする者に学歴の重みが思い知らされるのである。

このようにして、庶民階層出身の学生は自分たちの計画から大学を遠ざけるのだがそれは何よりもまず彼ら自身が大学からは遠い存在だと感じているからなのである。彼らがよく言う「大学以外全て[17)]」というのは、彼らの受けている排除の言い換えである。自明のことのようにして（「これが私のすべきこと。」、「これが自分に合ってるから。」）STSに入学することで彼らは自らに開かれた唯一の宿命に自らを合わせているように思われる。たとえば一人の女子学生は、自分が選択をしなかったこと、あるいは消去法の選択をしたことについて次のように言っている。「宿題が多すぎるのでIUTには行きたくなかったんです。大変すぎるから。私はすごく学校の範囲内に残りたかったんです、だから大学であれ何であれ全然気に入らなかった。そうするとBTSしか残ってなかったのです。あと、自分は経営と会計を選択していたしマネージメントが好きだったので、その続きかなと思って、それでそのBTSにしました。保険業のBTSにも出願していたけれども、それはニオールにあったので、そうするとポワティエから移動しなければならなかったので。」STSに庶民階層出身の学生が多いこと、彼らの選択が高等教育の中のごく一部の進路に限られていること、このことはブルデューによって定義された適性の定義、すなわち「(自分たちの)客観的宿命を先取りした加入[18]」に通じる。

庶民階層出身のバカロレア取得者の志望がどのように決定されているのか、そのメカニズム[19]を統計的、エスノグラフィー的に解析することでSTSにあるこの「学業的に宿命づけられたコミュニティー[20]」がどのように生まれるのか照らし出すことができる。社会的・学校的にもっとも備えのない生徒たちがある可能性を内在化することにもし学校教育機関が先に関与しているのであれば、後に選抜審議で彼らを優遇すると思われる。実際教師による判断基準によってある特定の教育課程はある特定の者たちに、またある者はある教育課程に、と割り当てることが強化されてきているのだ。[コラム1「投影と要請」参照]

4. 地元性にこだわった採用

STSへの入学の際に行われる志願者選抜の方法は庶民階層出身者で出身地をほとんど離れない傾向のある人々を固定することの一因となっている。実際に、選抜委員会では地元出身者を好む傾向が明らかである[21]。「うち」[地元の学校] 出身の志願者はそれ以外の志願者と同じ方法では審査されない。教師が「我々の生徒」と呼ぶ生徒たちは別途順位づけ評価をされる。教師は願書の志願順については見ることはできないので、地理的に近いところからの出願は彼らが通って来ることの保証になるように彼らには思えるし、逆に遠方からの志願者は彼らには移ろいやすい者たちに思えるわけである。地元を好む傾向は選抜委員会によってそれぞれ違った方法で表される。

アシスタント・マネージャー業のセクションでは、その学校から出された書類は明らかに違う扱いをするものとされている。教師はその書類に特別な注意を払う。まずもってそれらの書類は他の書類とは混ぜられない。「だめです、絶対だめです、これは方針です。」それにそれらの書類の宿命はほぼ事前に決まっているようである。「メリュジンヌからの書類は自動的に採るってことでいいですね？」とある女性教師はたずねている。しかしそれでも審査委員たちは、他の学校からの願書を審査するのとはまったく違う様子で、その願書を審査することにみせかけではなく専念している。テーブルの片側では、4人の女性教師がその高校外からの志願者（200人以上）の選抜を合理的に行おうと努めており、志願者の名前、バカロレアのフランス語の点数、外国語の平均点、学校長の意見をエクセルに入れてデータベースを作っている。反対側では、他の4人の教師が40の「うちの」書類についてかれこれ1時間も議論している。彼女らは志願者たちをすでに授業で受け持ったことがあり、各々の教師が志願者について小話を披露している。教師たちはまた、高校の各生徒に対し彼らの同僚が出した記述あるいは口頭によるコメントを受け取っている。生徒たちの志望動機書はある程度の好意を持ってそしてほとんど母親のような態度で読まれる。たとえばある女子学生はこう書いていた。「私の厳密さ［ma rigourosité：おそらくはrigueur厳密さの誤記］。」女性教師たちは優しく笑い、一人は「きっと電車の中で書いたに違いないわね。」と言い、そして生徒の真面目さを褒め続けるのであった。また他の志願者の志望動機を読みながら――ちなみにこの志願者はその学校出身者ではない――、一人の女性教師は声高に次のようにこう言う。「まず書くことを学ばなくちゃね、それからだわ。」といい、「D」と書かれた書類の山、つまりもっとも低い点がつけられた書類の山にその書類を置いた。

公証人業のセクションの選抜委員会では、その高校出身の生徒の書類は他の書類と同じボックスに整理されている。リストの中で赤いフェルトペンで区域内の志願者が誰なのかわかるようにしてあるだけである。審査会の初めに、その場にいる教師たちはこれらの書類にいかなる特別の扱いもしないことで同意する。しかし地理的基準はそれでも志願者選抜において他の方法で介入する。というのも、まず全書類に注意深く目を通し4つのカテゴリー（＋＋＋；＋＋；＋；－）に分けた後、教師は大学区内からきている志願者を上に選び、次に他の大学区から出された願書を自分たちの学校からの距離をもとにランクづけするといったように志願者を並べた。地元性[22]ということはここでは目一杯に効力がある。「その界隈の出身であること」は書類のランクづけの際に差異として働く。志願者の成績と振る舞いについての審査以上に地理的な出身地は決定的であることが明らかである。「ええ、でもこの辺から来ていますし」「この辺から来ているみたいだし1つ＋をつけておきましょう」といったようにである。このような出身地主義は時には1つの独立した判断基準として現れることすらある。たとえば、高校の最終学年で良い成績が取れていない生徒の書類を前にして、ある女性教師はこのように提案した。「何つけておけばいい？近くの出身ということで十字の印でもつけておく？」この教師の同僚たちもそれに賛同する。組織会計・経営 BTS の選抜委員会では、近隣の出身であることは実に優れた点でありさらには能力であるとされ、評価表の中で、学校の成績や振る舞いといった項目と同様に１つのまったく別のカテゴリーを作り出している。たとえば「学校成績に星１つ、振る舞いに星１つ、近隣の出身に星１つ」というようにである。遠方からの志願者でもその学校の「学校開放」の日に姿を見せていること、相談会の時に学校の教師と会っていること、あるいはその高校の教師や生徒の知り合いであることを前面に出せば、地元性としてそれはまた遠方からの志願者にも資産として働く。ある男性教師がこう指摘する。「彼は『学校開放』の日に来たね。」同僚がこう答える。「もし問い合わせに来たのであれば、＋＋＋をつけなければ。」また別の教師がこう宣言する。「できるならば僕は『学校開放』の日に来た人しか取らないというのがいいのだが。」こうして教師たちはこれらのイベントに来た生徒の名前を書き留め、生徒には志望動機書の中にそのことがわかるように書いておくように勧める。こうして、「その界隈」出身ではなくとも、よその者でも、その土地とのつながりや学校の催し物への参加することを活用することができる。

他にも、遠方の学生は即時に一見して拒否する対象とされる。「ロシュフォールにも BTS はあるのになんでわざわざここに来るのかしら？」とある教師がかっとなって言う。またある教師はこう批判する。「ブロワはここから遠いですよね。もっと近いところに少なくとも３つの BTS がありますよね。」といったようにである。

STS の学生を「グランゼコール準備級の学生と違い移動しない人々」と捉えているため、教師たちは遠方からの出願者は、あちこちに願書を送っており約束は守れない人だろうと推測している[23]。ある教師は、もし遠方からの学生が嘆願書を考慮に入れてもらいたければ、彼らは「なぜ、遠くから、我々のところに来たいのか説明できなくてはならない」と言っている。遠くから来るということが罪悪感を抱かせ、それによりペナルティーが課される。すなわち、良い内容の書類が遠方であるのを理由に星を１つ失うということは稀ではない。

表2-3　ポワティエ大学区におけるSTS学生の出身地域（n=892）

学生の出身	累積％
同高校	26.1%
市	39.6%
県	57.6%
大学区	79.3%
隣接する大学区	13.1%
隣接しない大学区	7.6%

出展：STS経歴調査

最終的に新学期には、STSの地理的構成は地元の学生が大部分を占めるということになる。「うちの」志願者、すなわちその高校出身者は調査をしたSTSの学生の26.1%を占める。同市内出身者に広げてみるとその数は全合格者の40%近くとなる（表2-3参照）。こうして選抜は高校と高等教育の地理的継続性の実践を承認し、STSに入ることは中等教育の延長線上として実践すべきことであるということを非常に明確にするのである。この地域的継続性により、学生がその後に彼らに充てられると思われる地域の経済構造に組み込まれるのを強化しているようだ[24)]。自分の出身環境からの断絶の時を先延ばしにし、このような「出不精な」進学をすることでますます断絶は難しくなる。かくしてなんらかのBTSの免状の取得したものの3分の2は免状の取得後も自分たちのいる地方を離れることはないのである。

5.「この学生は、『普通』だから、BTS向きだね」

中等教育の履修コースとBTSの専攻との関連性はまた、出願書類の選考で意味を持つ。BTSの各専攻は、ある教師の表現を借りれば、それぞれ「商売の基盤」を持っていて、そこから最適な人を取り出す。ある専攻に伝統的に選抜される履修コース出身であることと典型的ではない履修コース出身であることで書類の扱いは変わってくる。たとえば、経営情報専攻の選抜委員会では教師たちはその教育課程から多かれ少なかれ距離があると思われる種のバカロレア取得者から落としていく。そして教師によって次のように4つのグループが作られ示される。すなわち「進路を直接歩んでいる者GSI［技術バカロレアの経営管理システム選択］」、「大多数、主要層：STI［技術バカロレアの工業科学技術系］、S［普通バカロレアの科学系］、大学からの進路変更、ES［普通バカロレアの経済・社会系］、これらは普通我々のお客さんだ」、「我々があまり知らないバカロレア：［技術バカロレアの］農業系と職業バカロレア」、そして最後に「強制的にはずすバカロレア：L［普通バカロレアの文系］、ACA［行政活動・通信選択（技術バカロレアのSTT技術・サービス科学系の一履修コース）］」といったようにである。空間的に遠い受験者と似て、学歴的に遠い受験者は不信を抱かれる対象となる。

取得したバカロレアの教育がSTSの教育の同系列ではないときには、教師は書類を評価するのが難しいと言う。たとえば「普通バカロレアを判定するのは難しいです。教科がBTSでやるようなのとはまったく違うので何をもって判定するのか、その材料が特にないですから。」というように、あるいは「科学系から来た者たちを判定するのは難しいです。何をもって判定するんです？」またあるいは「STG会計選択のバカロレアでは何をもって判定すればよいのか？」というようにである。しかしこのような困惑という見かけの裏に透けて見えるのは、典型的ではない経歴をどう扱うかという困難さである。「最終学年マーケティング選択。彼らは皆マネージャーをやりたい。しかしそれが彼らの進路ではない。」最初から少しでもずれのある者たちは、最後まで教育課程をものにできない恐れがある。彼らはその点において潜在的に脱落していく可能性をもっている。そんなわけで多くの教師にとって、教育課程と一致しているかどうかは、セクションへの入学とそしてきちんとそこに溶け込むことを保証する資格のようなものなのである。

地理的に大きく隔たりがあることに不信を抱くのと同様に、このようにして彼らは出願者が希望しているのとそれまでの学業歴との間に大きな隔たりがあると拒否をする。「SMS［技術バカロレアの医療・社会科学技術系］は取れません。彼女は進路を間違えています。経営をやったことなんてないのですから。」だとか、「この子たち基礎的な教科取ってないしね。」だとか、「この教育課程に合うような経歴をすでに持ってないとね。」というようにである。一方その教育課程に関連しているところから来た学生は評価される。「私の出た課程の進路として理にかなっているので」というような言い回しが志望動機書に書かれてあると非常に好意的にそれは受け取られる。経歴があまりに離れていると、教師はその学生は消えるのではないかと心配するのである。こうしてSTSの選抜空間といういわば「いけす」は、一方では点数の低い書類あるいは典型的ではない書類という中途退学の恐れが疑われるものと、もう一方のとても良い書類、すなわち他の教育課程に結局行かれてしまうかもしれない疑いのある書類、この2つの間にあるのである。

したがってSTSの学歴構造は、高等教育のヒエラルキーの中でこれらの教育課程がどこに位置づけられるかということに結びつくし、しかしまたそれは同じセクター同士の中でその教育機関がどこに位置づくかということにも結びつく。教師たちは普通バカロレア、とりわけその中でもS（科学系）のバカロレア取得者には興奮と拒絶反応の混じりあった感情を抱く。なぜなら教師らは、この学生たちが彼らの対象とする者たち、彼らのところに来る者たちではなく、技師学校やIUTあるいは大学に行く者たちであることを知っているからである。「問題はこの子たちは来ないだろうってことです。」、「いい成績ですね。だから彼女は我々のところには来ないでしょう。残念です。」、「これは、彼は我々のところには来ないでしょうね、彼はIUTに行くでしょう。」、「彼はいいですね、でも来ないでしょう。」、「バカロレア科学系から来る学生は留年したこともないですし全般的に平均12点はあるし、なぜ我々のところに来るのかわかりませんね。」ということが言われる。このようにして教師たちは良い書類はただちに遠ざけ、自分たちで勝手に作った預言メカニズムで、それらは高等教育の中でもっと威信のある教育課程に行くもの、と決めつけるのである。ある教師の表現によれば「競争集団の最後尾」に位置づけられているSTSは残りの出願者を分け合うことになる。すなわち、他に選抜制の課程を志望していない者たち、である。行動の余地は非常に狭く、それはその学校が地元の学校ヒエラルキーの下位に位置づけられていればなおさらである。調査を行った高校は中間の位置を占めていた。つまり、一番成績の良い出願者たちは町の中心部の高校に取られ（「まず一番いい学校が通る」）、しかし県や地方の、中心部から離れた地方の高校に成績の悪い志願者を放り出すのだ（「文句を言ってはいけないんですよ、ブレシュイールや他のところに比べたら、我々のところには最悪の書類というのは出されてきてないんだから」、「彼らを取らなければ彼らにとって良い薬になりますよ。彼らはコンフォランとかシヴレイでBTSをしに行くでしょう」)。選抜によって配分が行われる。

教師たちは彼らの選抜方法の実践を正当化する言説を作る。同時に彼らは、最も良い成績のバカロレア取得者たちを断念し、高等教育課程のヒエラルキーの中で自らの占める場所を再認識し、カテゴリーを作り自分たちの教師ぶった理解力[25]をそこに引きつける(たとえば「S(バカロレア科学系)の学生の問題なのは、入学して、数学が得意だから最初は元気なのだがそのうち勉強しなくなる」とか「Sの学生は、私はあまり信用していない学生たちだ、あとESも」あるいは「頭がいい者たちは、学校教育制度の中ではあまりよくない者たちだ。かれらはBTSではあまりよくない」「高校最終学年の成績から見てこの学生は職業課程ではなく普通課程のほうがあっている」というように)。彼らはそこで職業課程と普通課程とを、苦労している生徒と要領のいい生徒とを対比して価値づけ、BTSの良い学生とはどんな者かまで定義する。「中くらい:BTSに適している」というのはある教師が規定したものである。[コラム2「この学生は、『普通』だから、BTS向きである」参照。47頁]

ここでゴッフマンの言う全制的施設への募集を適用することができる。彼の言う全制的施設の中では「人は実際にまずそこで方針としてそこに入る全ての者は、入るという事実自体も含め、その施設がそこのために特別に作り出した人々の一人であることを認める[26]」。STSはそのようにして、選抜委員会において平均レベルのバカロレア取得者の高等教育として、つまり「ちょっと高等」な教育機関と自らを作り出しているのだ。この課程は、彼らのところから「良い生徒を引き抜いていってしまう」教育課程の否定から自らに期待されることを定義するのだ。すなわち、知性に対する仕事、道楽に対する真面目さというように。新しく入ってくる者たちをレベルにより選抜することはできないので、STSの教師たちは彼らの振る舞いにより選抜を管理しようとする。かくして教師たちは欠席が多いことは欠陥的性質ということで合意する。「欠席が多いのが気になります。私はレベルが低い学生を上にしたい。」といったように。もし彼らが、教室を埋めるのが難しそうだという点から学業成績のレベルの点で期待値を下げることを検討せざるを得ないとしても（「今はBTSの募集は十分に開かれていないといけない」、「もう選別しない」、「この作業を全部やってあとで結局全員合格になるんだから」と教師は後悔する）、彼らは選抜作業や彼らの学生に関する態度が真摯であることに関して妥協しないように見える。大学の学生像として離れた特徴を見せている志願者（STSに溶けこむ学生の反対）は強制的に離される。「あいまいな経歴で来ている」、「勉強が足りない」、「IUTから戻ってきた学生たちを見てきたけどめちゃくちゃです。彼らに言ったんです、ここは大学じゃないんですからね、と。」というように。

したがってSTSに入るのに良いとされる志願者は、つつましく、勤勉で熱中することができる者、つまり、その振る舞いが軽いとか希望がうぬぼれているとかいうことが指摘されないような生徒のようである。学業にしっかりと腰を据えている生徒である。一人の女性教師がある書類に関し本気だか嘘だかわからない冗談を言ったのがこのことをとてもよく示している。「矛盾だわ！　彼女は『野望があります。』って書いているの。それでなんでここにくるのでしょう？」と。その点に関し、実際BTSの入学時選抜はディプロムを超えたところにある争点とつながった戦略のある生徒を排除する。教師たちはましてやSTSを進路の中ですでに「通過点として」小さな扱いにしている生徒のことなど好まない。例えばある女性教師は経済・社会・家族BTSの選抜委員会で同僚に対し、志望動機書の中に「『他人を助ける』とか『社会福祉関係で働きたい』といったこと以外のことや、ソーシャルワーカーの試験の結果待ちをしながら四方八方に出願していないかどうか」探すように促した。彼らによれば、こういった動機はこれらの願書がそのように偶然出されたものであることを暴くのだ。彼らはBTSのためにそのBTSを選んだ受験者、つまりその教育課程そのものが突出した目標であるような受験者を好むのだった。

反対にこの教育課程を最終目的ではなくツールとして使う者たちは審査する者の拒否を引き起こす。「まぁ特殊教育の支援員の試験を受けたい者（éduc spé）たちまでいますよ！　彼らは教育課程についてちゃんと調べたのでしょうか」とか「これ私の気に障ります。進学するときにはその教育内容をちゃんと見るようにしなさいって思いますね。」など。そして教師たちは課程修了後まで既に見据えているがためにこの教育課程の上を行っているように感じられる志願者よりも控えめな願望を持つ志願者を贔屓する。彼らの募集の仕方はつまり、学生たちがこの課程を修了した後に労働市場で就くであろうポスト[27]、すなわち中間的ポスト、企業主や管理職の補佐といった自らの身の程にとどまることが求められるようなポスト、これらとの一致を先取りしているようである。かくしてBTSの資格基準には振る舞いについて非常に強い要求が書かれている。「闊達さ、親切さ、プロ意識、社交性、慎ましさ、適した外見」(PME-PMI（中小企業）経営アシスタントBTS)、「厳密さ、適応性、反応性、慎ましさ、委任された中での自立性」(保険業BTS)、「チームで働ける能力、手順にのっとり厳格に働ける能力」(工業・技術サービスのための情報・ネットワークBTS）というように。選抜委員会はその点において、自らの限界を感じていない者を限界を感じている者と区別するように向けられた選抜手続きを構築しているのだ。

6. おわりに

STSへの入学プロセスを解析することで、こうしてある教育課程の選抜的側面から仮定された2つの帰結について議論することができる。まず、ある選抜制の課程に入ることは、必ずしもある進路選択における戦略を達成することを意味しない。実際、BTSはむしろ学業的・社会的にもっとも長けておらず、制度によって与えられた命令に他の者よりも敏感な人々にとっては学業的展望による指示のように思われる。彼らがSTSに登録することは、この意味において二重の理由でだまし絵をなしている。他にも、彼らの高等教育のビジョンは一部が欠けたものであるため、彼らには本当の選択肢は与えられておらず、最終的に彼らは自分たちに向けられた教育課程に決めるのだ。その他、過去の課程との地理的・学業的継続性を積極的に承認していくということで、学生の募集は彼らがSTSに入ることを高等教育への実質的なアクセスというよりもむしろ中等教育の延長となる。次に、ある教育課程の選抜的側面は必ずしもそれが「エリート的」性質だということにはならない。STSにおける学生募集はこうして学業的に優秀であることよりも、学業的そしてまた社会的につつましくあることを拠りどころにしている。これらの地域に根付いた教育課程は、高等教育に不慣れな第二次大衆化による新しいバカロレア取得層の一部を選抜している[28]。大学中心部からは離れている彼らが置かれた状況からはSTSが本当の学生の文化変容[29]を可能にする条件を用意することはないし、また、より一層彼らの学生の学業的願望を抑制するのに寄与するばかりである。そして一度ディプロムを取得したら、学生たちはまた就職するようにして高等教育に身を置かねばならない。なぜならBTSは高等教育の中で他のディプロムと失業に立ち向かう盾の役割を分け合ってはいるが[30]、とはいえ初職において中間的あるいは管理的職業の雇用に就けるものはBTSのディプロム取得者の3分の1しかないからだ[31]。

【付記】
本章は、Le choix du BTS. Entre construction et encadrement des aspirations des bacheliers d'origine populaire, *Actes de la recherche en sciences sociales*, 2010/3（n° 183）, pp. 32-47, Seuilの全訳である。翻訳の転載を快諾いただいた著者および出版社に感謝申し上げる。

【コラム1】

投影と要請。
アシスタント・マネージャー業STSの第1学年に在籍する3人の学生が、彼らはなぜSTSに進学したのか語る。

学生1
—全然はっきりしなかったんです、私は何がやりたいのか全然わからなかった。結局BTSをやって……。それで、このBTSをやってるんです、私の課程でSTGの後にやらないといけないものだったから。そんな感じです。なぜアシスタント・マネージャー業BTSをやっているかですか？　たぶん語学です、語学が好きなんです。あとそれから、私は数学とか会計とかそういうのは全部好きじゃないので、そういうのがいっぱいある会計業BTSには進まなかったんですけど。経営とか全部そういうの。
—*でもいずれにせよBTSがやりたかったの。*
—いや、DUTをやりたかったんだけど、それには平均13－14点ないとだめだと言われて、それでやりたいことも全然わからなかったし、影響されるに任せて、それで、まぁここに落ち着いたんです。

—誰が君に影響を与えたの?

—13 - 14点ないと、と言ったのは先生たちです。私は12点だったから、バカロレアで12点だったからIUTには出願しなかった。それでここに落ち着いたんです。

学生2

—じゃあBTSの何が魅力だった?

—語学です。それから、えっと、それは大きな要素だったけど、結局それが決め手だった。えっと、あとそう、BTSをやれば修了した時には何か手に入ることは確かだし。大学は、私にとっては何にもならないし、文学では。先生は別として、何をしたいかよくわからなかったし。(中略) でも (中略) 大学はレベルが本当に難しいし。簡単だよ、って思われてるけど、全然簡単じゃない。だけどこう言われたの、「BTSだったらもっとわかりやすいよ」って、それで、まぁそうするか……って。

学生3

—なぜここのBTSに来たの?

—まず大学には行きたくなかったし。なぜなら私を後押ししてくれる人はいないだろうってわかっていたから。勉強しないだろうから。それで、BTSはとても短い課程だしでも同時にとても充実しているから、直接社会に出させてくれるし。それと、IUTについてはそんなに話してるのを聞いたことなかったし、何か全然知らないところに身を置きたくなかったし。IUTにいる人を誰も知らないし。

現在コンフォラン高校で文系の最終学年におります。貴校のホームページを拝見し、資料を検討しました。とりわけ公証人業BTSがあらたに設置されることを、現在貴校の生徒である私の姉から知りました。以前よりこの課程を希望していましたが運悪く私の家からは遠すぎました。

現在経済・社会系最終学年の学生です。2月9日土曜に行われた学校開放を機会に、私は貴校の公証人業 BTS にぜひ入りたいと思っています。

この学業に必要な勉強量を考えた時に、私のモチベーション、厳密さ、チームワークそしてダイナミズムは、私の期待にぴったりと一致するこの課程で成功する要素です。

教育課程への適合調整。2008年5月，メリュジンヌ高校の公証人業 STS への入学志願書類の中の2通の志望動機書からの抜粋。

【コラム2】

「この学生は、“普通”だから、BTS 向きである」
（出願書類のコメントからの抜粋）

「我々は矢印は必要ない。我々にはモチベーションがあり、真面目で進歩するような者が必要だ。」
「職業バカロレアの学生たちは一緒に勉強している。彼らは遠くから来ている。花火にはならないだろうけどまぁよいだろう。」
「私は良い成績だけどめちゃくちゃな学生よりも中くらいだけどよく勉強する学生のほうがいい。」
「彼女はよく方向を変えている。」
「中くらいのレベルだがとても真面目だ。」
「レベルは高くないがよく努力する人だ。」
「STG の生徒はよく勉強する。」；「勤勉」；「努力する」；「モチベーションが高い」
「やる気が期待できる。」
「レベルは高くないが彼は真面目だ。」
「BEP（職業学業免状）から来た者は頑張り抜く習慣を持っている。」

注

1） Valérie Erlich, (1998), *Les Nouveaux Étudiants. Un group social en mutation*, Paris, Armand Colin; Thierry Blöss et Valérie Erlich, (2000), « Les nouveaux "acteurs" de la sélection universitaire: les bacheliers technologiques en question », *Revue française de sociologie*, vol. 41, no. 1, pp. 747-775.

2） Sylvie Lemaire, (2000), « L'entrée dans une filière courte après le baccalauréat », *Éducation et formations*, 55, janvier-mars, pp. 69-70; Pierre Cam, « Le cycle courte: quelle fonctions sociales ? », たとえば Servet Ertul (dir.), (2000), *L'Enseignement professionnel court post-baccalauréat* (*IUT-STS*), Paris, PUF, pp. 91-118.

3） Mireille Dubois et Emmanuel Raulin, (1997), « L'entrée dans l'enseignement supérieur: permanences et changements 1982-1996 », *Éducation et formations*, 50, juin, p. 12.

4） 2007 年には技術バカロレア取得者の 53.7%、職業バカロレア取得者の 63.1% が庶民階層（父親が労働者、一般事務職あるいは無職）の出身者だった。これに対し普通バカロレアではこの出身階層の率は 33.7% であった。（出典：MEN, (2008), Repères et références statistiques).

5） Pierre Cam, (2000), « Les parcours des étudiants », *in* Claude Grignon (dir.), *Les Conditions de vie des étudiants. Enquête OVE 1997*, Paris, PUF, p. 396.

6） Éric Cahuzac et Jean-Marie Plassard, (1997), « Les poursuites d'études dans les filières professionnelles de l'enseignement post-secondaire français. L'exemple des STS, des IUT et des Écoles », *Formation emploi*, 58, pp. 27-43 ; Bénédicte Gendron, (2004), *Les Diplômés d'un BTS et d'un DUT et la poursuite d'études. Une analyse économique*, Paris, Publications de la Sorbonne.

7） T. Blöss et V. Erlich, *art. cit.*, p. 755.

8） Pierre Bourdieu, (1974), « Avenir de classe et causalité du probable », *Revue française de sociologie*, vol. 15, no. 1, pp. 3-42.

9） Bernard Convert, (2003), « Des hiérarchies maintenues. Espace de disciplines, morphologie de l'offre scolaire et choix d'orientation en France, 1987-2001 », *Actes de la recherche en sciences sociales*, 149, septembre, pp. 61-73.

10） Institut universitaire de technologie. 技術短期大学部。

11） Classe préparatoire aux grandes écoles.

12） メリュジンヌ高校の場合には、提供されるコースはバカロレア取得後３年までである。なぜなら社会・家族経済 BTS（BTS Économie sociale et familiale、以下 ESF と表記）の教育課程では ESF のカウンセラー国家資格は教育機関により授与されるものだからである。

13) Sciences et technologies de la gestion. 経営科学とテクノロジー［技術バカロレアの系列の一つ］。

14) STSへの継続性からの入学についての詳細な解析は別途発展の対象としている。以下を参照。Sophie Orange, (2009), « Un "petit supérieur": pratiques d'orientation en section de technicien supérieur », *Revue française de pédagogie*, 167, pp. 37–45.

15) 父は熟練労働者。母は介護補助人。

16) たとえば次の研究があげられる。Servet Ertul (dir.), (2000), *L'Enseignement professionnel court post-baccalauréat* (*IUT-STS*), Paris, PUF.

17) Stéphane Beaud, (2003), « *80% au bac...et après ? Les enfants de la démocratisation scolaire* », Paris, La Décourverte, p. 311.

18) Pierre Bourdieu, (1979), *La distinction. Critique sociale du jugement*, Paris, Minuit, p. 123.（石井洋二郎訳（1990）『ディスタンクシオンⅠ，Ⅱ』藤原書店.）

19) 庶民階層出身の学生が4年間の課程であるカレッジ（大学）よりもコミュニティー・カレッジという2年間の高等教育課程に押し寄せる現象を説明するのにアメリカの社会学者によって使われた以下の表現がここで思い出される。« cooling out effect » (Burton R. Clark, (1959), « The 'cooling out' function in higher education », *American Journal of Sociology*); « *management of ambition* », « *diversion effect* » (Steven Brint et Jerome Karabel, (1989), *The Diverted Dream. Community Colleges and the Promise of Educational Opportunity in America, 1900–1985*, Oxford, Oxford University Press; Kevin J. Dougherty, The Contradictory College. (2001 [1994]), *The Conflicting Origins, Impacts, and Futures of the Community College*, New York, Suny).

20) T. Blöss et V. Erlich, *art. cit.*, p. 755.

21) これはメリュジンヌ高校のSTSの5つの選抜委員会を観察したものによる。

22) Jean-Noël Retière, (2003), « Autour de l'autochtonie. Réflexions sur la notion de capital social populaire », *Politix*, 63(16) pp. 121–143.

23) 教師たちは出願者の志望順を知らないだけに一層である。2年前より出願志望順は書類に記載されないようになった。教師はそれゆえ推測をすることを余儀なくされている。「もしこの人はトゥールでバカロレアを受けているのであれば、確実にこの人はオルレアンの公証人業BTSにも出願しているに違いない。よって我々のところには来ないだろう。」というようにである。

24) STSとその専攻の分布は地域の経済構造の性質と非常に関連している。

25) Pierre Bourdieu, (1989), *La noblesse d'État. Grandes écoles et esprit de corps*, Paris, Minuit.（立花英裕訳（2012）『国家貴族Ⅰ，Ⅱ』藤原書店.）

26) Erving Goffman, (2002 [1961]), *Asiles. Études sur la condition sociale des*

malades mentaux, Paris, Minuit, p. 132.（石黒毅訳（1984）『アサイラム』誠信書房.）

27） こうして学生募集は学業よりも社会的・職業的に持ち合わせたものに依拠している。これについては次を参照。Romuald Bodin, (2009), « Les signes de l'élection. Repérer et vérifier la conformation des dispositions professionnelles des élèves éducateurs spécialisés », *Actes de la recherche en sciences sociales*, 178, juin, pp. 80–87.

28） Bernard Convert, (2006), *Les impasses de la démocratisation scolaire. Sur une prétendue crise des vocations scientifiques*, Paris, Raisons d'agir.

29） S. Beaud, *80% au bac…et après ?…, op. cit.*, p.314.

30） Laurence Ould Ferhat et Tristan Poullaouec, (2005), « Le diplôme, arme des faibles ? », *in* Jean-Pierre Terrail (dir.), *L'École en France. Crise, pratiques, perspectives*, Paris, La Dispute, pp. 141–155.

31） 第三次産業部門のBTS取得者の36%、工業BTS取得者の39%だけが初職で彼らの資格レベルの雇用を得ており、これに対し第三次産業部門および工業のDUT（大学大学短期技術教育免状）の取得者ではそれぞれ47%、56%、さらにDeug（大学一般教育免状）LSH（人文学）では49%、Deug MST（科学技術メトリーズ）では57%である。出典：Cereq-Géneration 2004, (2008), « Quelques indicateurs sur l'insertion des jeunes issus de l'enseignement supérieur », *Bref en chiffres*, 253, juin.

（田川　千尋 訳）

◆「第２章　上級技術者証書（BTS）という選択」解説

田川　千尋

フランスの高等教育はその複雑さが特徴だと言ってもよいほど入り組んだ様相を呈しているが、大きく分けて非選抜課程と選抜課程とに大別され、この二元性が一つの大きな特徴と言える。前者は大学であり、中等教育を修了しバカロレアを取得した者は誰でも登録することができる。後者の代表的なものにはグランゼコールとその準備級、IUT（技術短期大学部）、そしてSTS（上級技手養成短期高等教育課程）等がある。

高等教育へのアクセスを可能とするバカロレア資格は、中等教育修了時に試験を受け取得する。今日、普通バカロレア（1808年創設）、技術バカロレア（1968年創設）、職業バカロレア（1985年創設）の３つの種別があり、全ての種別のバカロレアに大学の進学が認められている。普通バカロレアにはＳ（科学系）・ES（経済・社会系）・Ｌ（文系）の３つの系があり、なかでもＳは選抜性が非常に高い課程（グランゼコールとその準備級、大学の医学部・法学部・一部経済学部）、あるいは比較的高い課程（IUT）などへの出願の際効果的だとされる。技術バカロレアの系は何度か改編が行われているが2015年現在８つの系があり（本文中のSTIやSTGがこれにあたる）、さらにその中に履修専攻（option）がある。バカロレアの取得者は年々増加しており、一世代あたりのバカロレア取得者率は1985年には29.4%[1]だったのが、2015年には77.2%にも達している（合格者数にすると617,900人）[2]。これは政策の先導が大きく、1985年にはバカロレア取得率を80%にする目標がシュヴェーヌマン教育大臣（当時）により掲げられ、職業バカロレアの創設もこの政策によるものであった。バカロレア取得者の高等教育への進学率は2013年には75.4%であり、種類別では普通バカロレアが98%と高く、技術バカロレアは74.1%である。職業バカロレアからの進学率は33%と低い[3]。

このようにバカロレアの取得者が増加し彼らが高等教育への進学するのにともない、フランスの高等教育は1980年代に急激に大衆化し、そこには「新しい学生」[4]、すなわち新たな高等教育への進学者が現れた。大衆化による影響は大学という非選抜制でありバカロレア取得者であれば誰でも登録のできる機関にとっては大きかった。「新しい学生」を多く受け入れたのは大学だった。

ここで社会問題ともなったのが、大学生の落第問題である。大学では入学時に選抜を行わないために、実質的には進級の際に学生はふるいにかけられる。学士を規定の3年で修了する率は、学部専攻により違いはあるものの平均3割にも満たない（2013年度[5]）。大学環境に適応し学習を行う中では、高校とは違い自立性が強く求められる。社会学者エルリシュは、落第と出身社会階層の相関性を指摘している。彼らの多くは大学文化に馴染みのない庶民階層出身者であり、また、技術バカロレアや職業バカロレアといった大学の学問には適していない学歴を持ち、大学環境に適応し自立的に学習を行うことが難しい[6]。バカロレアを取得すれば大学には誰でも入学できるものの、このように実際には入学後にさまざまな形でふるいにかけられる者たちがいること、高等教育は一見したところ機会均等になったように見えるが実際にはそうではないこと、これらが高等教育の階層化と言える。こうした大学文化の素地や大学で学ぶことに適した学歴を持たない「新しい学生」たちの問題を通し大学の大衆化と階層化の問題は指摘されてきた。技術バカロレア取得者が多く向かう短期高等教育について、階層化の視点からの研究はなかったわけではないが、大学における落ちこぼれ問題と、若年層の失業問題は社会問題として大きく、学生の社会学の注目はどちらかというと大学にあったと言える。

STSは、高等教育の全在籍者数の約1割を占める教育課程であるが[7]、本論文がここで明らかにしたことは大衆化の陰で起きている階層化という側面を強く描いたところにある。

フランスでは高校最終学年の1月にバカロレア後の進学志望を提出する[8]。志望順をインターネット上で入力・登録し、出願書類をそれぞれの志望課程に提出する。5月に入学可能かどうか各出願先から結果の発表があり、これらの結果に対し学生は返答を行う（6月）[9]。グランゼコール準備級や大学の医学部、法学部、一部の大学の経済学部には志望が集中する。このため、バカロレア取得者であれば誰でも入学できることになっている大学であっても必ず入学が許可されるわけではなく、実際にはバカロレアの成績や志望動機書は「選考」要素となっている。第2章でも選考の様子が描かれているが、高等教育で選考する側には出願者の志望順は明かされない。STSという選抜制ではあるが競争性が低めの課程では、入学辞退者をなるべく少なくするためにSTSを第一志望にしていると思われる学生を様々な要素から選び取るとのことである（本書39頁）。

本章では高等教育の進路選択の際に、STS出願者のみに見られる傾向があることを指摘している。STSを志願する学生はSTSのみに出願し、併願している場合にもそれはSTSの違った専攻への出願なのである[10)]。すなわち、彼らには高等教育といえばSTSしか見えていない。これをオランジュは「切り取られた高等教育空間」と呼んでいる（STSは高校付設である。章末「フランスの高等教育制度の概略」参照）。その原因としてオランジュは、進路指導や選抜委員会といった高校現場の持つ文化を指摘し、統計とエスノグラフィーの手法を使ってこれを明らかにしている。高校を卒業したあとの進路として、その高校に付設のSTSだけが行き先かのように学校開放日の際に紹介をされている事実が、その文化の一例と言える。さらに、このような進路指導の影響を受けやすい生徒というのは、主に庶民階層の生徒たちであることを明らかにしている。彼らは家庭で進路指導に関する情報を持たないために学校での教えが頼りだからである。結果、彼らは学校に提示された通りSTSという選択肢の中だけで進路を考える。さらにオランジュは、選考委員会における教師の行動や発言を記し、教師がその課程にあった学生がどのような学生なのか定義していること、その定義に基づいた選考とその前に行われる進路指導を通し、彼らがSTSの高等教育における「部分空間化」に関わっていることを鋭く指摘している。

高等教育が数の上では大衆化したとはいえ誰にでも平等な形で開かれたものになったわけではないこと、その中で起きている不平等や階層化はすでにいくつもの研究で指摘されてきた[11)]が、これらの研究の多くは学生の行動と大学文化に注目しそのズレを明らかにし、「困難を抱える」今日の大学の実態を描くことが多かったと言える。中等教育の進路指導およびSTS選抜に関わる教師側の行動を、生徒の願書という材料とあわせて解析を行った本論文は、階層化の背景と現実とを中等教育における学校文化という新たな側面から鋭く明らかにしたと言えるだろう。

注

1）*Repères et références statistiques - édition 2010*, DEPP.

2）*Note d'information*, n° 24, juillet 2015, DEPP.

3）*Repères et références statistiques - édition 2014*, DEPP.

4）Valérie Erlich, *Les nouveaux étudiants. Un group social en mutation*, Paris, Armand Colin, 1998.

5）2007年入学者。*Note d'information*, 13.2 avril, DEPP-DVE.

6）Valérie Erlich. *ibid.*

7）高等教育の全在籍者数は約240万人、BTSには約25万人が在籍している（2013-2014年度）。

8）最大36箇所に出願することができるが、そのうち同じタイプの教育課程に出願できる数は12までに制限されている。

9）手順については、http://www.admission-postbac.fr/site/guide_2015/Guide_du_candidat_2015.pdf 参照。

10）STS均質出願。均質出願とは、同じ教育課程のみに出願することである。これに対し、異質出願とは、違うタイプの教育課程を併願していることである。

11）たとえばGeorge Felouzis, « Les effets d'établissement à l'université: de nouvelles inégalités ? », *Les mutations actuelles de l'Université*, Georges Felouzis (dir.), Paris, PUF, 2003.

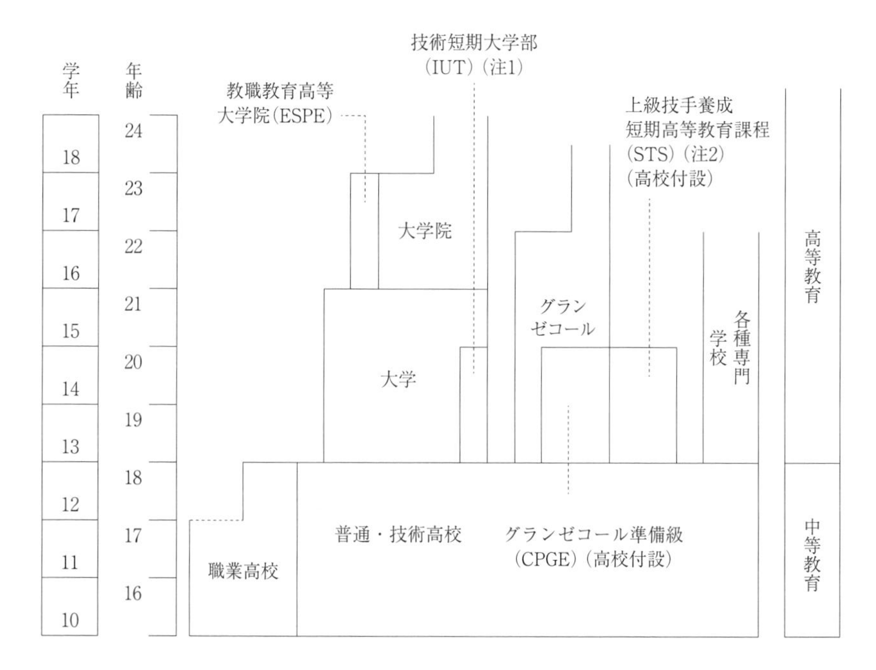

[参考] フランスの高等教育制度の概略

注１：この課程を修了後取得できるのがDUT（技術短期大学部免状）
注２：この課程を修了後取得できるのがBTS（上級技術者証書）

第3章

職業高校生たちの職業移行問題の構造

荒井　文雄

1. はじめに

本章では、フランスにおける職業高校生の就業における問題点を検討するが、まず学業から職業への「移行問題」と称されるこうした問題の背景を確認しておこう。

パンソン＝シャルロ（Pinçon-Charlot 1999）が指摘するように、経済・文化資本の「遺産相続」がごく「自然に」おこなわれる「上流社会」には移行問題は存在しない。同様に、「国家貴族」を構成する学歴エリートたちに関連してこの問題が語られることもない。一般に、移行問題は、職業ポストとそれを通した社会的地位の獲得に多かれ少なかれ不安・不満を抱える人々にとってしか問題化しないし、職業ポストの獲得により大きな困難を伴う人々にとってより深刻に問題化する。一般的な雇用不安が、学歴競争をひき起こしている状況では、この競争の敗者にこそ移行問題が集中的に出現する。

移行問題は、学業終了後の就業の可能性だけでなく、その職業に対する当事者の姿勢（モチベーション）の問題でもある。雇用の可能性が学歴の低い者にも開かれ、当事者がその職業を受容している限り、移行問題は生じない。たとえば、中卒者が「金の卵」と言われて「集団就職」していた高度成長期の日本では、移行問題が語られることはなかった。しかし、産業構造の変化やそれにともなう失業等の雇用の不安定化が生じ、さらに教育大衆化によって高学歴への競争が一般化すると、当事者が保持する一定水準の学歴と、彼が望む職業が要求する学歴とがかならずしも対応しなくなる。教育課程を終えて職業世界に出てゆくことは、こうした者にとっては望まない職業を受け入れることを意味する。それは、自立した一市民としての未来への出発ではなく、意にそわない現実に投げ込まれる青年期の挫折であり、社会的脱落の経験となる。

移行問題がこのように学歴競争の敗者に集約的に現れるとすれば、この問題を研究することは、彼らの学校教育における困難と就業における困難とを総合的にとらえることを意味する。また、「学力」が社会階層的な位置づけに対応していることを考慮すれば、この問題の検討は、教育制度による社会構造の再生産の現状をみることにもつながる。

以上のような観点から、以下の諸節でフランスにおける職業高校生の職業移行問題についてより具体的に検討する。

職業高校が、中学校における成績不振によって長期の進学コースに進むことのできなかった生徒の受け皿となっており、そうした生徒の多くが庶民階層出身者であることは、以前から指摘されてきた（藤井 1997, Agulhon 2000）。また、職業高校卒業後につくべき仕事が、授与される資格の性格からいっても生産労働者や事務系労働者であることを考慮すれば、職業高校が階層構造を「再生産」する社会的機能を担っていることも否めない。さらに、高学歴化と雇用不安を背景にして職業高校生の卒業後の就業の困難もよく知られている。以下の第２節と第３節においてまずこうした点をより詳しく検討する。第２節では職業高校生たちの学校教育的性格と社会階層的性格の複合の状況を、第３節では彼らの卒業後の就業状況を検討する。これらの節では、職業高校と見習い訓練生で構成される職業教育課程全体をまとめて扱う。両者に共通した性格が認められるからである。むろん、これら２つの職業教育課程には重要な差異もあるが、その点は第５節で検討する。この検討をとおして、職業高校生たちの状況をいっそう細かく性格づけることができる。

第４節では、職業高校生たちの置かれた状況を、教育大衆化と生産労働者の世界の変容とに関連づけて記述する。職業高校の学歴が用意する労働者としての職業生活も、学歴競争から脱落しつつある自分の状況も、ともに受け入れることができない彼らは、どちらにも行けない二重拘束の状態におかれている。

最後に第6節では、こうした行きづまりの状況が、学校教育的・社会階層的条件に加えて人種差別という要因にもさらされる移民労働者の子どもたちに集約的に現れている様子を検討する。全体をとおして、職業高校生が置かれている社会状況を、教育大衆化という学校制度の側面および労働者の雇用・労働条件の変容という職業世界の側面の両方に注視して多面的に記述し、彼らが陥っているいくつものジレンマが生ずる構造をみていきたい。

2. 職業高校生の社会階層的・学校教育的特徴

職業高校を含む後期中等教育の職業課程（seconde cycle professionnel）に在籍する生徒は決して少なくない。教育統計年鑑（Repères 2013: 97）によれば、2012年にこの過程には657,540人が在籍しており、これは普通·技術課程（cycle général et technologique）（1,452,155人）を加えた後期中等教育在籍者全体の31%に上る[1]。

教育統計年鑑（Repères 2013: 101）によれば、2012年新学期時点で後期中等教育の職業課程に在籍する者のうち、生産労働者層出身者は、35.8%に及ぶ。この階層の生徒が中等教育在籍者全体に占める割合が25.9%であることを考えると、彼らがとりわけ職業課程に進んでいることがわかる。ちなみに、事務系労働者、中間職出身者の職業課程在籍者の比率は、これらの層が中等教育全生徒に占める割合とほぼ同じであるが、上級管理職・知識職出身者に関しては、職業課程在籍者比率（6.6%）はこの階層が全体に占める割合（18.5%）を大きく下回っている。こうした数値は、社会の階層構造を「再生産」している教育システムの機能が、後期中等教育の職業課程において顕在化している、という解釈を許す。

パレタ（Palheta 2012: 44）によれば、小・中学校の段階から、生徒たちは(1)特別クラスへ配置、(2)落第、(3)中学第4学年（第3級）時の進路指導というプロセスを通して職業課程に方向づけられている。要するに学校教育的卓越性の基準からみて「学力不足」とみなされた者たちが職業課程に配置される仕組みができあがっている。学校教育的卓越性や学校文化への親和性に、生徒の出身階層が深く関係しているという周知の事実を考慮すれば、職業課程生徒の社会階層的性格と学校教育的性格の組み合わせも理解される。職業課程がしばしば“relégation（島流し・流刑）”という社会的排除の同義語によって指示されるのも、この事実を反映している。

職業課程への生徒の配置の実際を、パレタにそってみてみよう。1995-2002年のパネル調査[2)]を援用しつつ、パレタ（2012: 47-56）はまず補助教育を含む「（職業参入に向けた）特別クラス」（SEGPA, 3e et 4e technologiques, 4e aide et soutien, 3e d'insertion）と職業課程との密接な関係を指摘する。中学校の学年すべてを普通クラスだけで過ごした生徒では、職業課程（CAPとBEP課程）に進級する者は、33.6%にすぎないのに、同時期に一時的であれ特別クラスを経験した生徒では、この比率が77.7%にも及ぶ（残りの22.3%のうち多くは教育課程から脱落したと思われる）。特別クラスの生徒には、はっきりした階層性が観察される。同じパネル調査の対象となった生徒をもとに、この特別クラスの階層構成をみてみると、その4分の3が両親とも庶民階層出身の生徒で占められている。これに庶民階層＋中間階層の両親の層を加えると、その比率は9割にまで上がる。一方、普通クラスでは両親とも庶民階層の生徒は4割強にすぎない。特別クラスを経験する生徒は、全体の13.3%にすぎず、とくにもっとも恵まれた階層に属する生徒ではわずか0.8%であるのに対して、庶民階層出身の生徒ではこの比率が20%を超える（男子では、25.9%、非技能生産労働者や無職層の子どもでは27.3%まで上昇する）。パレタ（2012: 50）は、恵まれた階層の生徒に対して、庶民階層の生徒が特別クラスに入る確率は5.98倍にのぼると計算している。こうした特別クラスから、普通課程・技術課程の高校への進学率がわずか0.4%にすぎないことを考えると、これらのクラスが職業課程への助走路を形成していることがわかる。

落第に関しても、社会階層間の格差が観察される。両親の少なくとも一人が庶民階層出身である生徒の中学における落第経験率は29.8%であるのに対して、恵まれた階層の生徒では、その比率は18.1%にとどまる。また、落第が生徒の将来の教育展開に及ぼす影響も異なっている。中学時の落第経験者が高校の普通課程に進学する比率は、恵まれた階層では60%にも及ぶのに対して、庶民階層では21.6%にすぎない。反対に、こうした生徒が職業課程に進む比率は、恵まれた階層＝28.7%、庶民階層＝61.1%と逆転する。落第と職業課程への配置の関係は、職業課程生徒の年齢に反映している。教育統計年鑑（Repères 2013: 109; 117）によれば、2012年新学期の時点で、17歳以上の生徒は、普通・技術課程の高校1年（第2級）では2.3%にすぎないのに対して、同年齢層の生徒は職業課程の1年生では14%、CAP（職業適格証、2年制）課程の1年生では23%にも及んでいる。落第は、社会階層によって異なった意味づけを持っている。庶民階層にとって落第は、高等教育への道を閉ざし、職業課程への「島流し」の第一歩となるのに対して[3)]、恵まれた階層は、それを高等教育へつらなる長期課程への復帰の手段として用いる。中学から高校への移行期にあたる中学第4学年（第3級）時に、この階層の落第が集中することからもこうした差異は確認される。中学で落第する者のうち、第4学年次に落第する者の比率は、庶民階層で17%、中間階層で26.7%であるのに対して、恵まれた階層では39.6%にも及ぶのだが、それは、恵まれた階層の生徒にとって、この学年での落第が高校普通課程の1年目（第2級）への進学の可能性を格段に高めるためだ。

職業課程への配置と生徒の社会階層的特徴との密接な関係をよく示している事実に、単線型中等教育の最終段階である中学第4学年（第3級）時おける進路指導・決定の問題がある。パレタ（2012: 62-71）は、上記と同じパネル調査に基づいてこの問題を検討している。まず、この進路決定のさいに、中学第1学年（第6級）時において成績が良好でない生徒のうち、より下位の社会階層に属する者は上位の社会階層に属する者よりも、成績が同条件であっても、ずっと高い頻度で職業課程に進路指導される、という事実がある。中学第1学年時の数学の共通テストにおいて、平均点以下を取った生徒のうち、もっとも恵まれた階層に属する生徒の13.7%が職業課程に進んだのに対して、庶民階層では、58.7%もの生徒が職業課程に進んでいる。中等教育の早い時期に生じた学習困難は、階層によって異なった働きをする。庶民階層の生徒では、こうした学習の遅れを中学校の間に埋めることが極めて困難なのである。中学校の教育課程を通してこうした学力格差が拡大することを背景に、中学校最終学年における進路決定が社会階層間の格差をより広げる方向に作用する。

さらに、後期中等教育の普通課程・職業課程への振り分けが必ずしも生徒の成績に対応するわけではないという事実もある。周知のように、社会階層が上昇するほど、高等教育につながる普通課程への進路希望が強くなる。たとえば、成績最下位層[4]では、職業課程への進学を希望するのが、恵まれた階層では54.4%であるのに対して、庶民階層ではそれが90.1%にもなる。この差異的傾向は、生徒の成績が上昇しても変わることがない。たとえば、成績が12.1-14点（20点満点）の層でも、庶民階層では19.3%の生徒が職業課程への進学を希望するが、この比率は恵まれた階層では2.4%にすぎない。庶民階層は、こうして進学コースから自主的に自己排除してゆく傾向をもつが、それは、ブルデュー（Bourdieu: 1974）が指摘したメカニズムに基づく。自分が属する階層に許される未来の可能性は、客観的に観察される。中学生の場合、それは統計資料などの形はとらなくとも、親兄弟や親戚、先輩たちの学業・職業生活を観察することから得られる。とりわけ、進学コースに進んだ年長者たちが階層的な条件に由来する学力不足から、普通課程で思うような成果を得られなかったという経験も共有している。こうした客観的条件が、生徒たちが主体的に抱く未来への期待を制限し、彼らの行動を規制する。その結果、彼らの未来は、客観的に観察された階層的条件にそうものとなる。学校側の進路決定の機関である学級委員会（conseil de classe）による進路の採択も、生徒たちの進路希望にみられる階層間格差を是正する方向には作用せず、かえってそれを追認する結果となっている。成績の中間層（10.1-12点）では、この委員会は恵まれた階層の生徒のわずか8.9%を職業課程（CAP/BEP）に配置するのに対して、この比率は、中間階層では24.3%、庶民階層では40.4%にもなる。学級委員会はまた、落第に関しても社会階層ごとに異なった対応をしている。上でみたように、中学校最終学年における落第は、恵まれた階層では普通課程への進学を確保する手段として用いられている。そうした戦略を追認するかのように、委員会は恵まれた階層の生徒に多く落第を採択する。成績の下位層（8点未満）でさえ、恵まれた階層では24.8%の生徒が落第をすすめられる。この成績層の庶民階層ではこの比率は、3.9%にすぎない[5]。

3. 職業高校生の資格取得後の状況

資格調査研究所（Céreq）の調査 « Génération 98 à 10 ans » によれば、1998

年に職業課程を終えた者のうち3分の2が10年後には生産労働者（ouvrier）または事務系労働者（employé）であり、14.8%は失業状態に置かれている。その一方で、彼らのうちで上級管理職・知識職につくものは1.3%にすぎず、中間職でも11.4%にとどまっている（Palheta 2012: 41）。これは、同年に高等教育を終えた者がその10年後に、生産労働者および事務系労働者＝23.4%、失業＝6.5%、上級管理職・知識職＝27%、中間職＝40%となっていることとはっきりとした対照をなす。同様のデータが、経済危機（リーマンショック）を経験した2007-10年の時期に関しても観察される。資格調査研究所のEnquête « Génération 2007 »（2007年に教育課程から出た740,000人対象）によれば、2007年に短期の職業資格（CAP/BEP）を取得した者の2010年における失業率は24%に及ぶ。また、正規雇用についている者は54%にすぎず、高等教育修了者の正規雇用が70%ほどであるのに対して、著しく不利な立場に立たされている（Mazari, Z. et al. 2011）。

このように、職業課程を終えた生徒たちは、より高学歴の者たちに比べてより厳しい雇用状況に直面することになるが、彼らの就業状況と職業課程が与える資格との関係を以下で詳しくみてみよう。とりわけ注目されるのは、CAP/BEP（職業教育免状）という短期課程（レベルV）の職業資格が、それが想定した職業カテゴリーに対応していない現実である。すでにポドゥヴァンとヴィネイ（Podevin et Viney 1991）によって、1980年代の状況として記述されたデータによれば、これらの資格を持つ者が技能生産労働者として職を得る比率は、1960年代以降つねに低下し続け、1988年にはCAPで45%、BEPで48%まで低下していた。生産現場において非技能労働者が占める割合が年々低下し、1975年には2人に1人だったのが、80年代後半には3人に1人まで減少した事実を考慮すると、これらの資格の評価の下落がよりいっそう大きかったことが知られる。ポドゥヴァンとヴィネイ（1991: 48）は、男性のレベルVの資格保持者のうち、非技能労働者として働いている者の比率は、特定の生産部門では1989年に60%を超えると指摘している。この傾向は近年さらに強化されてきている。教育統計年鑑（Repères 2013: 277）によれば、2013年に卒業後1－4年経過したCAP/BEP取得者のうち、技能生産労働者として働いているのは26%のみにとどまり、反対に、非技能生産労働者として働いているものは

21%に及ぶ。注目すべきは、この非技能労働者の割合が、資格として「中学卒業証明もしくは資格なし」のカテゴリーの者たちがこの職種につく割合(25%)とそれほどの差がないことだ。同様のことが、非技能事務系労働者の比率についても言える。CAP/BEP取得者でこの職につくものは24%であるのに対して、「中学卒業証明もしくは資格なし」の者では、この比率は28%となる。一方、これら二つの学歴カテゴリーの者たちに対して、「バカロレア取得者」を対置すると、非技能生産労働者＝12%、非技能事務系労働者＝18%となり、事務系労働では格差がやや縮まっているとはいえ、バカロレアという資格が大きな境界となっていることが見てとれる。言いかえると、主に職業高校での勉学を通して取得される短期の職業資格は、「資格なし」のレベルに接近するほど評価が低いことがわかる。パレタ(2012: 162)も言うように、雇用者側にとっては、これらの資格が雇用の最低条件となってきているが、それも資格が保証する技術的な能力のためではなく、後期中等教育の資格取得まで進んだという事実から一般的な能力(とくに書記能力)が認められるという消極的なものにとどまる。レベルVの職業資格は、もはや義務教育修了の保障というレベルにまで格下げされてきていると言える[6)]。

4. 生産現場の変容と教育大衆化による二重拘束

職業高校生を取りまく環境は、同じ時期に進行した2つの大きな社会的変化によって決定的な影響を受けた。すなわち、教育大衆化と生産現場における労働のありかたの変容である。

シュニュ(Chenu 1993)がつとに指摘したように、フランスの労働者が置かれた環境は、1980年代に大きな変容を遂げた。生産現場における自動化(ロボット化)・情報化によって非技能労働者が減少して、高資格の技術者・技術系管理職が増える一方で、商品流通にかかわる労働者は増加した。生産現場では、「トヨタ方式」に由来するノンストック生産方式の展開に合わせて、労働者は情報体系の中で自律的に行動できることを求められた。すなわち、労働者は製品および原材料の多様性、生産設備の状態等の変数に対応しつつ、自分で自分の労働時間の最大限の効率化をはかるよう自分の行動を再帰的に管理しなければならない。しかもこの多能性と自律性の要求は、生産過程の高速化、作業能率の高度化と一体になって進行した。こうした新しい働き方に適応するには、単に特定の技術を持っているだけではたりない。何よりも、経済状況を反映して刻々と変化する生産現場の要請に即応できる姿勢・心身の準備が要求される。1980 年代半ばに創設された職業バカロレアも、このような新しいタイプの労働者（「オペレーター」と呼ばれるようになった）を生産現場に送り出すことを目的にしていた。すなわち、生産の方針・方法に関して経営・管理部門と同一の思考法を身に着け、その多様な意向を現場に浸透させる「自律的な」労働者を作り出すことであった。

こうした生産現場の変化は、80 年代なかばから 90 年代終わりにかけてプジョー社のソショー工場の労働者を丁寧に追跡したボーとピアルー（Beaud et Pialloux 1999=2012）の民族誌的記述によってよくとらえられている。すなわち、この時代の生産現場では、上述した技術革新と新しい労働者モデルの導入によって、「栄光の 30 年」に代表される高度成長期をになった旧来の労働者像が急速に社会的評価を落としていった。組合運動を通して国家的な政治勢力の一翼を担った「労働者階級」というよりどころを、現場の労働者たちは失っていった。それとともに、彼らのきびしい労働の現実を支えていたさまざまな価値（仲間意識、相互扶助、管理への集合的反抗、言語的・行動的慣習、労働現場外の階層文化などの集団的・象徴的体系）も、労働者集団での有効性を失っていった。労働者間に、給与の差異化や担当部署の配置をめぐって「個人競争」が導入され、また、会社側の意向に沿った姿勢・態度・応接がこうした競争的評価の中に位置づけられるようになった。その結果、「階層全体としての生活の改善と社会的上昇」という労働運動のプログラムは、個々の労働者にとって現実性のない過去の遺物となってしまった[7]。しかも、会社が導入した個人競争が約束したはずの職場内での昇進は、ほとんどの場合、実現することなく終わった。非技能労働者にとっては、現在の自分の地位と生活状況から抜け出すために、実質的には、もはやどのような手段も残っていない。こうした状況はかつて「労働者のエリート」と呼ばれた技能労働者にとっても同じだった。技能労働者には、生産現場において非技能労働者にはない特権があった。彼らこそがポジティブな労働者像を体現していた。しかし、そうした特別な性格も、職業バカロレアを手にした会社協調型の新しい「オペレーター」の出現によって無意味なものに転落してしまった。

このような変化は言うまでもなく、職業課程に在籍し、将来は生産現場で働くことを想定されている生徒たちに大きな影響を与えた。とくに、「オペレーター」の出現によって昔日の栄光を失った熟練技能労働者こそ、60・70年代にCAP等の短期の職業資格を取得した者たちだったことの意義は大きい。上でみたように、短期の職業資格取得者が技能労働者として雇用される割合は80年代の終わりころには5割を切っているのだが、たとえ技能労働者の地位を得たとしても、その仕事には将来の展望も、労働者としての集団的・象徴的価値も90年代の終わりにはもはや付随しなくなっていたのである。

こうした状況を考慮すると、職業高校の生徒に、生産労働者となることへの拒否が広がっていることも理解される。ボーとピアルー（1999=2012）の第2部は、プジョー工場所在地域の職業高校での生徒・教師たちを調査しているが、その中で、生徒たちが自分たちを生産労働者の枠にはめる現実を、さまざまな象徴的方法を用いて打ち消そうとしている様子が活写されている。こうした拒否は、彼らが主に庶民階層の出身であることを考慮すれば、親の職業を否定するという深刻な世代間断絶を生み、それが労働者の「階級文化」の継承を不可能にするゆえに、よりいっそう親の世代の労働者としてのアイデンティテーを揺るがす結果となる。さらに、生産労働への拒否は、後述するように、移民の親を持つ生徒においてとくに激しさを増す。ボーとピアルー（Beaud et Pialloux 1999=2012: 444-449）の2012年版の後記（Beaud et Pialloux 2002の再録）で記述された移民系の職業高校生の発言や、パレタ（2012: 289）が示した移民系の生徒が持つ「親の職業の拒否」の傾向からも、彼らが内在化している「生産労働者」への根深い拒絶が見てとれる。

庶民階層の若者たちがもつ生産労働への拒否は、労働者が社会階層としての社会的地位を失いつつあった80年代に進行した教育大衆化とも密接な関係がある。「80%の生徒をバカロレア段階へ」というスローガンで知られるこの教育改革を受けて、普通課程・技術課程への進学は、80年から90年の10年間で46.8万人ほど増加したが、その一方、職業課程への進学は7.6万人ほど減少した（フランス本土のみ。教育統計年鑑2007年度版参照）。中学最終学年（第3級）

修了者に対する比率でみると、前者は80年=61.15%、90年=70.72%と10%近い増加であるのに対して、後者は80年の27.07%から、90年の25.02%と若干減少している（藤井 1997: 188）。こうした教育大衆化の動きは、普通・技術課程への進学に向けた選抜を緩和した。庶民階層の子どもたちにも高等教育につながる普通・技術課程への進学の可能性が生じてきたのである。生産労働者となることを拒否する者たちにとって、進学コースへの参入は1つの選択肢となった。さらに、80年代に進行した失業の増大は若年者の雇用をも脅かしたから、庶民階層にとってもバカロレア以上の学歴への志向が強まった。

庶民階層をも巻き込んだこの教育大衆化は、彼らに2つの帰結をもたらした。第1に、普通・技術課程に進んでも経済・文化資本の欠如からそこでの学習内容についてゆくことができず、理系・文系・社会系などのコース分けや受験するバカロレアの種類を通して、結局は選別されることになる「内部における排除」（Bourdieu et Champagne 1992）の発生である。こうした生徒にとって、普通・技術課程への進学は「選抜=排除の先送り」（Œuvrard 1979）にすぎないこととなる。第2の帰結は、庶民階層の生徒のうちで、門戸が開かれた普通・技術課程に進学できない者のみが職業課程に進むという職業高校=「島流し」という図式が強化されたことである（Jellab 2008: 54）。職業高校の生徒は自分たちが、普通科生徒に代表される「本当の」高校生ではないと感じている。学業成績が悪いという個人的な負い目が、今や職業高校生であるという社会集団的負い目によって二重化され、自分の価値を肯定的にとらえることができなくなった彼らは、勉学においても、それ以外の分野（たとえばスポーツ）においても現状をこえるための向上心をなくしてしまっている。どんなものであれ、競争状況に彼らはもはや耐えられないのである（Beaud et Pialloux 1999=2012: 195-200）。その一方で、生産労働者となることを拒否している彼らは、職業高校が与えるCAP/BEP等の短期資格を手にして労働市場に参入しようとは思っていない。これらの短期資格が失業対策にはならない（第3節参照）という事実もあいまって、彼らは「通常コース（voie normale）」と称される長期教育課程に復帰して、職業バカロレアあるいはそれ以上の学歴を身につけたいと思っている。ここに職業高校生が直面する大きなジレンマ、職業生活への移行にともなう困難を約束するジレンマがある。職業高校では、卒業後、その分野での就労を前提にして、特定分野の職業教育をほどこすが、生徒にはそれが約束する労働者としての未来への根強い拒否がある。生徒は「本当の」高校生のように、長期の高等教育への参入をもくろんでいるが、それが必要とする学力にも、意欲・向上心・自信にも不足がある。職業高校に来ているということが、すでに学校教育的資質に欠けているという宣告を受け、かつ学歴上昇への意欲を自分から自己制限してきた結果であった（第1節参照）。生徒たちは、労働者として社会に位置づけられるという受け入れられない現実からのがれるために、高学歴の追及という合理性も可能性も少ない「正面突破（fuite en avant）」作戦に追いこまれていく[8]。

生産労働の拒否と学歴追求の可能性の温存、という職業高校生のダブルバインド状況は、彼らがしだいに多く第3次産業（サービス）分野の専門課程を選択するという事実にもよく表れている。この選択は、生徒たちには、とりあえず生産労働者としての未来をまぬかれる可能性を残すかのようにうつる。ジェラブ（Jellab 2008: 119）によれば、職業高校でサービス分野を専門とする生徒数（399,575人）は、2003年に工業分野を専門とする生徒（301,066人）を上回った。また、伝統的に工業分野に多かった男子生徒もしだいにサービス分野に移り、その割合もおよそ30%となった。とくに、販売、会計・経営の分野では、男子比率が50-60%にまで上がってきている。これらの分野が上位の学歴への接近を容易にするとみなされていることが、その理由の一部だが、こうした傾向は職業高校生たちがかかえる困難をいっそう深めることになる。サービス分野の学習は、工業分野に比べて書記能力に依存する度合いが高く、その意味でずっと学校教育的であり、中学段階でこうした学習体制から排除され、脱落した生徒たちにとっては、負担が大きい。また、サービス分野が想定する資質は、庶民階層の文化とは異質な要素が多く、庶民階層出身者が多い職業高校生徒にとっては、学習以前のハンディキャップとなっている。さらに、サービス分野の短期資格は、普通課程バカロレアや高等教育資格と最も競合関係に入りやすい。情報操作にかかわる仕事では、基本的に言語能力（国語力）と情報機器の操作能力が求められるが、こうした点では、高校普通課程や高等教育の修了者が勝っているのが現実だ。情報操作を主とするサービス分野、すなわち第3次産業の管理・経営部門は、普通高校・高等教育修了者で、自分の資格にふさわしい職を得られなかった者たちの受け皿となっており、それだけこの分野の短期職業資格取得者がしめ出されることになるのだ（Palheta 2012: 161）。「バカロレア後2年」の資格を持つ者でさえ、（産業・事務）労働者となる者の比率は、経理で76%、秘書で80%、旅行業で87%にもなり、また、失業率も15%を超えてこのレベルの資格では最高となっている（Palheta 2012: 165）。実際、アリジとシュルゼ（Arrighi et Sulzer 2012: 5）によれば、2004年と2007年に学校を終えた者の平均で、CAP/BEP取得後3年の時点での失業率は、商業・販売で29%、会計・経営で33%にも達しており、この資格取得者の失業率でもっとも高いものに属する（もっとも低いものは、金属構造の11%）。

短期の職業資格の価値が一般的に下落したうえに、サービス分野での上位資格による圧迫も作用した状態で、なお、失業も産業労働者の仕事も避けたいとすると、短期の職業課程の後も学歴を追及するという選択肢があらわれる。実際、2000-2008年の間の短期課程（BEP）在籍者と、その上位の職業バカロレア課程の在籍者を比べてみると、前者は43.3万人から32.5万人に減少しているのに対して、後者は17.5万人から26.1万人に大幅に増加している[9)]。しかしながら、職業バカロレアはその取得者を失業から守り、また彼らに単なる労働者以上の地位を約束するものではまったくない。

上でみたように、職業バカロレアが想定する人材は、多能性と自律性に富み、会社の生産活動により自発的かつ柔軟に対応する新しいタイプの労働力提供者であった。しかし、その創設から10年ほどの時点で、ヴノーとムイ（Veneau et Mouy 1995）は、工業系職業バカロレア取得者が、調査対象の生産現場において、この資格が想定する「技術職」についている例はまったくなく、すべてが技能労働者として働いていることを確認している。ただし、職業バカロレア取得者たちは、以前の労働者とは異なって、企画・管理部門への上昇志向を持ち続けているが、彼らが技術職や下級管理職のポストに至りつくかどうかはまったく定かではない（Palheta 2012: 163-164）。

サービス分野でも職業バカロレアの価値は脅かされている。上でみたように、特にこの分野では、高等教育資格取得者からの圧迫をじかに受ける。結果として、アリジとシュルゼ（2012: 5）が指摘するように、職業バカロレア（および他のレベルIVの資格）取得者の卒業3年後における失業率は、商業・販売で

20%、会計・経営で17%となり、上でみたCAP/BEP取得者よりもいくらかは低いものの、依然として高い比率を示している。

5. 職業高校生と見習い訓練生：生産労働に対する姿勢の違い

職業高校生徒たちが直面している困難は、彼らの状況を見習い制度に基づく職業訓練生たちと較べてみることでいっそう輪郭をはっきりさせることができる[10]。第2・3節でみたように、見習い訓練に入る生徒は、大局的に見れば、社会階層的・学校教育的特徴に関して職業高校生と共通の特徴をもっている。見習い生も、おもに庶民階層から供給され、中学までの教育課程で、進学コースからはずされてきた生徒たちからなる。しかも、見習い生のほうが、職業高校に行く生徒よりもさらに学力が低く、小学校から落第を経験している者が多い。また、見習い生は、自営業・技能労働者の子どもに多い。職業訓練に入るためには、「受け入れ会社を見つける」ということが不可欠の条件となるのだが、親のネットワークによってこのハードルを超えるのが比較的容易だからだ。見習い生の比率には地域差があり、小さい市町村で多く、大都市で少ない（農村地帯では30%を超えるのに対して、パリでは14.9%）のも同じ条件の介在による。小さい市町村のほうが、雇用者を見つけるための社会的ネットワークが機能しやすく、また中小企業が多く、行政が積極的に職業訓練を支援している地域では見習い生を受け入れる企業も多い。都市近郊に多いZEP（優先教育地域）の生徒に見習い生が少ないのも同じ理由による（Palheta 2012: 124-130）。

見習いによる職業訓練と職業高校は、ともに長期の進学コースから外れた生徒の受け皿となっているが、学歴志向に関して両者は大きく異なっている。すなわち、親や本人の学歴重視傾向が強いほど職業高校を選び、職業訓練に行かない（Palheta 2012: 126）。したがって、社会階層の上位層ほど職業訓練に向かわなくなるのだが、この一般的傾向には後述するたいへん重要な例外がある。

短期の職業資格のうち、見習い生は、特定職種へのより早期の就労を想定したCAP課程をとる傾向がある。見習い生の数は、2009-10年にかけて大幅に減少したが、CAPをめざす見習い生の数は、同時期にほとんど変化していない（17.7万人）という事実からも、近年の職業訓練への再評価の傾向とともに、見習い訓練とCAPの組み合わせの定着が見てとれる。

これに対して職業高校生には、BEP課程の登録者が多い。2009年にこの資格が職業バカロレア課程に組み込まれる以前、2007年までは職業高校における各学年のBEP課程登録者は20万人を超えており、同時期のCAP課程登録者の5万人程度を大きく上回っている（Repères 2013: 105）。上で指摘したように、職業訓練・CAPという組み合わせと職業高校・BEPという組み合わせは、より高い学歴への志向という点で対照的な性格を示す。パレタ（2012: 155）によれば、1995年の中学入学者のパネル調査からは、職業バカロレア（および他のレベルIV資格）まで進む生徒は、CAP課程からは15.4%、職業訓練からは22.3%であるのに対して、BEP課程からは41.2%、職業高校からは37.6%におよぶという[11]。

こうしてみてくると、職業高校生は、本人および親の学歴志向が高く、より長期の学歴につながるBEP課程に在籍して、職業バカロレアないしそれ以上の資格を視野に入れていることがわかる。しかし、ここにこそ職業高校生のおかれた大きな矛盾がある。そもそも彼らは中学校段階で、学校教育的な成果があがらないために職業高校に進路指導されていた。彼らが身につけているハビトゥスもしばしば反学校的文化と親近性のあるものだった。職業訓練に向かう生徒が、もともと自分の居場所のなかった学校的な世界から「自然に」離れてゆくのとは対照的に、職業高校生は生産労働に対する拒否のために、自分を排除する学校制度にしがみついてゆくしかない。彼らはこうして不安定な宙づり状態におかれる。とりわけ、BEP課程が、上位の学歴につながるゆえに、フランス語・数学のような普通科目を重視し、彼らを中学校当時と同じ行きづまりにおいこみ、また、生産労働者への道から離れるために選択したサービス系の専門でもやはり普通科目における能力・成果が評価され、かつ、この分野での仕事が要求する態度・姿勢・行動様式の習得に、庶民階層の文化的背景が決して有利とはならない、という事態も生じる。

これに対して、職業訓練の見習い生は職人的な仕事を含めた肉体労働に対してより肯定的な態度・姿勢をもち、学校教育の支配から離れることを積極的にとらえることができ、また、家族から広がる地域的・社会的ネットワークの中で自分の職業を位置づけることができる。見習い生がみせるこうした職業世界への前向きな適応（むろんそれは「必然－自発転換（nécessité vertu）」（Bourdieu 1979）の表れなのであるが）に対して、著しい対照をみせるのが、移民労働者の子どもたちの職業に対する姿勢である。それは彼らが置かれた現実と密接に結びついているが、同時に職業高校生のおかれたジレンマを集約的に表現している。

6. 職業高校における移民労働者の子どもたち

一般に、移民系の子どもたちには職業訓練とCAPを避ける傾向があり[12)]、かつ、職業高校でサービス業部門のBEPの課程に在籍することが多い。このことは、彼らの学歴上昇志向を示唆しているが、実際、パネル調査の2002年のアンケートによれば、父親が外国生まれの生徒の73.5%が高等教育への進学を望んでおり、「ネイティヴ」のフランス人の生徒の61.8%を上回る。さらに、マグレブ系や他のアフリカ系では、「バカロレア後2年」までの学歴を望む者が22.1%および34.1%となり、ネイティヴフランス人の12.8%を大きく上回る[13)]。この高学歴志向の移民系生徒たちの多くが、中学最終学年での進路指導に大きな不満を持っており、その比率は父親がフランス生まれの生徒をおよそ10%近く上回る。学力に基づく制度的な選別を、彼らは職業高校進学後も受け入れておらず、したがって、あらたな職業生活の設計に進むこともできない。その背景として大きな意味を持つと考えられるのが、自分の親の職業に対する拒否である。同じパネル調査のアンケートでは、「絶対に親のようになりたくない」と答えた移民系の生徒は特に男子（42.4%）でネイティヴフランス人（27.5%）を大きく上回っているが、これは、移民労働者として、しばしば失業も体験しながら生きてきた親たちの生存条件のきびしさを、彼らが身をもって知っていることから説明される（Palheta 2012: 287-289）。

親の世代の移民労働者としての過酷な生存条件の中には、人種差別もある。移民系の生徒たちが置かれた状況にも人種差別は大きな影を落としている。職業訓練に入る移民系の生徒が少ないということも、自分を訓練生として受け入れる雇用者を見つける過程で彼らが人種的ハンディを負っていることと関係している。彼らの高学歴志向も、人種差別と無縁ではない。同じレベルの資格でも、ネイティヴのフランス人より就職が不利であることを彼らは経験的に知っている。したがって、より高い資格、いわば差別を超えて有効である学歴資格が必要となる[14)]。そして、高学歴への志向が強いほど、即時性の現実的職業訓練には身が入らないことになる。したがって、彼らは、肉体労働者として早期に職業生活を開始する見習い生に対して、自分たちをはっきりと区別する。この点で象徴的なのが、見習い生が受けとる報酬に対する評価の違いである。見習い生にとって、この報酬は社会的自立の象徴であり、したがって金額の多寡にかかわらず大きなモチベーションとなる。これに対して、移民系の職業高校生にとっては、それはわずかな金銭できつい労働に縛りつけられるという屈辱的な服従を意味する（Palheta 2012: 189）。

現場の肉体労働者という職業・社会的地位を断固として拒否しながら、それを避けるための学歴上昇が要求する学力等の資源を持たない移民系の職業高校生の将来への見通しは、たとえば、医者になるとかプロスポーツ選手になるとかいうように、しばしば現実性・合理性に欠けた夢想的な性格を持つ。そして、この「夢」が反転して職業訓練教育をいっそう低く見るという悪循環をもたらす。中学校までの学校教育的成果の低さゆえに、学校制度から高学歴への道をいったん断たれているにもかかわらず、彼らはその現実を見きわめて、方向転換することができない。職業高校（そしてBEP）の選択は、「選ばないことを選ぶ」という消極的・退行的なモラトリアムの選択となっている。したがって彼らが持つ将来の「夢」も、それに向けて準備・努力してゆく目標というより、職業高校の現実から離れたところに、自分が容認できる社会的自己像を求める逃避行為となっているのである（Palheta 2012: 306）。

人種差別を背景にすると、勉学によって得た学業成績・資格がそれにふさわしい職業への道を開くというメリトクラシー原理に基づく対応関係が崩壊してしまう。それは、共和国の学校制度が掲げる普遍的価値・理想への信頼を完全に失わせ、学校的制度の中で、それを通して自己実現を図ろうとする努力や意欲を決定的にくじいてしまうのである。

7. おわりに

ここまで職業高校の生徒たちの置かれた状況を、学歴社会の中での彼らの志向と職業教育がもたらす現実的な帰結との不整合を分析しながら検討してきた。この不整合は、彼らの職業への移行が問題化する構造的要因をなしているが、その背景には1980年代からの中・高等教育大衆化の流れがある（Beaud 2002a）。

教育大衆化という条件下では、庶民階層も学歴競争に無関心ではいられない。学歴資格が、安定した職業を得るためにしだいに不可欠な要素となったからだ。しかし、彼らの学歴競争への参入は、上層・中間階層家庭の戦略的教育投資行動とは異なり、階層転落をまぬがれるためには受け入れざるを得ない社会的制約であり、多くの場合、経済・文化資本の不足ゆえに成功の確信のない試行錯誤の連続となる（荒井 2012）。学歴上昇の追求は庶民階層にとってリスクをともなうものである。高等教育に進んでも、目指した学歴資格に到達する前に脱落することも多いし（Beaud 2002a, 2002b）、また、仮にその資格を手にしたとしても、上述した移民系の生徒たちの例が典型的に示すように、それが希望した職業に直結するとも限らない。教育大衆化が、決して教育的不平等を解消することにはつながらず、かえって新たな社会階層的不平等を再生産することになったのは、ボー（2002a）などをとおして今や周知のこととなっているが、この教育大衆化に対する庶民階層の両義的な関係が、職業高校生に集約的・先鋭的に現れている、と言える。彼らはしばしば行動において反学校的でありながら、将来に対する志向においては学歴という学校的な認証に決定的に依存している。学歴に関する主観的な希望と客観的な可能性とが痛々しいほど乖離しているのである。早期の職業見習い訓練に対する近年の再評価の傾向は、当事者自身が職業高校のこうした行き詰まりの現実を、しだいに認識し始めていることを示している。

職業高校は、生徒の社会階層的・学校教育的特徴からみても、卒業後の仕事の点からみても、社会階層構造の再生産という明らかな機能を持っている。しかしこうした性格は、再生産のプロセスの長期化・複雑化によってとらえにくいものになっている。多くの選択肢の様々な組み合わせが提供されることで、かえって生徒たちは現実的な選択をすることができなくなる。それは、選択を先送りしたい生徒たちにとって好都合でさえある。彼らは、生産労働者という職業高校生の客観的な進路を強く拒否しているからである。

教育の大衆化と並行するように、労働者の世界は大きく変容した（Beaud et Pialloux 1999=2012）。失業や不安定雇用のまん延のせいもあって、労働者の職業的価値は大きく下落した。しかし、伝統的には、労働者を中心とする庶民階層は、学校制度が下す否定的評価を押しかえす固有の文化的価値基準を持っていた。学力不足から職業課程に配置された若者にもよって立つべき基盤が存在していたのである。こうした反学校的文化が労働者の世界からも消滅したのは、教育の大衆化とともに進行した労働現場の変容による。分断された労働者は昇進や昇給をめぐる個人レベルの競争に投げ込まれ、個人として能力やパフォーマンスを評価されるようになり、労働の現場すら、いわば「学校化」したのである。労働者の固有の世界が、彼らが保持した文化・価値とともに存在しなくなったことの意義はきわめて大きい。集団としての労働者は社会の基層で、労使関係における最後の一線を守っていたと言える[15)]。より上位の社会集団は、そのおかげで自分たちの労働においてより良い条件を享受できた。そうした下限の基準が失われ、雇用は不安定化し恣意的な条件下におかれることになった。そして、いま職業高校生たちが拒否する生産労働者の現実とは、こうして劣化した労働者の現実なのである。

職業教育が、本来の機能を果たさず、危機的な状況にあるという認識が広く見られるが、それは、上の諸節でみてきた生徒たちの現状を考慮すれば当然のことと言える。しかし、この危機を脱するために何よりも必要なことは、生徒たちの客観的な進路である生産労働者や事務労働者の生存の条件（雇用の不安定性や賃金水準など）を改善し、同時に彼らの社会的地位を向上させること以外にはない。教育界内部の論理に従って、問題を学校制度の水準に還元してしまうことは、本質から目をそらせることになる。同様に、職業教育に果たす学校の役割も再考を要する。職業資格の取得が学校教育の枠組みでなされることが、多くの生徒たちを行き詰まりに追い込んでいる。職業経験の評価など学校制度に依存しないキャリア形成の道を開き、長期の学歴形成をなしえなかった者にも社会的上昇の可能性が残される体制の構築が望まれる。

職業教育をめぐる問題のもう1つの側面は、その再生産機能に関するものである。職業教育と社会階層との歴然とした相関は、教育大衆化（民主化）が本来求めた教育の機会均等が、大きくその理想から離れている現実を突きつけている。学校文化との親和性の少ない庶民階層の子どもたちが、十分に能力を発揮できるような制度や教育方法の改変・工夫が求められるのはこれまでとまったく変わらない。

【付記】

本章は荒井（2016）に基づいている。

注

1）2008年および2010年の33%より若干減少。ジェラブ（Jellab 2008: 116）は2005年の数値として中等教育前期課程の後、職業課程に進む者の比率を34.72%としている。

2）Panel d'élèves du second degré, recrutement 1995- 1995-2011, Direction de l'Évaluation, de la Prospective et de la Performance（DEPP）- Ministère de l'Éducation.

3）落第が学校での学習に対する意欲をなくすきっかけになったことは多くの職業高校生の聞き取りからうかがわれる。これは、落第が、後述する庶民階層の「自己排除」の学校制度による公的な認証として機能していることを示唆している。

4）パレタ（2012）は、中等教育修了証の判定に使われる中学第2・3学年時の平常点の平均を生徒の成績の指標に使っている。

5）職業課程における専門の選択についても、生徒たちには多くの不満がある。専門について十分な情報を与えられず、抽象的かつ官僚的な専門名称からのみ判断して、職業高校に入学してから期待を裏切られたと感じる生徒、定員を埋めるために工業生産部門の専門に進路決定されたと感じている生徒もいる。

6）ただし、「資格なし」の者には失業が多いことに注意する必要がある。アリジとシュルゼ（Arrighi et Sulzer 2012）によれば、2010年における失業率は、「資格なし」で41%、CAP/BEP等のレベルV職業資格取得者で24%と大きな開きがある。ちなみに、バカロレアレベルでは13%とレベルVのさらに半分ほどとなる。

7）80年代をとおして大幅に増大した失業問題が、経営側が競争原理を導入するのを助けたことは言うまでもない。また、時に「裏切り」とも述定される80年代の革新政権の変質も、企業の労働マネージメントの「自由主義化」を助長したし、さらに旧ソビエト連邦の解体による社会主義的理想の瓦解も、労働者の集団としての固有の価値観を動揺させ、社会変革の意志をくじくことになった。

8）職業高校生徒が陥ったダブルバインド状況は、当然のことながら教育現場でも観察される。ジェラブ（2008: 180）によれば、彼らはしばしば、職業教育の教師からは「いい労働者になれない」と言われる一方で、一般科目の教員からは「学習意欲に欠ける」と言われることになる。

9）教育統計年鑑2013年版および2009年版による。ボーとピアルー（1999=2012: 201）はすでに90年代の終わりに「BEP取得者の80%が職業バカロレア課程に進むことが可能となった」と記している。BEPを職業バカロレア課程の中間資格とした近年の制度改革は、こうした傾向を追認したものと言える。一方、同じ短期資格でも、CAPは6.3万人から9.6万人に増加している。この増加は職業訓練見習いに対する近年の再評価と相関していると思われる。

10）「見習い職業訓練」は、多く中学校終了以後、企業の現場で働きながら、見習い生徒のための学習センターで一定時間授業を受けながら、職業資格の取得を目指す。職業高校の短期課程と競合するCAP/BEPの見習い生の数は、1995年以来ながらく23万人ほどで推移してきたが、2009年から大幅に減少し、2011-12年には19万人弱となっている（教育統計年鑑（Repères 2013: 155）参照）。これに対して職業バカロレア等のレベルIVの見習い生は同時期から大幅に増加している。

11）ジェラブ（2008: 65）によれば、職業高校では、BEP－職業バカロレアという主要路線の陰に隠れて、CAP課程は「リメディアル教育」とみなされるまで価値が下落しているという。

12）パレタ（2012: 281）が引くパネル調査によれば、2000年時点で職業教育課程にいる生徒のうち、父親が外国生まれの場合、職業訓練に行く比率は、父親がフランス生まれの場合に比べ、男女とも半分くらい（前者は男子16.4%、女子8.7%に対して、後者は男子32.7%、女子18%）となっている。同様にCAPについても、父親が外国生まれの場合、男子28.7%、女子18.8%に対して、父親がフランス生まれの場合、男子35.3%、女子26.1%となる。

13）職業高校での短期資格取得後、職業バカロレアなどのレベルIVの資格をめざす生徒の比率も、移民系の女子では50%近くになり、35%弱のネイティヴフランス人を大きく上回る。

14）人種的特徴のゆえに、職業訓練や研修の受け入れ企業を見つけにくいという事実は、将来の失業の前触れのように受けとられる（Jellab 2008: 122)。また、たとえ移民系の生徒たちが職業高校以上の高学歴を得たとしても、そのレベルの「フランス人」が必ず存在するから、自分たちが人種差別的扱いによって排除される可能性があいかわらず残る。職業バカロレアやそれ以上の学歴を得ても、資格にふさわしい職につけない事例を、彼らは家族など自分の周辺から知っている。高い学歴すら差別にさらされるという現実は、学歴追求の動機づけをくじく契機となり、移民系生徒たちを新たなジレンマに追いこむ（Palheta 2012: 295）。

15）ボーとピアルー（1999=2012, ch. 8）が詳しく記述しているように、労働者の中で人種差別的緊張関係が生じたのも、労働者の世界が失われてゆくのと時を同じくしている。伝統的な組合運動のわく組では、労働者は「外国人」を排除せず、仲間として扱った。それは、人種間平等の理念のためばかりではなく、自分たちより下位の労働者層を作り出すことが自分たちの利益にならないことをよく知っていたからだと思われる。そういう層が生まれたら、自分たちも彼らと同じ労働条件に引き寄せられることになると予想できるからである。

参考文献

Affichard, J.（1992）, « Apprentis et élèves de lycées professionnels: où sont les emplois stables ? », *Formation emploi*, n° 38.

Agulhon C.（2000）, « L'enseignement professionnel, entre rénovation et domination », in Van Zanten Agnès（dir）, *L'école, l'état des savoirs*, La découverte, pp. 44-53.

荒井文雄（2012）,「フランスにおける学校選択行動の社会階層的類型—学区制廃止は教育の社会的不平等解消に貢献するか—」園山大祐（編著）『学校選択のパラドックス』勁草書房，pp. 27-50.

荒井文雄（2016）,「フランスの職業高校生にみる職業移行問題の構造—高学歴化社会における階層・移民・性差—」京都産業大学論集社会科学系列第 33 号, pp. 1-25.

Arrighi, J.-J., Gasquet C. et Joseph O.（2009）, « L'insertion des sortants de l'enseignement secondaire: Des résultats issus de l'enquête Genération 2004 », *Notes emploi-formation*, n° 42.

Arrighi, J.-J. et Sulzer E.（2012）, « S'insérer à la sortie de l'enseignement secondaire: de fortes inégalités entre filières », *Bref du Céreq*, n° 303.

Bautier, E., Charlot B. et Rochex J-Y.（2000）, « Entre apprentissages et métier d'élève: Le rapport au savoir », in Van ZANTEN Agnès（dir）, *L'école, l'état des savoirs*, La découverte, pp. 179-188.

Beaud, S.（1996）, « Les Bac Pro. La désouvriérisation du lycée professionnel », *Actes de la Recherche en Sciences Sociales*, vol. 114, pp. 21-29.

Beaud, S.（2000）, « Jeunes ouvriers bacheliers. Sur le déclassement des "enfants de la démocratisation" », *Lien social et Politiques*, n° 43, pp.103-112.

Beaud, S. (2002a), *80 % au bac... et après ?: Les enfants de la démocratisation scolaire*, La Découverte.

Beaud, S. (2002b), Le rêve de retrouver la "voie normale": Les bacs pro à l'université, in Moreau G. (ed), *Les Patrons, l'Etat et la Formation des jeunes*, pp. 215-227, La Dispute.

Beaud, S. (2003), *Le baccalauréat: passeport ou mirage ? Problèmes politiques et sociaux*, no. 891, La Documentation Française.

Beaud, S et Pialloux M. (1999=2012), *Retour sur la condition ouvrière. Enquête aux usines Peugeot de Sochaux-Montbéliard*, La Découverte.

Beaud, S et Pialloux M. (2002), « La troisième génération ouvrière », *Le Monde diplomatique*, Juin.

Binon, J. et Œuvrard F. (1988), « Comment devient-on élève de lycée professionnel ? Les attitudes des élèves entrant en 1ère année de CAP et de BEP », *Education et formations*, 14, pp. 17-47.

Bourdieu, P. (1974), « Avenir de classe et causalité du probable », *Revue française de sociologie*, 15-1, pp. 3-42.

Bourdieu P., (1979), *La distinction. Critique sociale du jugement*, Minuit. (石井洋二郎訳『ディスタンクシオンⅠ・Ⅱ』藤原書店、1990.)

Bourdieu, P. et al. (1993), *La misère du monde*, Seuil.

Bourdieu, P. et Champagne P. (1992), « Les exclus de l'intérieur », *Actes de la recherche en sciences sociales*, no. 91-92, pp. 71-75. (Bourdieu et al. (1993) pp. 913-923. に再録)

Chenu, A. (1993), « Une classe ouvrière en crise », *Données sociales: La Société française*, pp.476-485 Insee.

Eckert, H. (2005), « Les "bac pro" à l'usine, ou le travail du désenchantement », in Giret J-F. et al. (éds), *Des formations pour quels emplois ?*, pp. 289-299.

Eckert H. (1999), « L'émergence d'un ouvrier bachelier. Les "bac pro" entre déclassement et recomposition de la catégorie des ouvriers qualifiés », *Revue française de sociologie*, 40-2, pp. 227-253.

Eckert H. et S. Monchatre (2009), « Les carrières ouvrières à l'épreuve de la polyvalence, analyse de deux cas français », *Revue multidisciplinaire sur l'emploi, le syndicalisme et le travail*, 4-2, pp. 104-124.

藤井佐知子 (1997),「後期中等教育の構造変動と改革動向」小林順子編『21世紀を展望するフランス教育改革』東信堂、pp. 187-204.

Guichard, J. et al. (1994), « Diversité et similarité des représentations professionnelles d'adolescents scolarisés dans des formations différentes », *L'Orientation scolaire et professionnelle*, 23-4, pp. 409-437.

Gorgeu, A. et Mathieu R. (2009), « La place des diplômes dans la carrière des ouvriers de la filière automobile », *Formation emploi*, n° 105, pp. 37-50.

Jellab, A. (2008), *Sociologie du lycée professionnel: L'expérience des élèves et des enseignants dans une institution en mutation*, Presse Universitaire du Mirail.

Monchatre, S. (2004), « De l'ouvrier à l'opérateur: Chronique d'une conversion », *Revue française de sociologie*, 45, pp. 69-102.

Moreau, G. (2005), « Jeunesse et travail: Le paradoxe des apprentis », *Formation emploi*, n° 89, pp. 35-46.

Mauger, J. (1998), « La reproduction des milieux populaires en crise », *Ville-Ecole-Intégration*, n° 113, pp. 6-16.

Mazari, Z., Meyer V., Rouaud P., Ryk F. et Winnicki Ph. (2011), « Le diplôme: un atout gagnat pour les jeunes face à la crise », *Bref du Céreq*, no. 283.

Œuvrard F., (1979), « Démocratisation ou élimination différée ? Note sur l'évolution du recrutement social de l'enseignement secondaire en France, entre 1958 et 1976 », *Actes de la recherche en sciences sociales*, n° 30, pp. 87-97.

Palheta U., (2012), *La domination scolaire*, PUF.

Pinçon-Charlot, M. (1999), « Les insertions réussies des riches héritiers », Charlot B. et Glasman D. (éds), *Les Jeunes, l'insertion, l'emploi*, PUF, pp. 212-217.

Podevin, G. et Viney X. (1991), « Sortir de la catégorie des ouvriers non qualifiés pour les jeunes de niveau V: promotion et/ou reclassement ? », *Formation emploi*, n° 35, pp. 47-58.

Ministère de l'Éducation nationale, de l'Enseignement supérieur et de la Recherche (2013), *Repères et références statistiques sur les enseignements, la formation et la recherche 2013*.

Retiére, J.-N. (2003), « Autour de l'autochtonie. Réflexions sur la notion de capital social populaire », *Politix*, 16-63, pp. 121-143.

Tanguy, L. (éd) (1986), *L'introuvable relation formation-emploi: Un état des recherches en France*, La Documentation Française.

Veneau, P. et Mouy Ph. (1995), « Des objectifs à la réalité. Les baccalauréats professionnels industriels », *Formation emploi*, n° 49, pp. 91-103.

Verdier, E. (1996), « L'insertion des jeunes à la française », *Travail et emploi*, n° 69, pp. 37-57.

第4章

学校離れを生みだすもの

マチアス・ミエ
ダニエル・タン

1. はじめに

稀にみる学校社会、資格社会のフランスでは[1]、学校離れの状態にある生徒たちは、その大半が庶民階層の出身で、時期尚早に中学校を離れ、学校制度の周縁にその進路を導かれる[2]。こうした諸々の学校離れはどれも似たようなものだが、そこにはいくつかのパターンがある。フランスでは就学は16歳まで義務づけられているにもかかわらず、これらの［学校離れの状態にある］中学生の一部は「不登校」で、何週間も、あるいは何ヵ月も教室に来ないことがある。特定の授業にだけ出席し続ける中学生もいるが、彼らは欠席や停学・退学［日本の停学や退学の概念とは必ずしも一致しない］を繰り返す。また授業には来るものの、教室で教育活動や教師を妨害する行動をとり（動き回る、騒ぐ、挑発する、課題をやらない）、その結果、学校にいる大人たちとの間に多くの軋轢を生むものもいる（時に［不登校の生徒や、欠席、停学・退学を繰り返す中学生と］同じ中学生である）。さらに数としては少ないものの、規則正しく出席していながら、教室の後ろで居眠りをしたり、出された課題をやらなかったりと、ある種「その場で逃避」するものもいるが、こうした行為は、「困難を抱えている」と見なされている生徒が授業中に静かにしているかぎりにおいて、教師までもが許容することもある。

フランスの学校教育制度にとって、これらの中学生たちは心配の種である。

学校は生徒全員が成功できると謳いながら、何をすればよいのか、生徒を相手にどのように取りかかればよいのか、つまり（場合によっては）どうやって学校に来させるか、どのように勉強させるか、どうやって成功させるのか、あるいはどうやって（平穏に）教室にとどまらせるのか分からないでいる。そのうえ、教育機関の関係者や教育当局は学校教育に「向いていない」中学生のことを、「無秩序」を生み出し（教師、教育機関などの）権威をゆるがすものであると考えている。それどころか彼らは、このような中学生は、中学生そのものにとっての危険、さらにいえば公的秩序にとっての危険の原因であると考えている[3)]。これらの学校離れの状況に立ち向かうため、教育当局は15年ほど前から「復帰準備中継学級」を実施している。その任務は、学校離れの状態に陥っている中学生を一般のクラスとは別の場所、時に学校とは別の場所で一時的に（一般的には1年未満であることが多い）支援することにある[4)]。これらの復帰準備中継学級は学校離れの状態にある生徒を普通教育ないし職業教育の制度に引きとめようと、あるいはそこに引き戻そうと試みる。復帰準備中継学級は、「不登校」のプロセスが進みすぎている場合や、生徒がすでに義務教育の最終年齢（16歳）に達してしまっている場合は、彼らを中学校とは別の進路に進ませることもある[5)]。

本章は、10年前から学校離れをテーマに行ってきた一連の研究の重要な成果に基づき、庶民階層の中学生の学校離れの経歴の形成において機能している（同時に家庭、学業、教育機関、政策に関連した）プロセスを描くものである。1つ目の研究は、庶民階層の中学生が復帰準備中継学級で支援を受ける際に学校離れとなる経歴の分析にかかわるものであった。経歴のなかの生い立ちに関わる家庭、友人、学業、教育機関に関連したさまざまな要素を関連づけるため、この業績は中学生、親、教師、教育者との間に行われたおよそ100のインタビューと、さまざまな措置のなかで行われた観察、社会福祉関連の書類や学業に関わる書類の調査からおよそ20の事例をとりわけ集中的に分析した[6)]。2つ目の研究は、復帰準備中継学級と家族の関係に焦点を当て、復帰準備中継学級の家族に対する介入の仕方と、家族と支援活動との関係を明らかにするものである。そこで、親と教育機関の関係者との接触をめぐって復帰準備中継学級の機能の仕方に関して行われた一連の観察を通じて、そして中学生や親とのおよそ30件のインタビューから、5つの復帰準備中継学級が検討された[7]。3つ目の研究は、復帰準備中継学級を経験したことのある中学生が、教育機関や職業生活においてその後どうなったかを再現することに取り組んだものである。そうすることで1998年から2005年の間に2つの復帰準備中継学級で支援を受けた生徒の書類を体系的に精査し、復帰準備中継学級を経験した338名の元中学生の、復帰準備中継学級に至るまでの経歴と、復帰準備中継学級を出たあとの経歴を再現することができた[8]。さらに教育機関の関係者、家族、元中学生自身とのインタビューに基づく追跡調査を行った[9]。

これらのさまざまな研究を関連づけることで、学校離れの経歴のいくつかの段階をかなり詳しく描くことができる。それはすなわち、「不登校」に結びつく家庭、教育機関、若者の集団に特有の環境であり、若者が歩む道のりを修正するために教育機関によって行われる救済措置の経緯に関する論理や効果であり、さらには復帰準備中継学級を経験した後の彼らのゆくえである。

2. 学校離れの生成過程

1) 社会化に大きな矛盾を抱える中学生

学校離れの経歴の研究からまず頭に思い浮かぶのは、庶民階層の「学業失敗」という、より一般的な問題である。1つには学校離れの状況に関係しているのは圧倒的に庶民階層の生徒であることが多く（学校離れは管理職の子どもよりも労働者の子どもに10倍多く見られる）、庶民階層の集団の中でもさらに下層出身の生徒であることが多い。他方で、調査の対象となった生徒全体が、学校での学びにおいて多くの場合早期に（小学校から）、重大な困難に直面したことがある、もしくは直面している（図4－1参照）。

学校離れの状態にある中学生は独自の就学人口（「不登校の者たち」「脱落者たち」など）を成しているという主張もあるが、われわれの調査の対象となった中学生は、その社会的・文化的特性において自らの所属する社会集団の生徒たちと異なることはほとんどない。学校との関係について言えば、これらの中学生は、教育社会学研究が庶民階層の生徒について着実に明らかにしてきたように、一方で学校が要求するものと、他方で自らが社会化される場としての家庭、

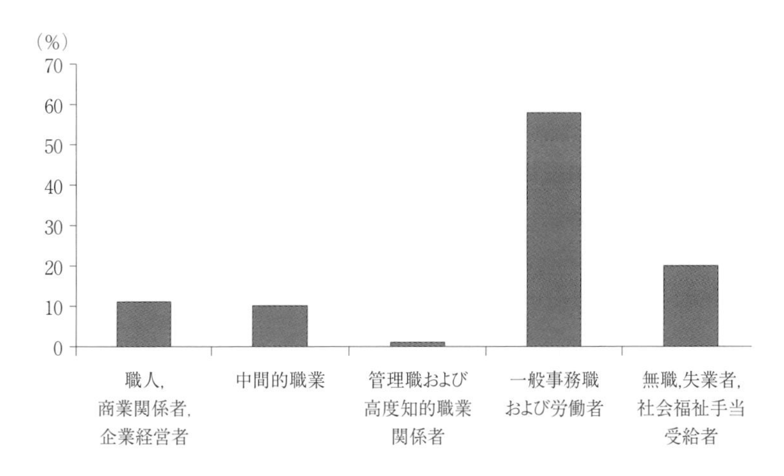

図 4-1 復帰準備中継措置を受けた調査対象の生徒の両親のうち PCS が高い親の PCS

無回答（不明）= 56.5%; 回答数 191; 母集団：338
出所：「経歴」データ 2012 ; Millet/Thin 調査

若者の集団や地域に特有の考え方との間で生じる、社会化にまつわる大きな矛盾を抱えている。

これらの矛盾はあらゆる側面で展開する。たとえば学校言語における概念の言語化、言語ルールの意図的な操作、話し方を修正される経験と、中学生同士で何かを言ったり行ったりする際の、しばしば実践的で文脈化された言語使用との間の隔たりにおいて[10]。そしてさらに身体との関係[11]、すなわち教室で期待されるような、従順で落ち着いていて、あまり動かない物静かな身体と、中学生がもつ、立ってせわしなく動いている身体習慣の間の隔たりにおいて。後者においては、知識は勉強したり直面したりする対象というよりも、自分たちの状態や行為そのものなのである[12]。他にも従属の仕方[13]、時間[14]、服装や行動についての規則[15]に関する多くの事例を挙げることができる。

他の社会集団に属する生徒たちは大半がこれらの矛盾を逃れているが、庶民階層の生徒たちにとっては、これらの矛盾は、学校での学びをうまく成し遂げるために乗り越えなければならない認識や行動の障壁を増やしてしまう効果をもっており、そのことは統計的に見ても、小学校ですでに学業失敗の割合が高いことと、他の社会カテゴリーの生徒よりも全国評価での成績が低いことに表れている。こうした矛盾は、暮らしや学校生活の上で起こり得るトラブルによって、結果的にこれらの生徒の学習成果を脆弱なものにしてしまう。たとえば、教師との軋轢、出身地区から遠く離れたところへの引越し、あるいは地方から都市部への引越し、転校による級友たちとの別れ、経済的困難に頭を抱える親、子どもの学業支援を妨げるような死や離別などは、潜在的な影響力の大きい出来事であるが、それは中学生の学校生活をこれまで何とか支えてきた（すでに貧弱な）リソースを不安定にしてしまうからである。しかもこの種の（それ自体ありふれた）出来事は、立ち向かうためのリソースを弱体化させてしまうため、さらに学校での学びにおける困難に結びつき、よくあるケースだが就学経歴の要所要所で展開されると（中学入学時、転校、進級のとき）、学校生活を揺るがしかねないものとなる。

それゆえ庶民階層の若者である中学生が抱える社会化をめぐる矛盾は、学校離れの経歴が起こりうる条件のひとつではあるが、十分な説明にはなっていない。これらの矛盾は、決してそれだけで学校離れを引き起こすことはなく（これらの矛盾を経験している庶民階層の生徒のなかには、就学のために矛盾を乗り越えた者もいる）、それが起こるのはこれらの矛盾が中学生生活における別の難しさ、この場合は「社会的な問題」や「学業上の問題」と呼ぶことのできるものに関連した難しさに結びつくからである。

2）社会的な問題から憔悴している家庭

社会的な問題としては、［学校離れの］経歴について、庶民階層の一部の家庭の生活環境や社会化の実践に対する（フランスでは1970年代に始まった）経済「危機」の甚大な影響（脱工業化、労働者職の没落、失業・臨時雇い・不安定な職の拡大など）を分析しなければならない[16]。事実、調査で出会った学校離れの状態にある中学生たちの家庭はみな、生活環境の悪化に直面していた。長い間職がなく、給与生活から一部ないし完全に離脱している家庭もある。親の中には長い失業期間を経験している人もおり、彼らはそれを切り抜けるためにやむなく不都合な時間帯の仕事に就き、家族の住まいから遠ざかってしまう。ついには、移住や人生における不測の事態を経験した結果、社会的に没落してしまった家庭もある。このように次の日のことを心配したり、所得に対して不安を抱いたりすることが［これらの家庭に］共通する経験であり、生活の中心的次元となっている。

そこで、こうした状況が子どもの社会化に及ぼす影響を思い起こす必要がある。たとえば、家庭の生活環境の悪化は、中学生が学校での学びに取り組む環境の大きな妨げとなる。このような状況は、家庭の日常を差し迫ったものにしてしまう傾向にあり、そのことによって将来設計の可能性さえも限られたものにし、結果的に子どもを時間的な価値や学校教育向きの態度（時間に対する厳格さ、将来予測、物質的ニーズからの解放）から遠ざけてしまう[17)]。なかには家庭の経済的困難から経済的な関心を抱くようになり、家族の支えとなる役割を果たすため、報酬を得ながらの実習を早急に見つけたがるような中学生もいる。また、職のない家庭では朝起きて働きに行くものが誰もいなかったり、逆に親が仕事で朝早く出かけたり夜遅く帰宅したりして不在のため、学校関連の諸々の義務に自分ひとりで立ち向かわなければならない中学生もいる。彼らは前日に眠ることができなかったり、朝に起きられなかったりで、学校を休んだり遅刻を繰り返すこともある。こうした状況は家庭における指導力を悪化させ、欠席、遅刻、教材忘れ、宿題忘れなど、学校関連の違反行為を繰り返し引き起こす原因となる。このような違反行為は教師との軋轢や学校での抑圧的手段（居残り、停学、親への連絡など）につながり、今度はそれらが中学生の［学校からの］離脱の原因となる。

3）学業上の問題に関連した経歴

しかし同時に、家庭における困難や物質的な困難は、それだけが学校離れの経歴に働きかける唯一のものというわけではない。これらの困難は、学校教育に固有のプロセスに連なっているがゆえに、就学への影響を生みだすのである。これらの困難は、とりわけ（フランスでは1960年代から行われた）学校教育の大衆化政策によって少しずつ生じた就学上の困難に結びついている。これらの政策は、庶民階層の子どもの多くを中等教育に（中学に、続いて高校に）引きとどめることになったが、彼らが成功したり学校教育によって得られる資格に平等にアクセスしたりするための諸条件がそろうことはなかった。こうしてこの大衆化政策は、一方で学業の継続を今までになく強制的なものにし（とりわけ庶民階層において[18]）、他方で学校からのドロップアウトの過程を延長させるという２つの結果をもたらしたが、庶民階層の生徒のなかには、これによって長期的に「学業失敗」の状況におかれ、その状況を通じて学校から遠ざかってしまうようなスティグマ化のプロセスのなかにおかれるものもいる[19]。

事実、学校離れの状態にある中学生の就学状況は混沌とした経緯を示しており、それを認識することは困難である。［学校離れの状態にある］中学生の62%が復帰準備中継学級に通う前にいくつかの中学校に通っており、そのうちの31%は３つから５つの中学校に通った経験がある。このような中学生たちには、学校教育の進度に大きな遅れをとっているという特徴もある。こうした中学生のうち17%だけが支援の前に一度も留年しておらず、23%は2、3回の留年をすでに経験している。これらの結果は、「不登校」の問題のなかに、学習困難が偏在することを想起させる[20]。ところで、これらの困難は、学校に行く権利を失ったという、よくある感覚を助長するものである。学習上の困難や、自分にふさわしい場所にいないという感覚は、実際、長期にわたって欠席したり学校を避けたりする実践の根底にあるものである。こうした実践は、今度は就学上の問題を強化し、学校とは別の他の問題（社会的、経済的、家庭的問題）が中学生やその家庭を不安定にするとき、さらに重大なものになる。否定的な判定を繰り返し受ける生徒にとって、新たな評価はそのたびに屈辱のリスクとして経験され、同時に、それがスティグマを強化するとき、トラブルとなる行動を促進する原因となってしまう。自分には能力がないという感覚によって、中学生たちは学校の課題のすべてを、あるいはその一部をはっきりと拒否するようになる（「できない」、「やりたくない」）。教育的な環境に耐えられない中学生たちは授業から自らを自発的に排除してしまうか、教室にとどまらなくてすむように保健室でぐずぐずするようになる。中学生たちは、すでに経験のある課題を選び、居心地が悪いと感じる課題は拒否するのである。

学校は、結局これらの中学生たちには象徴的に安心できない場所としてたち現れるが、それは彼らが学校で不評を買っていると感じるからである。しかしこの安心できない状態は、学校を避けるという実践に加えて、それとは別に、仲間組織、とりわけ学校の論理からもっとも外れた仲間たちの影響力や重要性を強めるという結果を導くことが多い。中学生が、いかなる「成功」も得られないため学校は安心できる場所ではないと感じれば感じるほど、ますます仲間組織は自らの価値を高め、スティグマを避けることのできる逃げ場としてたち現れる。この逃げ場や価値付けの役割は、混乱をもたらすような、あるいは教師の権威に反抗するような実践を通じて、中学校や教室の中で果たされることになる。学校空間の外に出ようとする中学生の渇望によって果たされることもあり、その場合は中学生は欠席や、ときに中学校周辺での衝突を繰り返す。そうすることで、中学生たちは学校的秩序に反抗的な実践や、その実践を行うものたちの側に向かい、また仲間たちによって行われる社会化の影響によって、学校生活からも、学校の規範や規則からもなおいっそう引き離されることになる[21)]。

4) 庶民階層の生徒の学業困難に対する新しい政策解釈

これらさまざまなプロセスの行き着く先としての復帰準備中継学級への進路指導は、学業や教育機関における失敗の経歴に対して制裁を与えるものになり、特に中学生に悪い生徒の役を負わせることで、実際には学校離れの経歴の形成に寄与してしまう。[学校離れの状態にある] 中学生の79%は、支援の前に規律に関わる措置の対象となっており、57%は既に心理面でのサポートの要請や時間割の調整などの援助や支援を受けている。そのうえ、こうした中学生たちはたびたび特別な教育的支援（学習支援、預け入れ、通知）の対象となっており、彼らのうちの64%がこのケースに該当し、少なく見積もっても彼らの27%が司法的支援（主に拘束措置 [若者を家庭から引き離し、監視体制のもと教育的施設などの閉鎖的な空間で支援する]）の対象となっている。

しかし復帰準備中継学級への中学生の進路指導は、学業上の問題を政策がどのように解釈するのかに変化が生じた結果でもある。1990年代以降、学校での一連の事件は、「学業失敗」に関連してではなく、庶民的な地域に対する警戒心に結びついた、「暴力」や「野蛮さ」を中心とした枠組みによって考えられるようになった。かつては優先教育地域によって、一定の庶民階層の生徒が抱える学業困難の原因と考えられていた社会経済的不利を埋め合わせるために、いくつかの恵まれない学区で「もっとも持たざるものにより多くを与える」ということが行われていたが、こうした生徒は次第に「困難な」生徒、「教育できない」トラブルメーカー、つまり自分自身の状況にある程度まで責任のある生徒として受け止められるようになり、次第に特別扱いする必要はないとみなされるようになった。こうした政策的解釈の変化の具体的な結果として、［学校離れの状態にある生徒の］新しい支援や、復帰準備中継学級によって提供される新しい進路がつくり出されたが、復帰準備中継学級は学校の周縁で生徒たちを支援することを提案することによって、それ自体、学校離れの経歴をつくることに貢献してしまう。

復帰準備中継学級への進路指導は、普通の学校教育のステイタスとは異なる措置への進路を形成するだけではなく、（一般的な）就学や教育の継続という目標の観点からみて、遅れを取り戻すことが難しい進路でもある。多くの点において、復帰準備中継学級での支援は、学業失敗のもっとも目立つ形態にとりまかれた学校からの離脱[22)]、言い換えると、原因も、対処も、学校離れの状態にある生徒もすべてを外部化することで機能するような、学校からの離脱につながっている。

3. 学校の周縁での支援

公式には、復帰準備中継学級は中学生を普通教育あるいは職業教育の学校生活に立ち戻らせるための再就学措置ということになっているが、そこには復帰準備中継学級で行われる勉強や学業の遅れを取り戻すための補習に費やされる時間が、一般のクラスで行われているよりも実際は少ないという矛盾がある。むろんこのことの背後には、支援の中で、中学生がはまり込んでしまった袋小路から脱出するのを助けるのに適しているとみなされる社会教育的活動を重視しようとする考え方がある。学業の遅れを取り戻すための補習活動は時間割上では必ずしも大きな比重を占めるものではなく、それとは別に中学生に対する復帰準備中継学級の活動には少なくとも3つの目的を見出すことができる。第1に、復帰準備中継学級の活動は中学生たちの態度や家庭による社会化のいくつかの実践を正常化させようとする。第2に、中学生たちの経歴を落ち着かせようとする。第3に、中学生たちの将来に対する希望を再調整しようとする[23)]。

まず、時間性、「市民性」、自己統制、言葉の表現様式、自己表現の様式などのそれぞれの領域で、中学生たちの態度を対象とした対策がある。復帰準備中継学級は、規則・時間・決められた義務の遵守、礼儀、大人に対する接し方や話し方に特に念を入れている。この対策は明らかに変化を促すねらいをもっているが、それは今後の進路が学校教育であれ職業生活であれ、中学生の行動が、持続的な妨害とならないようにするためのものだからである（出席している、時間通りに行動しているなど）。しかしこの対策には、中学生や親の実践に対する指導という目的もある。復帰準備中継学級は中学生がその中にいるときも、外にいるときも働きかける。たとえば、中学生が遅刻したり欠席したりするとすぐに、親は電話で遅刻や欠席の連絡を受ける。こうした遅刻や欠席の通知には、親を安心させるという目的はまずない（たとえそのような効果が時に生まれるとしても）。この知らせは、何よりも中学生を教室に出席させたり、時間の規則に関連した彼らの行動を変化させたりすることを目指している。その目的は、家庭による社会化の実践に働きかけることでもある。復帰準備中継学級では、中学生の抱える学業困難は、ある点で家庭による社会化の「失敗」の結果であり、こうした失敗は、家庭の「機能不全」同様に、必要と判断されるいくつかのリソース（学業支援、親の存在、経済的資源など）の欠如が原因で起こると考えられるのが普通である。それゆえ、復帰準備中継学級での支援中に行われる対策の一部は、欠如していると判断されたリソースを立て直すために親の実践を指導したり、教育機関の期待や規範に合わない社会化の実践や中学生の態度を正常化したりすることを目指している。

この正常化の努力のほかに、家族関係や経歴を落ち着かせるための一連の対策もある。復帰準備中継学級の中学生の家庭は子どもの経歴によって疲弊していることが多く、そこでは中学生の学業上の不評は、結局家庭の不評としても機能してしまい、そのことによって親と子どもの間に疑念が生まれ、家庭と学校との間に緊張が生まれる。このことは中学生と親や兄弟との関係にも、中学生と教師や学校との関係にも影響を及ぼす。それゆえ、復帰準備中継学級にとって重要なことのひとつは、中学生が大人や、とりわけ教師との間に維持する関係を再構築することである。たとえば、復帰準備中継学級の職員は、自分たちが中学校の行動規範の論理とは断絶しているということを示す。彼らは、タバコやおやつや飲み物を囲んで何でも話すことができるような、中学生とのインフォーマルで好意的な関係を発展させるよう努めている。復帰準備中継学級の関係者たちはまた、自分たちが中学生や親の困難に耳を傾けるということを示す努力をしている。その活動の内容は、家庭における否定的なイメージを壊すために復帰準備中継学級で支援を受けている中学生の価値を高めたり、その長所、能力、質を褒めたりすることである。それは、支援の目的について中学生やその家族を安心させ、中学生が学業上あるいは家庭上抱えている問題に対する診断を親に受け入れてもらい、親が（要請に応じたり、子どもの規則正しい出席に目を配ったり、面会の要求に応じたり、子どもに問題があるときには電話をしたりすることによって）復帰準備中継学級の活動を引き継いでくれるようにするために、中学生とその家族を企画された活動に参加させるということでもある。

最後に、復帰準備中継学級は非現実的な学業的野心や職業的野心を再調整しようとする。事実、復帰準備中継学級の主な関心は、支援が終了し、中学生が何もない状態に陥るのを避けるということにある。だから、学習のつまずきを改善する教育的措置の大部分は、教育機関の観点から現実主義的であると同時に、家族や中学生にとって受け入れられるような進路を決定することにある。実際には、現実主義的な進路指導という目標を達成するのは難しいことが多く、それは一方で中学生の過去の困難を考慮すると［進路として］考えられる教育機関は限られているうえにあまり価値を与えられていないことが多いからであり、他方で自分の子どもの抱える困難にもかかわらず、とにかく中学校の一般クラスへの復帰を望む親の期待が存在するからである。それでもこの目標を達成するのを可能にする方法のなかには、中学生とその家族とで行う職業プロジェクトがある。職業プロジェクトは「動機付け」、すなわち進路探しを助けるものとみなされているが、たとえば中学校の普通教育クラスへの復帰を家族や中学生にあきらめさせることによって彼らの野心を冷ますものでもある。職業プロジェクトはこの点できわめて効率的な権威的手段であり、外側からあまりにも見えやすい形で強制することなく、それでいて生徒やその親に抗いがたいことがらを受け入れさせることをも可能にする。それは合法的な年齢に達している中学生のために企画される企業研修が果たしている役割でもある。確かに、これらの研修は学校から出て、学校の要求に対して反抗的になった中学生に仕事の場を発見させる機会である。またこれらの研修は、中学生とともに職業教育の見通しを立て、仕事の世界から要求されることがらに中学生を立ち向かわせ、そこに従う準備が彼らにあるかどうかを試す機会でもある。最終的に、これらの研修によって、「短期技術」の資格コース（CAP[24], BEP[25]）、あるいは職業見習い、あるいは職業見習い予科への進路指導を当然のものとして認めさせることができる。家族にとっては、価値の乏しい資格の［通用する］職業も、展望のない状態に直面すればしまいに「仕方なく」許容できるものに見えてくるので、それに向けて準備するという考えに慣れてくるのだ。

このように、［復帰準備中継学級での］支援中に行われるこれらさまざまな活動は、中学生の将来を描くことに貢献し、そして就学への道、あるいは社会職業的に高い評価を与えられている道とはかけ離れた将来の状況を実際につくりだしている。

4. 学校の周縁から雇用の周縁へ

教育当局は復帰準備中継学級を創設した際、［中学生を］中学校の「一般」クラスか、あるいは職業高校（LP）もしくは職業訓練センター（CFA）[26]経由での職業教育かのいずれかに「再就学」させることを学校教育機関の目標としていた。しかしながら、1998年から2005年の間に2つの復帰準備中継学級に就学した経験をもつ生徒がその後どうなったかを過去にさかのぼって追跡したわれわれの調査の結果は[27]、この公式の目標から明らかにかけ離れた傾向を示している。はっきりと見えてくるのは、中学生のかなり暗い短期的・中期的な宿命であり、そしてそれは「つらい職業」から守ってくれるような肩書きや資格へのアクセスが可能になるような学校生活に復帰するものは、多数派からは程遠いということを示している。

①まず、復帰準備中継学級へ移ることは中学生の就学状況に明らかな悪影響を与えると指摘することができる。一方で、これまで一度も留年を経験したことのない生徒が復帰準備中継学級で支援を受けた場合、その生徒は他の生徒よりも中学校に復帰することが多い。しかし他方で、一定の困難を蓄積する

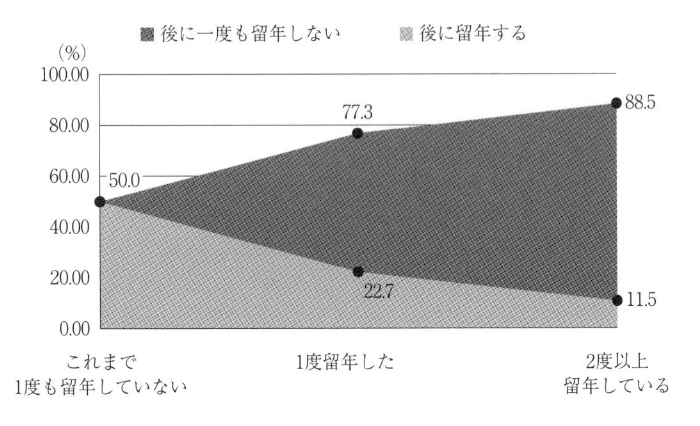

図 4－2　学校教育の進度に応じた支援後の留年

グラフ：列（%）　Khi2　ddl=2　p=0.001（きわめて有意）
出所：「経歴」データ 2012; Millet/Thin 調査

犠牲を払って中学校の普通クラスに戻ることになる。まずは学業の遅れという犠牲であり、後に 50% が留年することになる（データによれば、前に留年していないほど、後に留年する可能性が大きい）（図 4－2）。つぎに、就学状況が乱れる犠牲であり、支援の際、既に 1 度留年している生徒の 38%、2 度留年している生徒の 30% に対し、中学生の 64% が後に（おそらく停学・退学に続いて）いくつかの中学に通うことになる。他の中学生たち、つまりこれとは反対にすでに重大な学業の遅れを蓄積して復帰準備中継学級に入るものたちは、逆に復帰準備中継学級の後はあまり留年しない。なぜか？　それは単に彼らが中学校のクラスに戻ることが少なく、非正規型のクラス（普通職業適応教育科、特殊学級、援助支援のための第 4 学級、職業参入のための第 3 学級など）や支援機関ないし指導機関（地方家族会館、補強教育センター、生活の場、復帰準備中継学級など）に進路を導かれるからである。それゆえ彼らは、学業競争や時間の厳密さの論理からは外れてしまう。

むろん復帰準備中継学級を経験しなければ事態は違っていただろうということはできず、復帰準備中継学級を経験したことによる影響は、常に同年代集団や学校のクラスと密接に結びついている学校的な時間の規範との関連であらわれるという見方を失ってはならない。たとえば、ある若者が重大な学業上の遅れをさらに蓄積してしまえば、その若者が教育制度内にとどまることはいっそう難しくなるだろう。しかしそれでも、復帰準備中継学級で支配的な支援様式、つまり社会教育的タイプの活動を優先して学業の時間を軽減し、中学の普通教育クラスのプログラムから生徒を継続的に遠ざけるのに寄与する支援様式は、学びにおいて取り戻しがたい遅れを生む（あるいは維持する）原因となっていると考えられる。いずれにせよ、最終的な経歴として、調査対象となった2つの学級で支援を受けた1998年から2005年までの同期生のうち、資格を取らなかった生徒の割合は74%にのぼるのに対し、レベルⅤの職業資格を手に入れたのは23%、バカロレアを取得したのはわずか4%だった。別言すれば、復帰準備中継学級を経験した生徒の大部分が、実際に「資格なし」あるいは「低いレベルの資格」を持つという特徴を有するのである。

②2つ目に確認できる重要なことがらとして、復帰準備中継学級を経ることは「社会にとって役に立たないものたち」をつくる出発点であると示すことができる。「教育不可能とみなされたものたち」は、いわば「定数外のものたち」となる。評価・予測・成果局（DEPP）の公式統計によれば、復帰準備中継学級で支援を受けた直後に中学生が中学校のクラスに復帰する確率は60%から80%であるが、われわれが調査で得た結果では、これとは反対に復帰準備中継学級で過ごした後の9月にまだ教育課程にあるものは38%（普通教育課程21%＋職業教育課程17%）、1年後に教育課程にあるものは36%（普通教育課程11%＋職業教育課程25%）、2年後に教育課程にあるものは36%（普通教育課程 9%＋職業教育課程27%）にすぎなかった（図4－3）。

その他の人たちは非正規型のクラスや援助機関にいるか（9月、1年後、2年後でそれぞれ46%、39%、24%）、「教育課程にいない」か（14%、20%、22%）、「職業生活」にある（1%、5%、17%）が、この「職業生活」という地位は「非継続的な雇用状態または無職の状態」を意味する[28]。

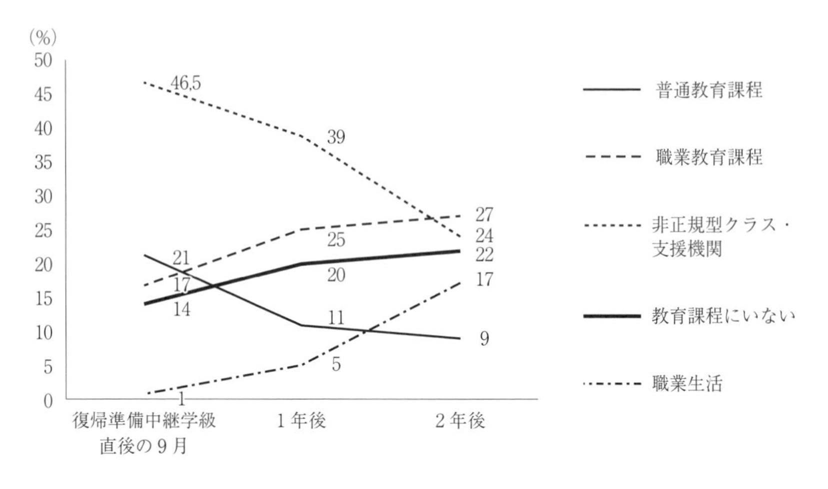

図4－3　2つの復帰準備中継学級措置の中学生の2年後

グラフ（%）；母集団：338；1年後無回答：20%；2年後無回答：40%
出所：「経歴」データ 2012; Millet/Thin 調査

> 「職業生活」を送るひとたちの経歴のいくつかの事例：
> - タイル張り職人など未申告の仕事→よく分からない労働→倉庫での仕事→製菓業見習い契約
> - 繊維工場での荷物取扱い係→求職→ホテルやレストランでの仕事
> - 服役→若年者職業契約（塗装工－ペンキ塗り職人）→塗装工－ペンキ塗り職人任期付雇用契約
> - 販売業におけるいくつかの任期付雇用契約

5. おわりに

これらの数字をもとに、中学校の「一般」クラスか職業高校で継続的に勉強を続けているのは、［支援措置を受けた］中学生の一部でしかないということが言える。しかしこうした普通教育や職業教育への復帰の背後には、往々にして後の困難や、教育制度の周縁への進路指導、教育制度からの退出への進路指導が隠れているとも言える。さらに言えば、つらい職業から守られるような道への進路指導のケースは、多数派からはほど遠い。このように、支援の対象となった中学生の多くがたどる経歴は、まずは学校の周縁へ、続いて労働市場の周縁へと、二重の脱落に連なっている。

他方で、学校離れの経歴の研究は、「学校に通わなくなる」プロセスが家庭生活、学校生活、仲間との生活との複合的プロセスであり、それは同時に社会の問題、学業の問題、政策の問題に連結しているということを明らかにしている。そこにあるのは、学校離れの経歴を説明できる独自の要因、あるいは唯一の原因ではなく、相互に補強し合い、相互に影響し合う一連の出来事である。このように、学校離れの経歴を説明するためには、(社会化の矛盾に関連した)学校での学びにまつわる困難、教師との衝突や不和、中学生の状況に応じた教育機関の決定や反応、若者に固有の社会性の実践、あるいは就学において緊張や衝突を生む家庭問題、これらが複雑に絡み合っていることを明らかにしなければならない。

注

1) Millet M., Moreau G., (2011), *La société des diplômes*, Paris, La Dispute.
2) Glasman D., Œuvrard F., (2011), *La déscolarisation,* Paris, La Dispute.
3) Douat E., (2011), *L'école buissonnière*, Paris, La Dispute.
4) 復帰準備中継学級は、学校秩序を受けつけない中学生の支援を行った現場の経験から、「学校における暴力との闘いの計画」(第二次「バイループラン」B.O. n° 13 du 28 mars 1996) の枠内で、1996年に正式に誕生した。
5) 復帰準備中継学級はもともと継続を約束されない実験的措置として提示されたが、後に永続化し、学校における「無秩序」と「不登校」との闘いに関連した省レベルのプランが次々と出されたことにより増加していった。こうして復帰準備中継学級は、1998-1999年の約100クラスからその翌年には180クラスとなり2,600名の生徒を支援し、続いて2002-2003年には286クラスとなり4,500名を支援した。2006-2007年には約7,000名の生徒に対する373の措置を、2009-2010年には9,000名の生徒に対する448の措置を数え、2011年には9,415名の生徒が支援を受けた。
6) Millet M., Thin D., (2012), *Ruptures scolaires*, Paris, PUF, Le lien social.
7) Kherroubi M., Millet M., Thin D., (2015), *Désordre scolaire. L'école, les familles et les dispositifs relais*, Paris, Pétra, coll. Education, art du possible; Kherroubi M., Millet M., Thin D., (2005), *Classes relais et familles. Accompagnement ou normalisation ?* Paris, N° 8, CNFE-PJJ.
8) 本章で使用している数値データは、この調査の業績とDEPPのデータを二次資料として扱ったもの。

9）Millet M., Thin D., (2014), « De la rupture à la remédiation scolaire, et après ? L'exemple de collégiens passés par une classe relais. », T. Berthet, J. Zaffran, *Le décrochage scolaire*, Rennes, PUR, pp. 127-154.

10）Lahire B., (1993), *Culture écrite et inégalités scolaires. Sociologie de « l'échec scolaire » à l'école primaire*, Lyon, PUL.

11）Millet M., Thin D., (2007), « Le classement par corps. Les écarts au corps scolaire comme indice de "déviance" », *Sociétés et jeunesses en difficulté*, N° 3.

12）Charlot B., Bautier E., Rochex, J.-Y., (1992), *École et savoir dans les banlieues et ailleurs*, Paris, Armand Colin.

13）Kellerhals J., Montandon C., (1991), *Les stratégies éducatives des familles, Delachaux & Niestlé*; Thin D., (1998), *Quartiers populaires, L'école et les familles*, Lyon, PUL.

14）Millet M., Thin D., (2005), « Le temps des familles populaires à l'épreuve de la précarité », *Lien social et Politiques – RIAC*, n° 54, pp. 153-162.

15）Lepoutre D., (1997), *Cœur de banlieue*, Paris, Odile Jacob.

16）Beaud S., Pialoux M., (1999), *Retour sur la condition ouvrière*, Paris, Fayard.

17）Bourdieu P., (1997), *Méditations pascaliennes*, Paris, Seuil.

18）Poullaouec T., (2010), *Le diplôme, arme des faibles*, Paris, La Dispute.

19）Bourdieu, P., Champagne, P., (1992), « Les exclus de l'intérieur », *Actes de la recherche en sciences sociales*, n° 91, pp. 71-75; Palheta U., (2012), *La domination scolaire*, Paris, PUF.

20）Bonnery S., (2007), *Comprendre l'échec scolaire*, Paris, La Dispute.

21）Millet M., Thin D., (2007), « Ecole, jeunes de milieux populaires, et groupes de pairs », in M. Mohammed, L. Mucchielli (dir.), *Les bandes de jeunes, des Blousons noirs à nos jours*, Paris, La Découverte, pp. 145-165.

22）Millet M., Thin D., (2003), « Une déscolarisation encadrée. Le traitement institutionnel du "désordre scolaire" dans les dispositifs-relais », *Actes de la recherche en sciences sociales*, n° 149, pp. 32-41.

23）これらのさまざまな側面の分析については次の文献に詳しい。Kherroubi M., Millet M., Thin D., (2015), *Désordre scolaire. L'école, les familles et les dispositifs relais*, Paris, Pétra, coll. Education, art du possible.

24）職業適格証 Certificat d'aptitude professionnelle.

25）職業教育免状 Brevet d'études professionnelles.

26）BO n° 13 du 28 mars 1996 et BO n° 23 du 6 juin 1996; circulaire n° 98-120 du 12 juin 1998; circulaire n° 99-147 du 4 octobre 1999; note d'orientation du 8 juin 2000.

27) Millet M., Thin D., (2014), « De la rupture à la remédiation scolaire, et après ? », *op. cit.*
28) Eckert H., Mora V., (2008), « Formes temporelles de l'incertitude et sécurisa-tion des trajectoires dans l'insertion professionnelle des jeunes », *Travail et Emploi*, n° 113, pp. 31-46.

参考文献

Beaud S., Pialoux M., (1999), *Retour sur la condition ouvrière*, Paris, Fayard.

Bonnéry S., (2007), *Comprendre l'échec scolaire*, Paris, La Dispute.

Bourdieu P., (1997), *Méditations pascaliennes*, Paris, Seuil. 加藤晴久訳 (2009)『パスカル的省察』藤原書店.

Bourdieu, P., Champagne, P., (1992), « Les exclus de l'intérieur », *Actes de la recherche en sciences sociales*, n° 91, pp. 71-75.

Charlot B., Bautier E., Rochex, (1992), J.-Y., *École et savoir dans les banlieues et ailleurs*, Paris, Armand Colin.

Douat E., (2011), *L'école buissonnière*, Paris, La Dispute.

Eckert H., Mora V., (2008), « Formes temporelles de l'incertitude et sécurisation des trajectoires dans l'insertion professionnelle des jeunes », *Travail et Emploi*, n° 113, pp. 31-46.

Glasman D., Œuvrard F., (2011), *La déscolarisation*, Paris, La Dispute.

Kellerhals J., Montandon C., (1991), *Les stratégies éducatives des familles*, Delachaux & Niestlé.

Kherroubi M., Millet M., Thin D., (2015), *Désordre scolaire. L'école, les familles et les dispositifs relais*, Paris, Pétra, coll. Education, art du possible.

Kherroubi M., Millet M., Thin D., (2005), *Classes relais et familles. Accompagnement ou normalisation ?* Paris, N° 8, CNFE-PJJ.

Lahire B., (1993), *Culture écrite et inégalités scolaires. Sociologie de « l'échec scolaire » à l'école primaire*, Lyon, PUL.

Lepoutre D., (1997), *Cœur de banlieue*, Paris, Odile Jacob.

Millet M., Moreau G., (2011), *La société des diplômes*, Paris, La Dispute.

Millet M., Thin D., (2014), « De la rupture à la remédiation scolaire, et après ? L'exemple de collégiens passés par une classe relais. », T. Berthet, J. Zaffran, *Le décrochage scolaire*, Rennes, PUR, pp. 127-154.

Millet M., Thin D., (2012), *Ruptures scolaires*, Paris, PUF, Le lien social.

Millet M., Thin D., (2007), « Le classement par corps. Les écarts au corps scolaire comme indice de "déviance" », *Sociétés et jeunesses en difficulté*, n° 3.

Millet M., Thin D., (2007), « Ecole, jeunes de milieux populaires, et groupes de pairs », *in* M. Mohammed, L. Mucchielli (dir.), *Les bandes de jeunes, des*

Blousons noirs à nos jours, Paris, La Découverte, pp. 145-165.
Millet M., Thin D., (2005), « Le temps des familles populaires à l'épreuve de la précarité », *Lien social et Politiques - RIAC*, n° 54, pp. 153-162.
Millet M., Thin D., (2003), « Une déscolarisation encadrée. Le traitement institutionnel du "désordre scolaire" dans les dispositifs-relais », *Actes de la recherche en sciences sociales*, n° 149, pp. 32-41.
Palheta U., (2012), *La domination scolaire*, Paris, PUF.
Poullaouec T., (2010), *Le diplôme, arme des faibles*, Paris, La Dispute.
Thin D., (1998), *Quartiers populaires, L'école et les familles*, Lyon, PUL.

（小林　純子 訳）

第5章

学校と社会階層

―20世紀のフランスにおけるコレージュ改革の逆説―

アントワンヌ・プロ

1. はじめに

西欧の複数の諸国において、1955年から1965年にかけて、過去から受け継いだ学校教育構造の見直しが行われた。経済協力開発機構（OECD）における、あらゆる学校教育段階の責任者の協議で、学校の隔離が批判され、より民主的な制度の整備が推奨された。こうしてイギリスでは「コンプリヘンシブ・スクール（総合制中等学校）」が創設された。

フランスではこうした動きは1959年と1963年の改革につながり、1975年にコレージュ（中学校）が完全に統一されて、12歳から16歳までの生徒を受け入れるようになったことで改革が完成した。フランスの現行の学校制度は、エコール（小学校）、コレージュ、リセ（高校）という3階建ての構造を特徴としている。これは「5＋4＋3」型のシステムで、すでにかなり長い期間にわたって機能しているので、その成立の歴史を分析し、その成果を評価する価値があると思われる。

2. 改革の前史

フランスの教育システムを改革しようという構想は20世紀の初めに遡る。構想が実現するまでに半世紀を要したことになる。ところがその半世紀の間、教育システムは不動だったわけではないので、改革構想が勝利した時点では、改革で実現されるはずだった目標の一部は適切性を失ってしまっていた。そのため、改革はちぐはぐなものとなった。改革の効果が、その推進者の期待にそぐわなかったのは驚くに値しない。

1）1941 年以前

コレージュの改革の基本方針は 1909 年から 1931 年にかけて練られた。最初に改革を考えたのは共和主義的学校の創設者たち自身で、彼らは共和主義的学校の不完全さに気づいていた。フェルディナン・ビュイソンは早くも 1909 年に、教育を受ける権利の前での子どもの平等を保障する法案を急進党に採択させた上で、翌年に自らこれを議会で提案した[1]。第一次世界大戦の末期に、戦時中に偶然知り合った小学校から大学までのあらゆる教育段階の教員が作った「新たな大学の友（Les Compagnons de l'Université Nouvelle）」というグループが、カーン大学科学学部の教授で社会主義者だったリュドヴィック・ゾレッティと同時に、「統一学校（l'école unique）」の構想を打ち出した。左翼連合内閣（1924 年）はこの構想を採用したが、検討した時期が遅すぎて、実現には失敗した。この失敗を受けて、改革の支持者らは「統一学校研究委員会（Comité d'études pour l'école unique）」を結成し、1927 年に一連の条項からなる法案の形で起草されたひとまとまりの改革案を制定した。フランス労働総同盟（CGT）の教育総連盟がこの改革案を取り上げ、それを少し修正した上で、1931 年の CGT 年次大会で採択させた。これが、フランス人民戦線の教育相だったジャン・ゼイが 1937 年に提出した改革案[2]に直結した。では、その内容はどのようなものだったのだろうか。

当時のフランスの教育（「教育システム」というのは憚られる）の特徴は初等教育と中等教育の並置だった。実際、初等教育は基礎的な教育（l'enseignement élémentaire）のみに甘んじてはいなかった。初等教育修了証書の段階を超えて、「高等小学校（EPS）」または「小学校補習科（CC）」でさらに 4 年間の「高等初等教育（enseignement primaire supérieur）」を行っていた。高等小学校は教育省の決定により創設され、独自の施設を与えられて、小学校とは別の学校だった。高等小学校は独自の教員を備え、これらの教員は初等教育のエリートを構成し、初等師範学校（écoles normales d'instituteurs）で教えることもできた。小学校補習科のほうは小学校に属し、位置づけは高等小学校より低かった。小学校補習科の授業は専門性のない小学校教員が行い、1年または2年の課程の全ての学科を同じ教員が受け持っていた。しかし小学校補習科は非常に地方分権化されており、その設置と廃止は県レベルで視学官が決定するため、柔軟性が大きかった。

他方で、中等教育のほうも小学校と張り合っていた。低学年ほど大きな数字を割り当てる独自の番号制度で呼ばれる初等学級（低学年から順に第10級、第9級、第8級、第7級）を維持し、小学校教員には任せずに、専門の教員が担当していた。これらの初等学級は「小学級」ともいわれ、本来の中等教育学級と同じく有償だった。これに対して初等教育のほうは1881年の法律以来無償だった。

19世紀から受け継がれたこの学校教育の複線化は、有力者や名士、貴族やブルジョワと、都市や農村の庶民を分かつ社会階層の区分に対応していた。共和国の民主的原理の名においてこの二重性が批判されるのは当然だった。すでにF.ビュイソンもこれらの「エリートと大衆という二つの若者層」の間には平等がないと指摘していた。複線化はまた不合理でもあった。初等教育局長を務めたポール・ラピのような権威ある政府高官が、同年齢の子どもたちに同じように見える教育を施しながら、異なる視学官の管轄下に置かれている複線の教育制度の矛盾を皮肉った。ラピは1922年の有名な論文[3)]で「初等の科学あるいは歴史というものがあるのだろうか？　中等の科学あるいは歴史というものがあるのだろうか？」と疑問を呈した。

しかしこうした議論が先鋭化するには、人口の変化によってリセとコレージュ（当時はリセと似ているが、リセよりも威信が低く、市町村立の学校を「コレージュ」と呼んでいた）の中等教育が困難に陥った1920年代末を待たねばならなかった。戦時中に出生が激減したため、1915年生まれの子どもたちが第6級［中等教育入学年］に進学し始めた1925-1926年以後、リセとコレージュは生徒の確保に苦労した。上記の「小学級」も含めて、リセとコレージュは一般に生徒数が500人未満の小規模な学校だったため、生徒数の減少は存続問題を招いた。教育省が学級を閉鎖することが懸念された。こうした状況でリセは入学条件を緩和し始めた。たとえばカーン大学区では第6級に進学を許された生徒の試験の平均点は20点満点中の7点で、しかも、3校のリセでは20点満点中の6点だった[4)]。ところが、同時期に、高等小学校の生徒数の低下幅ははるかに小さかった。かなりの数のコレージュが生徒数低下の影響を軽減するために、高等小学校を併合したり、高等小学校と提携したりした。これは「アマルガム」と呼ばれた。それにもかかわらず、当時3分の2がアグレジェ教授［高等教育教授資格］で占められていたリセ教員は、小学校教員が優秀な生徒を保持して中等教育に進学させようとしないと、不当競争を激しく非難した。

こうした競争は1930年以後は緩和された。中等教育学校の生徒確保に関する危機が終結したためである。まず、1920年以後に生まれた世代が進学して、人口動向が好転した。次に、リセの「中等学級（classes secondaires）」が1930年に無償化され（「初等学級 classes primaires」は無償化されなかった）、庶民階層出身の生徒の獲得が以前よりも容易になった。その結果、リセとコレージュの生徒数は1929年の10万1,000人から1939年には20万人へと急増した。

それでも不当競争をめぐる議論は、弱まったとはいえ、消滅はしなかった。高等初等教育（le primaire supérieur）の生徒数も目覚ましく増加したせいである。1929年から1939年にかけて、高等小学校のほうは7万6,000人から10万5,000人に増えたにすぎないが、小学校補習科は6万1,600人から12万4,400人へと倍増した。高等初等教育は4年間しかないのに、第二次世界大戦の前夜には、その生徒数は、「小学級」からグランゼコール準備級に至る中等教育全体の生徒数を上回っていた。

これは、社会的な需要が中等教育よりも高等初等教育に向かったためである。高等小学校と小学校補習科は庶民階層の家族により近く、庶民階層の生徒により適していて、教育内容もより具体的かつ実践的な上に、修了後の就職も、リセほど野心的ではないが、より確実だった。かりにバカロレアを取得できても、その後の就職の見通しが不確かなことを考えると、子どもに長期的な学業を受けさせることを貧困階層の親は躊躇した。これに対して、高等初等教育を終えて修了証書を取得すると、商工業部門の中間的職業に就けたし、技術分野の類似の課程を終えると技術者や職長の職に就くことができた。そのため高等初等教育は人気が高かった。予算削減のせいで、高等小学校の新学級開設が制限され、進学希望者を拒否せざるを得ないという事態がなければ、高等初等教育の生徒数の増加はもっと顕著だったろう。一部の高等小学校では本格的な入学選抜試験すら導入せざるを得なかった。マルセイユでは1935年に高等小学校ヴィクトル・ユゴーが167人を募集したのに対して752人が志願し、高等小学校ピエール・ピュジェでも150人の募集枠を500人が争った[5)]。第二次世界大戦前夜のフランスで、高等初等教育タイプの学校に対する大きな需要があったことは疑いを容れない。ところが、こうした需要に、中等教育タイプの供給で応じたことが、半世紀後のフランスの教育の中心的問題となるだろう。

2) 1941年の改革とその余波

1941年の改革は決定的な転機となった。ソルボンヌ大学のローマ史教授でもあったジェローム・カルコピノ教育相は、高等初等教育による不当競争から古典学級を守ろうとして、高等小学校を近代的コレージュに転換し、中等教育に統合するという抜本的な（と彼には思えた）解決策を採択した。

ただし、カルコピノは小学校補習科を存続させた。小学校補習科はコレージュに転換するには教育水準が低すぎたし、廃止すれば、ヴィシー政権が貧困化を望んでいない農村部を中心に正当な抗議の声があがっただろうからだ。そのため高等初等教育との競争はなくならなかった。

一方、高等小学校の中等教育への統合は教育上の問題を孕んでいた。高等小学校の教員は古典言語を知らなかったが、そもそも近代教育を受け持っていたので、これは問題なかった。しかし、高等小学校の教員の現代外国語に関する知識不足はより困った問題であり、高等小学校の生徒を第2級と第1級の「近代科（sections « modernes »)」または「M科（sections « M »)」に組み入れることを難しくしていた。カルコピノは第2級と第1級の「近代科」で2つの現代外国語の学習を必修にしようと構想していたのである。いずれにせよ、生徒数の増加に伴いクラス毎の生徒数が増えるため、1927年に定められた規則を順守し、バカロレアの前期まで（第1級修了）全ての学科（sections）で、言語を除く全科目について厳密に同じカリキュラムを課すことは難しかった。そのため、カルコピノの後任者等は新学科を創設した。1942年にバカロレアの後期に「哲学・科学」科（通称「実験科学」）が新設され、また、特に1952年にバカロレア前期に「近代プライム（moderne prime）」または「Mプライム（M′）」科が新設された。

こうした新学科は高等初等教育の風通しを良くした。戦前には高等初等教育の生徒がバカロレアまで学業を続けられることはほとんどなく、高等初等教育は短期の教育課程だった。改革後の高等初等教育は生徒に2つのチャンスをもたらした。成績の良い生徒は第2級に進学し、バカロレアを取得することもできて、リセの生徒と互角に競えるようになった。生徒にそこまで能力がないことが分かった場合でも、悪くない就職の道が残されていた。こうして、初等教育修了証書の取得後も子どもに学業を続けさせることで家族が被るリスクは大幅に軽減された。

こうした状況で、中等教育のMおよびMプライム新学科の人気が高まったのは当然だろう。1943年には3万6,000人がバカロレア前期に合格したが、そのうちの1万5,300人がM科に所属していた。1951年には合格者総数は4万2,700人（+19%）で、そのうちM科の生徒は1万8,600人（+22%）だった。10年後の1961年にはMおよびMプライムからのバカロレア前期合格者数は4万1,900人に上り、1946年と比べて175%増加した。同年のバカロレア前期の合格者総数は7万7,600人で、1946年と比べて116%増加した。つまりMとMプライムはバカロレア合格者の半数以上を送り出したことになる。

1941年の改革は中等教育を高等初等教育との競争から解放することを目的としていたが、実際には、競争相手である高等初等教育によって育成された生徒を中等教育がその後期課程に迎え入れるための組織を整えるという逆説的結果につながった。高等初等教育と中等教育の壁を取り除くことで、改革は高等初等教育の発展に大きく寄与した。実際、第四共和制下では小学校補習科が急速に発展した。1945-1946年に15万2,800人だった生徒数は1958-1959年には41万300人となり（+168%）、中等教育の前期課程とほぼ同数に達した。中等教育前期の生徒数はこの間に20万6,600人から42万1,200人へと104%増加するに留まった。1941年の改革は中等教育に有利なはずだったが、結果的には明らかに高等初等教育に有利に働いた。

改革はまた、特に庶民階層の子どもに有利に働いた。リセの生徒数は第6級では減り、第2級では増えたが、いずれの場合も変化は庶民階層の子どもたちに関わるものだった。高等小学校の中等教育への統合はすでに生徒構成の民主化を招いていた。第6級の生徒に労働者家庭の子どもが占める割合は戦前には3%未満だったが、戦後は12%前後になった。ただし、小学校補習科の第6級は、リセやコレージュの第6級と比べてはるかに民主的だった。1958-1959年にリセの第6級の生徒数に占める労働者の子どもの割合は19.4%だったが、小学校補習科の第6級ではこの割合は36.7%だった[6]。こうした仕組みは完全に周知のものとなっていた。1954年度の新学年開始に際して、シャルトルのリセの校長は、自分のリセの第6級に入学を認められた12人の生徒が小学校補習科への進学を選んだことを報告した上で、自校のMプライム科の教育の質を賞賛した。校長は「県の小学校補習科からMプライム科の第2級に入ってくる生徒は優秀で、毎年数が増えていることも指摘しておこう。前述の進路選択が一方通行ではないことがわかる[7]」と付け加えている。

このような状況下で民主化は進展した。これは公式統計からはほとんどうかがい知れない。それというのも、公式統計が第6級以外の生徒の社会的出自に関心を示したのは1958-1959学年度からだったためで、これはまさしく改革の年だった。この改革が第2級の段階で効果を及ぼすまでには4年以上を要したため、1963-1964年までの変化は改革前の教育システムの成果とみなされる。しかるに、1958-1959年から1963-1964年にかけて、労働者の子どもの割合は、普通教育の第2級では14.1%から17.3%に、最終級では10.3%から12.7%に、それぞれ上昇した。これは疑いようのない傾向を示している。

筆者がオルレアン都市圏に関して行ったように[8]、リセの生徒名簿を元にしてより長期的な時系列を再構成してみると、こうした傾向はいっそう鮮明になる。中等教育後期の生徒数自体が大きく増加する中で、それに占める労働者の子どもの割合が目立って拡大したことが確認できる。オルレアンの4校のリセで、普通課程の第2級における労働者の子どもの割合は1947-1949年の8.7%から1952-1954年には15.5%に増え、さらに1962-1964年には21.5%に達した。同時期に、最終級における労働者の子どもの割合は1947-1949年の7.4%から1952-1954年には10.1%、1962-1964年には16.3%となった。1967-1968年には18.6%に上った。これと並行して、富裕階層(上級管理職や自由業)の子どもの割合は低下した。民主化が進行していたわけだが、コレージュの改革が実施されたのはまさにこうした時期だった。

3. 改革の理由と段階

1) 改革の理由と困難

逆説的だが、コレージュの改革が企てられたのは民主化の名においてだった。政府の専門家たちも、社会学者たちも、教員組合も、民主化が実際に起きていることに気づかなかったのである。これは彼らの関心が第6級への進学に集中していたせいで、このレベルでは確かに社会的不平等が際立っていた。多くの教員と同じく、彼らもまた、学校の進路選択が生徒のその後の学歴や社会的地位を容赦なく決定してしまうと考えがちであり、教育システムを複雑なプロセスとしてではなく、不可逆的な選択の連続と捉えていた。前述のシャルトルのリセの校長と違って、彼らには、第2級への進学が第6級での進学の不平等を是正することに気づいていなかった。あるいは、気づいていても、それを重視していなかった。彼らは第6級で起きていることを見て、それを批判したが、その批判自体は当たっていた。

事実、第6級への進学に際しては、社会的な出自のほうが、学業成績よりもはるかに重要だった。第6級に進学する生徒は、学歴でも社会的地位でも最良の将来を約束されるわけだが、必ずしも初等教育の優等生ではなく、成績の良し悪しとは無関係に、富裕家庭出身者だった。こうした事態は、公共当局が資金を負担して最良の社会学者たちに委託した1962年の調査によって、疑いなく証明された。小学校教員によって同じように優秀と評価された生徒のうち、上級管理職の子どもの89%がリセの第6級に進学したのに対して、労働者の子どもの進学率は42%にすぎなかった。普通に成績が良い生徒では、この割合はそれぞれ79%と27%だった。平均的な成績の場合、格差はさらに大きく、64%と14%だった。また、成績が並以下か悪い場合でも、上級管理職の子どもは半数（並以下で52%、悪い場合で47%）が第6級に入るのに、労働者の子ども（それぞれ2%と1%）や農業者の子ども（4%と3%）の場合は実質的に進学できなかった。第6級への進学における社会的不平等はかくも顕著だった[9]。

これは、家族と小学校教員の両方の行動が招いた結果として理解できる。まず、家族が望む学歴水準はその社会的水準に左右され、ブルジョワ家庭では常に子どもがリセに進学することを期待するのに対して、庶民階層の家庭ではリセへの進学を望むことがほとんどない。次に教員は生徒が直面する恐れがある社会的困難を予想し、様々な社会階層出身の子どもたちに対して異なる進路指導を行う。さらに、学区制のせいで、都市の周辺地区、郊外、村などの子どもがリセに入るのは難しいことを加えると、リセの第6級への進学が社会的決定論により厳しく規定されていることは明白である。

このことは、科学的に測定はされなくとも、昔から知られていた。F. ビュイソンから、新たな大学の友（Les Compagnons de l'Université Nouvelle）、統一学校研究委員会、ジャン・ゼイの1937年の計画を経て、ランジュヴァン・ワロン案（1947年）に至るあらゆる改革計画の元になったアイデアはそこから来ている。そのアイデアというのは、リセの第6級への進学が社会的出自ではなく、学業上のメリットで決まるようにしたいというものだ。この目標を達成するために以前から推奨されてきた解決法は、小学校とリセの間に移行期を設けて、中等教育の1学年目または最初の2学年（第6級と第5級）を共通化し、この期間に子どもたちを観察して、どのようなタイプの教育が最も適しているかを見極めるというものである。これは古典的な「共通課程（tronc commun）」の考えで、ここから、古典コース、近代コース、あるいは技術コースなどの様々な専門コース（filières）が枝分かれして行くという構想である。ジャン・ゼイはこの改革を実験し、1937年の新学年の開始に際して120の観察クラス（classes d'observation）を開設した。実験は1938年と1939年にも続けられ、これらの実験的な第6級クラスを受け持った、あらゆる教育段階出身の教員に対する何週間にもわたる研修や、定期的な成果評価など、興味深い随伴措置も実施された。

しかしこの改革は普及するに至らず、実験はヴィシー政権により放棄され、国土解放後も再開されなかった。1945年から1952年にかけての「新クラス（クラス・ヌーヴェル）」はジャン・ゼイによる教育革新の延長ではあったが、ゼイの改革の進路指導に関する野心は共有していなかった。「共通課程」による進路指導の構想は世論を深く二分した。観察クラス（第6級）を設けることは、全クラスの教科が共通でなければ意味がなく、ましてや2年にわたる観察課程（第6級と第5級）を設ける場合はなおさらである。その場合、ラテン語教育が問題になる。「共通課程」の支持者はラテン語教育の開始を1年か2年遅らせることを示唆した。これに対して古典的教養の擁護者は、そんなことをすれば古典教育の精神自体が破壊されるので受け入れられないと反論した。教養というのはゆっくりと浸透するものであり、ラテン語教育の始まりを遅らせれば意味がなくなってしまうというわけだ。

今日では当時の議論の激しさを想像することが難しいが、こうした議論は、1880年にジュール・フェリーがラテン語教育の開始を第8級から第6級に遅らせた際にも起きた。ただし、この時は争点が異なっており、議論は簡単に決着がついた。20世紀半ばの議論では、「共通課程」の問題の背後に、大衆教育の定義という問題が控えていた。まず、その制度的な定義の問題がある。誰が大衆教育を施すべきかという問題だ。小学校教員がその役割を要求する。彼らの本来の使命は大衆の学校を運営することだからだ。一方、中等教育教員も、自分たちの領分と考えているものを手放すことを拒否する。議論の争点がコーポラティズムに関わることは明白で、教員組合はそれぞれのクライアントの両立しがたい利益を断固として擁護した。小学校教員全国組合（SNI）はその組合員の地位向上を期待して、可能な限り広範な「共通課程」の実現を支持した。これに対して、中等教育教員全国組合（SNES）は「共通課程」をできるだけ制限し、いずれにしても、SNESの組合員のような専門化された教員に担当させることを要求した。「我々の同僚たちは、我々のリセやコレージュに学士号を持たない小学校教員を受け入れることを望まない[10]」というわけだ。急進党と社会党の左翼陣営は、こうした教員同士の対抗関係を前に対処に苦しんだ。SNIもSNESも左翼政党を支持していたが、下院議員中には中等教育教員が比較的多かったのに対して、小学校教員は比類のない選挙運動員だった。こうした矛盾を克服することは難しかった。第四共和政［1946-1958］が12年間で14件もの改革案を「葬り去った」のはこれが原因である[11]。

以上のようにコーポラティズムに起因する問題があったことは事実だが、だからといって議論をこうした側面のみに還元してしまうのは間違いだろう。考えてみれば、教育の複線化が強化されたならば、小学校教員は小学校補習科を完全に牛耳ることができたはずで、そのほうがむしろ小学校教員のコーポラティズムには有利だったかも知れない[12]。職種に特有の利害を超えて、教育の民主化に関する２つの異なる考え方が真摯に対決していたのである。中等教育の信奉者たちは、自分たちが施す教育の優秀さや自分たちの教養の普遍性を確信しており、本当の民主化とは、庶民階層の子どもたちに最良の教育を与えることだと考えていた。これはつまり、既存の中等教育をそのままに維持しつつ、そこに庶民階層の子どもたちを組み入れることを意味する。中等教育の擁護者は、庶民階層の子どもたちを受け入れるために中等教育のあり方を変更するのは、「安手な」教養を提供することに等しいと考えて、これを真剣に拒否したのである。これに対して、学校が庶民的地区にあり、小学校のクラスですでに庶民階層の子どもたちを受け持っていた初等教育教員からみると、中等教育擁護者の主張は悲劇的誤解でしかなかった。庶民階層の大半に適しており、生徒とその家族が望んでいるのは、そのような、高貴ではあっても親しみにくく、現実離れしており、縁遠く感じられる教養ではなかった。より具体的で、生徒の日常的関心により近く、もっと就職にも配慮した教育が求められていたのである。リセやコレージュよりも小学校補習科のほうが生徒数の増加ペースが速かったことは、初等教育教員の見方を裏付けているように思われる。

この議論こそが実は中心的な議論だった。大衆的中等教育の性質自体と内容に関するものだったからだ。*中等*であると同時に*大衆的*でもあろうとするところに難しさがあった。この議論はついに本当の解決を見ることがないままで、第五共和政はこの議論を回避しつつ、野心的な構造改革に着手し、そこから現行のコレージュが生まれた。

2）第五共和政［1958-現在］の決定

第四共和政で決まらなかった学校改革が第五共和政では決まった背景には、「政党支配体制」（第四共和政）にはできなかった国の近代化を実現する能力や、活力や能率を証明することで正統性を確立しようとする新政体の意志があった。

政治的な行動の意志はあらゆる分野で発揮されたが、特に教育部門で強かった。これには２つの理由がある。まず新政体は、長い間あらゆる改革を麻痺させてきた互いに対立する圧力団体と結びついていない。新政体の選挙での集票力は教員のネットワークに全く依存していないからである。次に、新政体は新しい観点からこれらの問題に取り組んだ。それは経済発展という観点である。それ以前にもすでに、国家総合計画本部（le Plan）に近い人々の間で、ピエール・マンデス・フランスを中心に、このような観点が打ち出されたことがあった。1957年に総合計画本部（le Plan）が科学研究・技術進歩高等評議会（Conseil supérieur de la recherche scientifique et du progrès technique）に作成を依頼した報告書は、エンジニア不足[13]に注意を喚起した。1956-1961年の5年間にフランスは研究力を身につけたエンジニアまたは科学者を5万1,000人必要としているのに、大学教育のシステムでは2万4,000人しか養成できない、という内容だった。2万5,000人から2万7,000人が不足していると見積もられた。これを解消するには、リヨンの国立応用科学院（INSA）のようなエンジニア養成校を新設するだけでは不十分だった。年間の科学バカロレア取得者数が1万人にすぎないことに根本的な理由があり、エンジニア養成校や大学の科学学部の上流に位置する教育システム全体に問題があったからだ。教育システムのマルサス主義は経済発展、国の近代化、国家の独立性を危うくしていた。

このように、1959年の改革は教員組合の弱体化と、ドゴール政権の近代化・発展政策から生まれた。この改革は、以前の「共通課程」と「観察課程」のプロジェクトを再開したが、それに発展への意志を加えた。1959年1月6日の行政命令（オルドナンス）は義務教育期間を2年延長し、1953年1月1日以後に生まれた子どもの義務教育年限は16歳に引き上げられた。同じ1959年1月6日の政令（デクレ）は教育改革に関するもので、第6級と第5級の段階で2年の観察課程を設けた。この観察課程においては、第1学期のみが厳密に同じで、古典コースと近代コースの差異化は第2学期の初めから開始する（第9条）。「共通課程」は非常に限定的だった。進路指導クラスは「それが設置された学校の構成要素である」（第7条）ため、初等教育も中等教育も学級や生徒を削減されたり、相互に開放しあうことを強制されることはなかった。ジャン・ベルトワン教育相（急進社会主義者）は、不満を抑えることに留意し、改革を最小限に留めた。

同時に教育省は就学の普及を目的に、観察課程と家族の関係緊密化を図った。1958年10月21日の通達はすでに中等教育の地理的な普及を促した。しかし、決定的な一歩は、小学校に観察クラスを設置したことだった。1960年6月6日の通達は、中等教育学校や小学校補習科（「普通教育コレージュ collèges d'enseignement général」）、そして特に小学校に所属する「分散式観察グループ（groupes d'observation dispersés）」（略してGODと改称）を創設した。教育の供給を増やし、家族により近いものにしようとする意志は明らかだ。この政策を試験するために選択されたロワレ県では大学区視学官が、子どもを第6級に進学させない家庭に小学校教員を派遣し、教員が子どもに第6級の教育についていく力があると判断した場合には、進学させるように家族を説得させた。視学官はオルレアンの周辺に11の分散式観察グループを、モンタルジの周辺にも複数の観察グループを開設した。また、小都市や規模の大きい町にも普通教育コレージュを設置した。この意欲的政策の成果で、1960年の学年初めには3,261人が第6級に進学した。この数は1958年の学年初めには1,520人にすぎなかった。

量的観点からはこの政策の効果は否定しがたい。中等教育前期（第6級から第3級まで）の生徒数は、普通教育コレージュでは急増し、1959-1960年の47万4,500人が1963-1964年には78万9,300人となり、4年で66%増加した。これに対して、同時期のリセ前期課程の増加幅は17%にすぎなかった。1959年の改革は確かに就学の普及を加速したのである。一方、小学校補習科の普通教育コレージュへの転換は教育内容の強化を伴っていた。普通教育コレージュには必ず4つ以上のクラスがあり、1人の統括指導者がいた。担当教員に対する要求も以前より厳しいものになった。1959年1月6日のデクレは、言葉をしっかりと選びつつ、普通教育コレージュの教員は「通常はその任務に適した学士号を持つ初等教育教員」（第54条）と明記していたが、発展の絶頂期においてこの規定をすぐに実施することはできなかった。しかし、1960年10月21日のデクレは普通教育コレージュ教員向けの特別な適性証書を導入し、さらに、同日付の別のデクレは一部の師範学校において、この適性証書の取得準備センターを設置した。普通教育コレージュの教員資格の水準は引き上げられた。

ところが、肝心な点で改革の失敗は明らかである。観察課程の生徒は自分が進学した学校でそのまま学業を続けるため、観察課程は進路指導には全くつながらないのである。GODまたは普通教育コレージュの第6級と第5級の生徒は全く「自然に」普通教育コレージュの第4級と第3級に進級し、リセの第6級と第5級の生徒は同じように全く「自然に」リセで学業を継続する。第4級と第3級において、様々な学科（sections）の間で成績や適性に応じて生徒の入れ替えが行われるということがないのである。

この認識が1963年の改革の直接的な動機となった。この改革は、クリスチャン・フーシェ教育相よりも、むしろ、カリキュラム局長だったカペル大学区総長の貢献とドゴール将軍の意志に負うところが大きい。8月3日のデクレは最終的な進路分けの段階を2年ほど下流に移動させた。長期教育コースと短期教育コースの分かれ目は従来の第4級ではなく、第2級に変更された。観察課程とこの最終分岐点との間にある第4級と第3級が進路指導の課程となった。観察課程と進路指導課程の双方を普通教育コレージュおよびCES（中等教育コレージュ collèges d'enseignement secondaire：以降、CESと表記）という自律的な学校にまとめてしまわなければ、変化はたいしたものではなかっただろう。GODは分散しすぎており、専門の教員を割り当てることができなかったので、合併して普通教育コレージュを構成することになった。中等教育前期の学校の新設は原則的にCESの形をとり、またリセの前期課程もCESとして分離・独立し、リセは徐々に前期課程を失うことになった。

改革は決定的だった。もちろん、改革で中等前期の組織が完全に統一されたわけではないし、普通教育コレージュが属する初等教育と、CESが属する中等教育の差異が永続化される懸念すらあった[14)]。実際には、改革は普通教育コレージュとCESの教育実践上の差異（différences pédagogiques）を維持しつつも、これらを多機能的な学校の中に並置することで近づけた。その意味で、普通教育コレージュとCESの違いは薄れた。

CESは4つの並行したコースを含んでいた。古典、長期近代、短期近代および第Ⅳのコースで、このⅣ番目のコースは第6級と第5級では「移行」クラス（classes dites « de transition »）、第4級と第3級では「実践完結」課程（cycle « terminal pratique »）と呼ばれた。普通教育コレージュのほうは古典教育は行わず、したがって、残りの3つのコースに限定されていた。門外漢には謎めいているが、「長期」と「短期」の近代コースの違いはごく単純である。「長期」近代のほうは「リセタイプ」の教員が授業を担当し、「短期」近代のほうは

「普通教育コレージュタイプ」の教員が担当していたのである。長い歴史に由来する教授学上の違いは残っていたが、こうした違いが競合する学校の形で制度化されることなく、極めて近い学校の中で共存することになった。短期近代と、移行クラスおよび実践課程の全体を受け持つため、小学校教員や普通教育コレージュ教員がCESやリセの前期課程に入る必要があった。逆に、長期近代コースによって、特に現代外国語教育の免状を持つ中等教育教員が普通教育コレージュで教えるようになった。統合とまではいわずとも、すでに間違いなく接近があった。

3) コレージュの漸進的統一

改革の勢いは、この接近をさらに推し進めることになる。学校建設、行政、教授学のそれぞれのロジックが実際に同じ方向に向けて働きかけていた。

コレージュの改革の成功は、4学年にわたるこの中間的な教育課程を設置するために学校が新設されたことに負うところが大きい。就学率の伸びと生徒数の増加に伴い、いずれにしても学校の新設は不可欠にはなっていたが、コレージュとリセのどちらを建設するかで意味合いは異なる。コレージュの建設が選択され、素早くかつ安価な実現のために、学校建設が産業化された。1965年から1975年にかけて2,354校のコレージュが建設された。10年にわたり開校日数1日当たり1校が新設されたことになる。学校の新設により、当初は学校の校庭に急増されたプレハブ校舎で行われていることが多かった普通教育コレージュ用の施設が整った。また、リセから分離した中等前期課程用の校舎も整い、リセの収容能力に余裕ができたため、それを即座に利用して、バカロレア受験準備のための新たな学科（sections）が開設された。ほぼ10年ほどにわたりフランスの教育で大変動が続いた。毎学年の初めに新校舎に移転する学校があり、空きのできた旧校舎を別の学級が利用するという具合だった。こうした変化の中で、校舎による区別がなくなったためCESと普通教育コレージュの違いは消滅した。

こうした建設政策の背後には、生徒を年齢により分けようという意志の現れがあり、これは教育システムにおける新機軸だった。数十年前の教育システムは男女別学だったが、異なる年齢層が混在していた。新たな教育システムでは男女は混在するが（コレージュは男女共学）、年齢別の分離が行われた。普通教育コレージュとCESは11-16歳の年齢層に限定された。リセもやがて16歳以上の生徒しか受け入れなくなる。行政当局がリセの初等学級を次々と閉鎖し、中等前期課程を切り離したためである。学校制度の他方の端では、小学校完成級（classes de fin d'études 初等教育修了証書＝CEPの取得を準備）が廃止され、1967年からその担当教員と生徒が普通教育コレージュとCESの「移行学級」に転属することになった。1970年頃には小学校には12歳以上の生徒はほとんどいなくなった。普通教育コレージュとCESは同じ中間的年齢層の生徒を受け入れる点で共通しており、その違いはいっそう薄れた。

行政上の区別も少しずつ不明瞭になった。生徒の進路選択にとって、普通教育コレージュに古典コースがないことは不都合だったので、普通教育コレージュでも古典コースを開設した。こうした普通教育コレージュは、教授学上はCESの形をとり、教育内容は全ての点でCESに類似していたが、行政面では普通教育コレージュのままであり、初等教育出身の普通教育コレージュ担当指導者により指導されていた。これに対してCESのほうは中等教育出身の職員が指導していた。こうした行政上の微妙な区別のおかげで、指導者の引退を待った上で普通教育コレージュをCESに転換するという移行手続きを準備することができた。

教授学上の差異も曖昧なもので、十数年しか持ちこたえなかった。1968年の騒乱の後、エドガール・フォール教育相はラテン語教育の開始を第4級からに変更した。これにより、古典コースが消滅し、観察課程は3コースのみとなって、CESと普通教育コレージュの間に明確な違いはなくなった[15)]。これらの学科間の相違も薄れた。「長期」教育と「短期」教育は原則的には教員の資格の違いにより区別される。しかし、普通教育コレージュの教員の資格は向上した。1969年には普通教育コレージュの教員は独立した公務員集団を構成し（5月30日のデクレ）、初等教育教員の集団に所属することをやめ、養成期間も2年から3年に延長された。長期タイプのクラスを担当する資格のある中等教員がいない場合、普通教育コレージュの教員に代行させることがあり、その逆の場合もあった。加えて、普通教育コレージュの教員は次第にその特徴的な教育方法を放棄し、免状のある中等教員を真似るようになった。免状のある中等教員は普通教育コレージュ教員よりも、仕事の負担が軽く、報酬は良く、社会的威信も高かった。理論的には普通教育コレージュ教員は同時に2科目を教えなければならないが、大半の教員がそれをやめて、より社会的威信の高い同僚にならって専門化した。普通教育コレージュ教員の「2教科掛け持ち」がなくなり、普通教育コレージュ教員の4分の3は1教科しか教えなくなった。1974年にはI（長期）とII（短期）のタイプの学科が合併した。これにより、第6級と第5級には2つのタイプしかなくなった。普通クラスとカリキュラム軽減クラス（classes à programme allégé）で、後者は、「移行学級」を経由して、かつての小学校完成級を継承したものである。

アビ教育相による改革（1975年7月11日の法律、1976年12月28日のデクレ）が1977年の新学年初めに適用され、こうした変化を完成させた。改革は一方で中等前期の行政的構造を統一し、普通教育コレージュとCESの区別は完全に廃止されて、ともに単なるコレージュになった。他方で改革は観察課程の教育的構造を統一し、あらゆる形の学科分けを廃止した。これ以後、学科は「無差別化」されることになった。ただし、各校の校長は恐らくこれらの指令を順守しなかった。2人のジャーナリストが掘り下げた調査を行った末に、4分の3以上のケースにおいて、行政当局が複数の手段に働きかけてクラスの不揃いを制限していると評価した[16)]。しかし、形式上は全てのクラスは同一であり、家族に対して、そのように提示することができた。

フランスの中等学校はこうしてとりあえず最終的な形を見いだした。ただし、矛盾がなかったわけではない。勝ち残った教授法（pédagogie）は、高等初等教育のそれよりも、かつての中等教育のそれに近く、高等初等教育はより威信の高いライバルとの接近に抵抗し切れなかった。最近（1987年）になって、もはや普通教育コレージュの教員を募集せず、コレージュの教員として、中等教員免状取得者と高等教育教授資格取得者（アグレジェ教授）のみを任命することが決定し、中等教育の勝利が確定した。しかし、コレージュは、その無差別化された構造において、生徒の間に区別を設けない小学校に近づいた。言わば、年齢が高い生徒向けの小学校のようなものだが、そこでの授業は中等教員が担当しているわけだ。この逆説的な状況にこそ、今日のフランスのコレージュが抱える困難の根本的な理由がある。

4. おわりに

コレージュの創設はフランスの教育システムの決定的な変化を意味した。実のところ、コレージュの創設はフランスの教育を「システム化（mis en système）」したのである。それというのも、それ以前の、競合しあう中等学校と高等初等学校は本当の意味での「システム」を構成してはいなかったからだ。中等学校の構造的統一は、全ての生徒にとって完全に同じである小学校の後で、リセの差異化・分離された諸コースに向けた段階的な進路指導を保証する。それによって、コレージュは教育システムの中心的要素となり、全ての生徒が通過する中継点となったのである。換言すると、コレージュの機能が、フランスの教育全体の機能を左右するということだ。

コレージュの設立は、就学の普及と切り離せない。就学者の増加に合わせて特別な学校を作ったとしたら、これほど多数の生徒を中等学校に進学させることは難しかっただろう。全ての学校（公立と私立の合計）での生徒数を概算すると、ベルトワン改革の時点で150万人だった中等前期の生徒数は1980年代の初めには320万人に増えた。1958-1959年の就学率は、14歳で68.4%、16歳で43.5%、17歳で27.7%だった。1984-1985年にはこれがそれぞれ97.7%、86.8%、75.9%に達した。就学期間が実質的に3年延長されたことになる。これに伴い、フランス人の平均的教育水準は向上した。軍の精神工学（応用心理学）部（le service psychotechnique des armées）は定期的に20歳の成年男子全員を対象とする一般教育水準のテストを実施しており、テストの内容は過去30年変わっていない。採点法はテストが最初に導入された際に、受験者の半数が20点満点中の10点以上を取れるように調整された。1977年には平均点以上を得た徴兵適齢者の割合は55.11%だったが、1982年には59.56%に達した。フランス人は人口の減少や教育水準の低下を嘆きがちだが、多くの人の思い込みとは逆に、教育水準は向上している[17]。これは改革の成果である。

こうしたプラス面がある半面、コレージュの現実にはマイナス面もあり、その深刻さは世論も責任者らも明確に認識している。コレージュは病んでおり、その機能改善の必要性は議論されていない。社会党所属の教育相だったアラン・サヴァリがルグラン教授に依頼した報告書[18]は確かに激しい論議を引き起こしたが、深刻な問題があり、実際に困難があることは誰も否定しなかった。コレージュの現在の機能には3つのマイナス面がある。

1番目のマイナス面は学業失敗が多く、コレージュにこれを解決する力がないことである。1980年代半ばには、コレージュの普通クラスの生徒の25％が第5級を終えた後に、職業見習いに切り替えたり、職業リセのCAP（職業適格証）準備クラスに入ったり[19]、最悪の場合には、将来性のない特別クラスに入ったりしていた。落第も大幅に増加した。1961-1962年から1982-1983年にかけての20年間に、落第する生徒の割合は、第6級で7.6％から11.7％に、第5級で 9％から14.5％に、第3級で9.3％から12.4％に、それぞれ増えた。第4級では低下したが、0.4ポイントのみの小幅な低下だった。困難の増大がうかがえる。

困難の一部は、教育の構造がどのようなものであれ、いずれにせよ発生したであろう社会問題によるものと考えられる。家族の変化、団地のような一部の都市環境における疎外や逸脱、若者の特殊な行動パターンなどがあげられる。しかし、ルグラン教授をはじめとして、意見を求められた専門家の全てが、コレージュの困難に対する解決策としてその教育の多様化を推奨していることは、教育の画一化とそれによる不適応が明らかにネガティブな役割を演じたことを浮き彫りにしている。コレージュは画一教育により大衆の就学を実現した。これは生徒構成の具体的な多様性を無視しており、失敗の最初の要因である。さらに、この画一教育は実際の顧客層に合致していない。ターゲットとする顧客とその要望について勘違いしているのだ。実際には初等高等教育タイプの教育が要望されていたのに、コレージュは中等教育タイプの画一教育を提供してしまったのだ。コレージュは、発足当初からのこの食い違いがもたらす影響に苦しみ続けている。

現行のコレージュの2番目のマイナス面は、そこでの選抜の重要性にある。鉄道にたとえると、コレージュとは大きな操車場である、全ての生徒がコレージュを通過し、そこで異なるコースに向けて強制的に振り分けられる。この進路指導は1963年から開始し、1973年には非常に法的な用語で厳密に体系化された（2月12日のデクレ）。原則として進路指導は純粋に教育的な基準に合致し

表5-1　第2級の生徒の社会的出自（全国データ）

	1967-68 (%)	1973-74 (%)	1976-77 (%)	1980-81 (%)
全コース				
-労働者	27.1	27.8	28.6	30.2
-上級職	15.5	15.4	16.8	17.7
技術コース				
-労働者	34.6	34.6	35.5	36.6
-上級職	8.1	8.3	9.3	10.6
普通コース				
-労働者	22.1	21.8	20.7	23.0
-上級職	20.3	21.5	24.6	25.4
Cコース				
-労働者		18.4	19.1	18.1
-上級職		24.0	27.7	29.9

N.B. 上級職とは自由業と上級管理職を指す。
全国統計では1967-1968年に第2級のAコースとCコースを区別していない。

ており、生徒の能力、嗜好、成績に最も適合したコースに生徒を割り振るとされている。しかし、様々なコースの就職口は同じではないため、普通教育ならCコースからAコースまで、職業教育なら電子工学から車体製造まで、コース間に序列ができあがる。この序列は誰しもが知っており、「良い」コースに対する家族の需要が強まり、「悪い」コースの需要は低下する。しかし、生徒の進路指導先は既存のコースに限定されているわけで、既存コースの受け入れ能力を最大限に活用するのが正しい管理方法ということになる。そのため進路指導は実際には生徒の流れをいかに管理するかという官僚主義的手続きになり、教育の需給の行政的調整になってしまう[20]。

この手続きが機能するには、数学を中心とする生徒の成績と年齢という一見客観的なデータを考慮することになる。そこで、「進路を指導されたくない」、つまり、自分が望まないコースに行かされたくない生徒は、常に良い成績を収め、落第しないように努めざるをえなくなる。その結果、生徒は強まる選抜の圧迫を常時受けつつ勉強することになる。これでも確かに生徒は勉強するわけだが、こうしたやり方はフランスの教育の伝統的な欠点である詰め込み式の勉強を助長してしまう。優等生も平均的な生徒も有害な不安を感じ続けることに

表5－2　最終級と第2級の生徒の社会的出自（オルレアンの調査）：普通コース

	1947-49 (%)	1952-54 (%)	1957-59 (%)	1962-64 (%)	1967-68 (%)	1973-74 (%)	1976-77 (%)	1980-81 (%)
最終級								
AとE								
－労働者		10.1	14.5	16.3	18.6	18.6	15.5	18.3
－上級職		28.0	20.4	18.8	18.3	22.5	28.8	30.0
最終級								
C								
－労働者	7.3	7.6	9.7	16.0	17.9	14.9	13.9	8.8
－上級職	27.3	30.5	25.5	21.5	20.0	28.1	34.6	39.9
第2級								
普通								
－労働者	8.7	15.5	17.8	21.5	18.0	17.4	19.8	20.2
－上級職	26.4	17.5	17.6	16.2	19.7	28.9	27.0	27.9
第2級								
C								
－労働者	16.3	10.3	5.8	11.3	13.8	14.9	13.8	15.5
－上級職	18.4	25.6	47.7	27.8	22.7	31.5	31.1	34.1

出典：A. Prost, *L'enseignement s'est-il démocratisé?*, *op. cit.*, pp. 133, 145 et 149.
1965年以前の「最終級C」は基礎数学クラスを指す。

なり、性格的な長所、責任感、想像力などの発達が軽視される。生徒に対する強制的な進路指導によってコレージュは選抜を強化し、選抜した生徒の水準をかなり効果的に維持したものの、他方で普通教育（formation générale）にはマイナス面が生じたと思われる。

改革の3番目の失敗は性質が異なり、民主化に成功しなかったということである。「共通課程」を設けて、生徒を観察し、その能力に応じて最善の進路指導を行うというのが改革者らの表明した理想だった。第五共和政の改革者らはこの理想を捨てることなく、むしろ、学校教育の機会均等というテーマを自らの課題として引き受けた。しかし、新たなシステムの内部で、社会学的なマイナス要因が作用し続けた。むしろ、画一教育のせいで、新システムではマイナス要因に歯止めがかからなくなった。進路指導の選抜手続きは、年齢の高い生徒、つまり落第を経験した生徒、成績の悪い生徒、つまり社会の規則性に従えば労働者と一般事務職の子どもたちを、容赦なく排除した。全国的な統計は、

1973年から1980年にかけて、リセで最も威信が高いクラスである「Cコース第2級」への進学で社会的な選抜が強まり、また、度合いはそれよりも小さいが、普通教育の全てのコースでも社会的選抜が増したことを証明している。上記のオルレアンでの調査もこうした推移を裏付けているが、これは1945-1965年の推移と対照的である。第二次世界大戦から1960年代半ばにかけてはリセ普通科の最終級（高3）と第2級（高1）において労働者の子どもが占める割合が上昇したが、この時代以後は逆に低下した（表5-1および5-2を参照）。統一コレージュは、その創設時の意図とは裏腹に、民主化の手段ではなく、むしろ、恵まれた社会階層出身の生徒に教育システムの最も威信の高いコースにおける特権的地位を割り当てる効果的な選抜手段なのである。

その結果、異なるコース間に非常に巧妙な社会的序列化が成立した。1980年に、CPPN（職業前教育学級）またはCPA（職業見習準備学級）における労働者の子どもの割合は52.8%だった。これらは普通の学業についていけないが、職業見習にはまだ若すぎる生徒を受け入れる格落ちのコースである。職業リセのCAP（職業適格証）準備クラスやBEP（職業教育免状）準備クラスでは労働者の子どもの割合は52.3%だった。BEPは多少水準の高い職業免状だが、就職口は現業職（des emplois d'exécution）に限られる。鉱工業部門の技術バカロレアを準備する第2級のクラスでは、逆に、労働者の子どもの割合は34.6%に低下する。これは、労働人口に占める労働者の割合を少し下回る。またサービス業部門の技術バカロレアを準備する第2級のクラスでは労働者の子どもの割合は32%に低下する。さらに、当時の最も威信の高いコースである「Cコース第2級（理数系）」では、労働者の子どもの割合は18.1%へと大きく落ち込む。

以上の数値が示しているように、異なる社会階層の学校教育における不平等は顕著なままである。コレージュの創設はこれを解消するはずだったが、実際にはその場所を移し替えて、不平等を定着させたにすぎない。コレージュの創設は、教育システムの外での事前の排除を、教育システムの内側での、システム自体の働きによる、段階的な排除に置き換えた。事前の排除は初等高等教育と中等教育の競合のおかげで部分的に是正可能だったのだが、選抜を先延ばしにするために強制的な進路指導を行う体制が支配するシステムに学校を再編した改革によって、選抜は修正不可能なものになってしまった。以前は、労働者の子どもはリセの第6級（中1）にはほとんど進学しなかったが、小学校補習科を経た後で、リセの第2級（高1）に進学するケースが増加していた。1980年代半ばには、労働者の子どもは全員がコレージュの第6級に入ったが、第2級に進学する者の数は最早増えなかった。過半数がその段階以前に「進路指導」でふるい落とされるからだ。学校隔離と社会的隔離がいつ、どこで、どのように行われるかが変わっただけではない。それ以上に、ここでは社会移動の停止がみられるのである。

コレージュの改革は単に社会の階層化を強化しただけではない。社会階層が、あからさまに社会的な基準ではなく、学歴に基づいているように見えるよう仕向けることで、コレージュの改革は社会階層を正統化したのである。改革は様々な社会集団のメンバーに対して、各々の社会的地位を内面化し、メリットの違いの結果として自分の地位を受け入れるように促した。改革以前には、選抜の犠牲者は、自分たちにチャンスをくれなかったシステムの責任だと考えることができた。コレージュの改革は、社会的なマイナス要因を効果的に取り除くことなしに、見かけ上のチャンスを与えることで、生徒の失敗や成功を本人の責任にしてしまった。以前なら生まれの偶然のせいにできたことが、改革によって、個人的なメリットや無能力にされてしまった。学校教育の不平等の責任はもはや社会にではなく、個人にあるというわけだ。このようにして、コレージュは、個人の脆弱化という対価を払って、社会を強化した。当初は民主的かつ進歩的であろうとした改革は、時間とともに、不平等で保守的なものになってしまったのである。

【付記】

本章は、Prost A.,1997, *Education, Société et Politiques. Une histoire de l'enseignement en France de 1945 à nos jours,* Seuilの第4章「Ecole et classe populaire」の全訳である。プロ氏およびSeuil社の翻訳の快諾に感謝申し上げる。

注

1）F.ビュイソンの提案については、Jacques Gavoille, (1983), « L'obligation scolaire un quart de siècle après Jules Ferry: le législateur face aux réalités », Willem Frijihoff (éd), *L'offre d'école,* Paris, Publications de la Sorbonne et INRP, pp. 341-355を参照。

2）これらの改革案の最良の研究は、John Talbott, (1969), *The Politics of Educational Reform in France*, Princeton, Princeton University Press である。

3）« Esquisse d'une réforme générale de notre enseignement national »（我が国の国民教育の全般的改革の概要)。これは1922年の匿名論文だが、後に、Paul Lapie, *Pédagogie française*（フランス教授学), Paris Alcan, 1925, pp. 240-273 に収録された。

4）Jean-Pierre Briand, Jean-Michel Chapoulie, Henri Peretz, (1979), « Les conditions institutionnelles de la scolarisation secondaire des garçons entre 1920 et 1940 », *Revue d'histoire moderne et contemporaine*, juillet-septembre, pp. 391-421. 特に410ページ目のカーン大学区評議会に提出した報告書（1926-1927）を参照。

5）Jean-Pierre Briand, Jean-Michel Chapoulie, (1981), « L'enseignement primaire supérieur des garçons en France, 1918-1942 », *Actes de la recherche en sciences sociales*, n° 39, septembre, pp. 87-111.

6）Christiane Peyre, (1959), « L'origine sociale des élèves de l'enseignement secondaire en France », Pierre Naville, *Ecole et Société*, Paris, M. Rivière; Alain Girard, (1970), « L'origine sociale des élèves des classes de sixième », Institut national d'études démographiques, *Population et l'Enseignement*, Paris, PUF, pp. 32-45.

7）*Rapport annuel*, en date du 15 octobre 1964, archives du lycée Marceau, Chartres.

8）この調査の結果は、Antoine Prost, (1986), *L'enseignement s'est-il démocratisé ?*, Paris, PUF として発表された。以下でオルレアン地方についてあげた例は全てこの研究からの引用である。

9）Louis Girard, Henri Bastide, « La stratification sociale et la démocratisation de l'enseignement ». 初出は1963年の *Population*。後に *Population et l'Enseignement, op. cit.*, pp. 91-128 に再録。

10）SNESの機関誌 *L'Université syndicaliste* の1956年5月14日号に掲載された、SNESが実施した投票の結論。この投票では「共通課程」への支持が僅差で過半数を得たが（8,050票中の4,102票)、小学校教員がこれらのクラスで教えることは非常に明確に否決された（支持票は1,886票のみ)。「我々の」という所有詞は筆者が強調した。

11）Jean-Marie Donegani, Marc Sadoun, (1976), « La réforme de l'enseignement secondaire en France depuis 1945, analyse d'une non-réforme », *Revue française de science politique*, décembre, pp. 1125-1146 ; François-Georges Dreyfus, « Un groupe de pression en action. Les syndicats universitaires devant le projet Billères de réforme de l'enseignement (1955-1959) », *ibid.*, avril 1965, pp. 213-250.

12) Jean-Claude Ruano-Borbalanはこの主張を以下の論文で強力に展開した：*Le Syndicat national des instituteurs face aux projets de réforme et réformes de l'enseignement de 1945 à 1969. Essai d'analyse de l'idéologie d'une organisation à projet*, université de Paris I, 1990.

13) 1957年3月27日に議論された報告書の文章。Archives nationales, fonds de la DGRST et du ministère de la Recherche, versement 87/325, carton 3. 報告書の中心部分は以下で発表された：Présidence du Conseil, Conseil supérieur de la recherche scientifique et du progrès technique, *Formation et Orientation des scientifiques et techniciens, deuxième rapport d'enquête*, Paris, Desfossés-Néogravure, s.d. (1957).

14) この違いは行政手続きにおいてすら感じられる。我々がオルレアンの学校で実施した調査によると、CESの生徒名簿はリセのものに似ており、普通教育コレージュの生徒登録簿は小学校のものに似ていた。

15) 1968年10月5日と1969年7月3日のアレテは第6級と第5級のクラスのラテン語なしのカリキュラムを定めた。G.ポンピドゥーの大統領就任がこの点に関する変更を招き、1969年9月1日の通達により、第5級のクラス全体においてラテン語の入門授業が復活した。しかし、古典コースの区別は廃止された。

16) Hervé Hamon et Patrick Rotman, *Tant qu'il y aura des profs*, Paris, Ed. du Seuil, 1984.［関連文献：アモン（2009）「なぜフランスの教員は思い悩むのか」『日仏比較 変容する社会と教育』明石書店、pp. 171-181。］

17) この一節が書かれた後に、以下の著作が出版され、ここで述べたことを裏付けた：Christian Baudelot et Roger Establet, (1989), *Le niveau monte*, Paris, Ed. du Seuil.［関連文献：ボードロ（2009）「女性に役立つ学校」『日仏比較 変革する社会と教育』明石書店，pp. 245-258。］

18) Louis Legrand, (1983), *Pour un collège démocratique, rapport au ministre de l'Education nationale*, Paris, La Documentation française.

19) カペル（Capelle）改革（1963）はCAP（職業適格証）準備課程への進路指導をコレージュの終わり（第3級）に延期し、CAP準備課程を3年から2年に短縮することを予定していた。しかし、この目標は当時は実現できず、1980年代半ばまで、第5級の終わりが進路指導の重要段階だった。

20) 1986年9月29日付けの国民教育省・予測・統計・評価局の*La Note d'information* n° 86-39により、第3級の終わりにおける供給と需要の格差を数値化できる。78.3%の家族は子どもが長期中等教育で学業を続けることを望んでいる。家族との交渉後に、この比率は72.9%に下がる。しかし決定後に、実際に第2級への進学を指導される生徒の割合は60.6%にすぎない。

（渡辺　一敏 訳）

◆「第5章　学校と社会階層」解説

園山　大祐

アントワンヌ・プロは、歴史学者として日本でも愛読者は少なくない[1)]。戦争史や労働運動史など多くの著作がある。残念ながら彼の多くの教育史の著書に関する翻訳書は管見する限りない。今回、第一次世界大戦史の編纂作業のためセミナーにお招きすることは実現できなかったが、本章の翻訳の快諾をいただいた。編者はかねてから優先教育の歴史に関して交流があり、教育法規の作成に至る議事録や、大臣および事務次官の記録を基にした教育改革史については多くの示唆を得た。プロの代表的な教育史研究は、1968年刊行の『フランス教育史1800-1967年（*Histoire de l'enseignement en France 1800-1967*）』（Armand Colin）と1986年発刊の『教育は民主化されたか？（*L'enseignement s'est-il démocratisé ?*）』（PUF）がある。後者は、オルレアン市周辺における中等教育の大衆化の効果について考察したものである。1945年から1980年という複線型教育制度から単線型への移行時における庶民階層への影響を明らかにした。当時、ブルデューを始めとした社会学における階層の視点から中等教育の民主化に対する疑問が浮上している時であるが、歴史的に制度上の欠陥を指摘した貴重な分析であった。

本章（第5章）は、1992年にまとめられた『教育、社会、政治（*Education, société et politiques*）』（Seuil）は、1945年からの中等教育改革がどのような教育と社会の進展をもたらしたのかを明らかにしている。本章は、なかでも前期中等教育の改革、つまり複線型から単線型への移行が、いかに庶民階層においては、新たな落ちこぼれを生み出す装置となっていったのかを指摘している。量的な拡大（教育爆発）は、一見すると改革の成功にみえるが、実は統一中学校内における排除の構造が形成されてしまい、86年以降に制定された職業高校への改革まで影響を及ぼしていくことになる。不本意進学、落ちこぼれのレッテルを張られながらも、学業を継続しなければならない、そして本来考えられていた目的とは異なる負のイメージを職業系コースに与えていくことになる。80年代以降の後期中等教育の量的な拡大の背景には、こうした前期中等教育制度改革の負の遺産があることは興味深い点である。

2013年に『学校における変化（*Du changement dans l'école*）』（Seuil）は、再度、1936年から現在までの教育改革の進展を法令の制定の経緯を丹念に追いながら、時々の大統領や大臣の証言を基に、政治家の意図とその政策の結果について鳥瞰したものである。本章で触れた前期中等学校の複線型の制度が、この1958年から78年の間に徐々に単線化されていく様子が、生徒数の変遷からもうかがい知ることができる[2)]。前期中等教育段階（普通教育コレージュ、CES、リセ）において1958年時点で83万に在籍していた生徒が、68年には239万に増員している。それが70年代には300万を超えることになる。さらに、職業訓練センターも同時期に32万2千人から65万8千人に増えている。また高校においても同様に、34万から75万4千に膨れ上がっている。技術高校最終学年の生徒数は、1958年に65,000人おり、51,500人がバカロレアに合格していたが、1967年の技術バカロレア合格者は133,300人となっている。1963年のフーシェ改革（長期短期の古典・近代科と移行完成級をCESに統合）を受けて、前期中等教育後の進路は、21%が就職、46%（25%は職業系）が短期高校へ、そして残りの33%は高校に進学（10%が技術系、16%が普通系、7%が中退）していた[3)]。進路指導を最終学年に行うという政策立案者の意図に反して、このころは依然として中学入学時に将来の進路が決まっていたことは本章の示すとおりである。したがって、プロはこの60年代より、学業失敗や進学における階層間格差問題が起きているとする。この後、高等教育はこうした中等教育の拡大を受けて1966年以降に改革を行うが、高等教育の大衆化の問題も中等教育の進路決定のあり方に始まるとするのがプロの考えであり、本書のボーやオランジュの論稿にみられる社会問題の発端は60年代の教育改革にあるとする。本章とのかかわりで、次頁に示した1957-1958年の学校系統図（図5-1）とその20年後（図5-2）の比較をご覧いただくと、前期中等教育が75年のアビ改革のもとで統一化され、高校は職業高校と普通技術高校に分けられていくこと

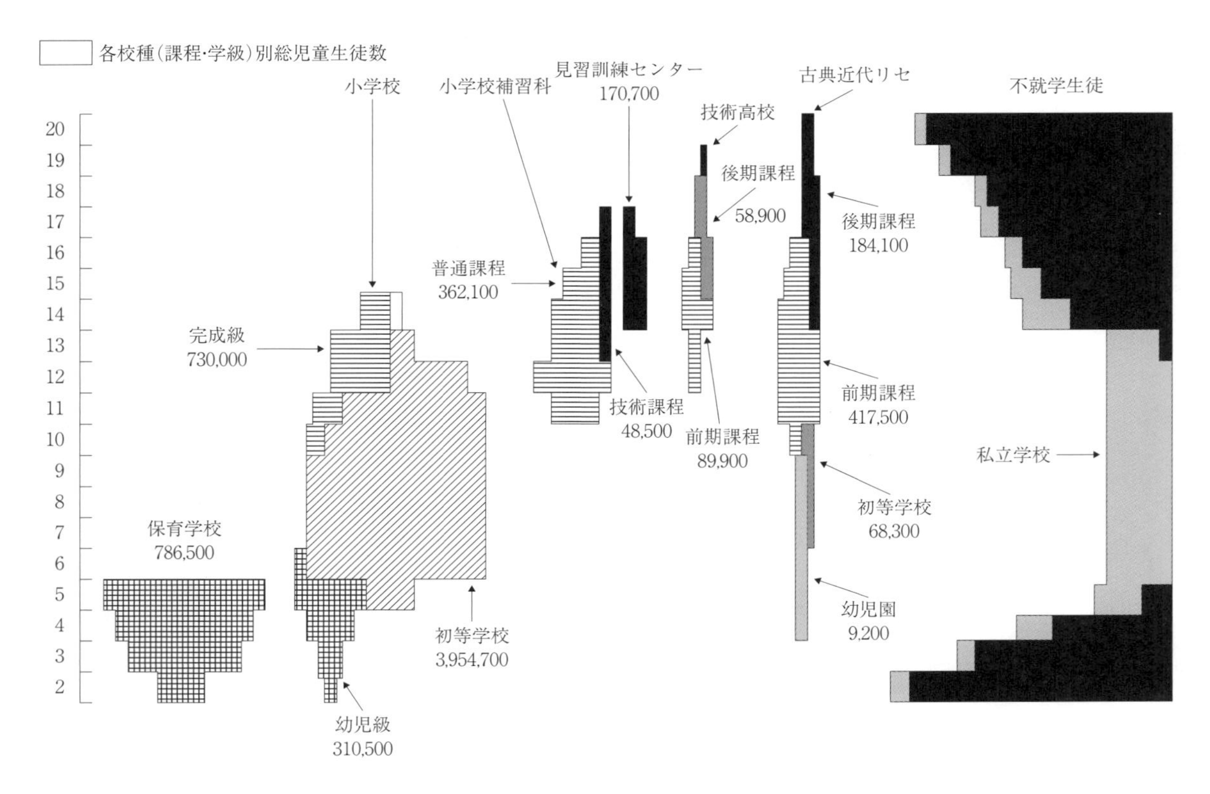

図 5－1　教育制度（1957-1958 年度：総数 719 万人の内訳）

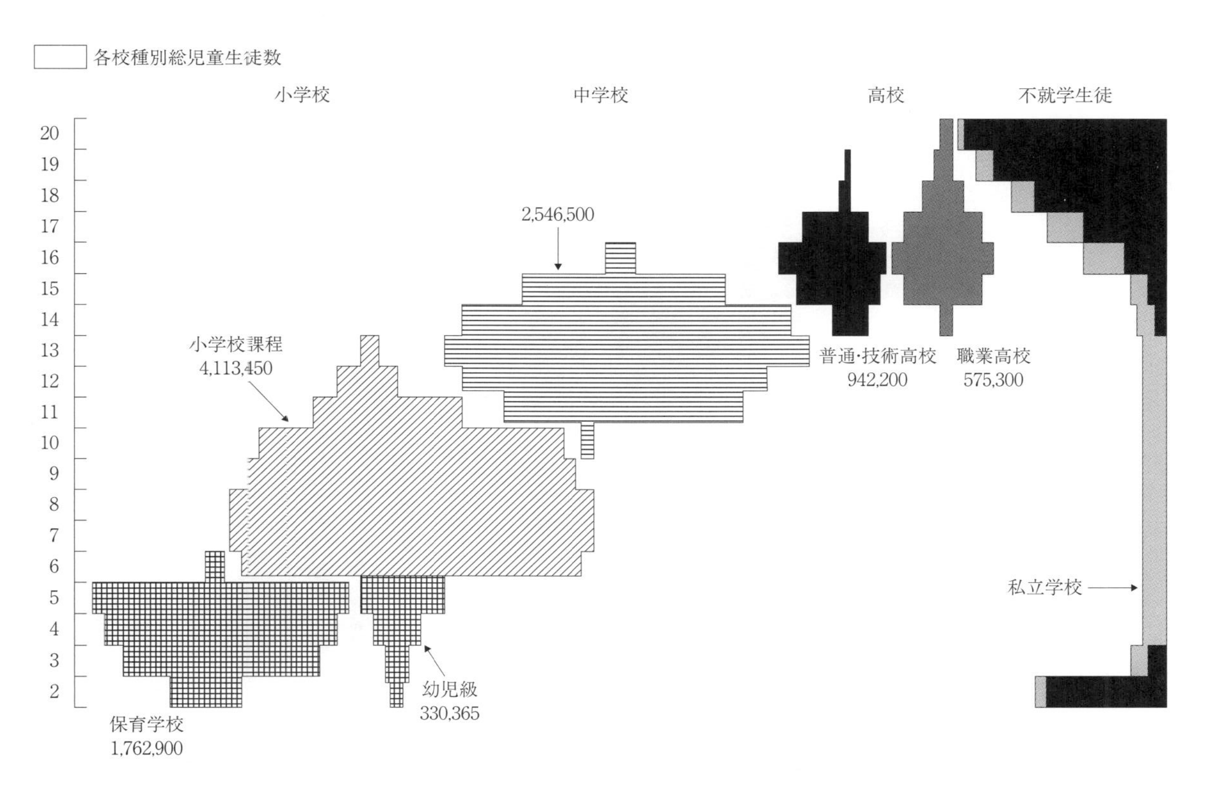

図5－2　教育制度（1977-1978年度；総数1,027万人の内訳）

が理解できるだろう[4]。

こうした教育制度の単線化および義務教育年齢の延長が庶民階層にも教育の機会を提供したことは間違いない。しかし、同時に選抜方法を平常点による留年（原級留め置き）制度のみにし、進路指導員との協議によって生徒の主体性を重んじる方法をとったことが、学校内部における選抜の文化を生み出したことは間違いないだろう。結果、本書でも明らかにされているように、こうした不可視的な選抜の方法を理解できる生徒および保護者にしか、つまり充分な学歴経験に裏打ちされた学校知の有無が、生徒の学業達成には少なくない影響を与えている。さらに、社会階層の再生産を固定化してきたと言える。そのことは、常にメインストリームであるエリートコース（古典近代高校）に吸収されていった中等教育制度史の影響は、大きい。そのため校種は単線化されても、同一校種内における系・コース等によって細分化、選抜が行われてきた。

ウヴラールが明らかにしたように[5]、教育の長期化が果たして教育の民主化の助けとなるかは疑問であり、今日の改革にみられるように、学校知を持たない家庭の子どもの早期発見と、早期専門的支援が求められる。2005年から始められた障碍者法には、そうした特別なニーズへの対応が認められている。遅ればせながらプロの提唱する庶民階層に適した小学校補習科や高等初等教育の教授法が見直されていることは、注目に値する。近年のフランスの国民教育省が推進する革新的教授法（可視的な教授法、生徒の差異に応じた教授法）は、本書のボネリーらの研究の成果もあり、ようやく広められ始めた。このことが、プロの言葉を借りれば、コレージュの「システム化」による中等教員免状の威信と特権的地位を割り当てる選抜の正統化を見直す契機となることを祈るばかりである。

注

1）アントワーヌ・プロスト著（村上眞弓訳）(2004),『20世紀のフランス』（新装版）、昭和堂。
2）Prost A, (2013), p. 106.
3）Prost A, (2013), pp. 103-104.
4）Prost A, (2013), pp. 118-119.
5）Œuvrard F., (1979), « Démocratisation ou élimination différée ? », *Actes de la recherche en sciences sociales*, n° 30, pp. 87-97.

第6章

コレージュにおける学業成績に
社会空間的隔離が及ぼす影響

ダニエル・トランカール

1. はじめに

一連の研究機関・研究分野（都市、住居、労働社会学など）にとって、地域的ダイナミクスは数十年前から研究の対象となってきた。しかし教育分野においては、こうしたダイナミクスは長い間それほど注目されなかった。地域的な分化が確認されても、これを測定し、解釈するとなると困難が多い。分化は地理的、歴史的、経済的、人口的、政治的な諸要因の複雑な組み合わせに由来している可能性があるためである。

学区の違いによって、特にコレージュ（フランスの前期中等教育機関）の入学及び卒業の時点で、学業成績はどのように異なるだろうか？　そこで認められた差異をどのように理解すべきだろうか？　このようにして観測された際立った差異の根底にある主要因とは何だろう？

本章は（国民教育省 MEN と国土整備庁 DATAR による）省庁間プロジェクト募集の枠内で、2002 年から 2006 年にかけて実施された『教育の社会・空間的不平等――隔離プロセス、社会資本及び地域政策』研究に依拠している。この研究は 2010 年に『学校、競争の罠――フランスの学校の衰退を理解する』（La Découverte « Cahiers libres » 2010）という題名で出版された際に改定された。同研究は上記の問題や、学校間競争との関係における社会的隔離・学校隔離の問題に答えることを目的としている。

第2節では学校の不平等並びに社会的隔離・学校隔離に関する経験的研究から引き出せる教訓を再検討する。空間的単位（コレージュ、県あるいは大学区［地域圏に該当する教育行政単位］）内での社会的マイノリティ集団の不均衡な分配として規定される社会的隔離は、それ自体を不平等の一形態とみることもできるし、また、若者の学業成績、態度、将来設計などに悪影響を及ぼす可能性がある不平等の形とみることもできる。

第3節では公立のコレージュとフランス本土の諸県における社会的隔離の分析を提示する。まず、どのような社会的特徴を考慮することが可能かつ有益であるかを明らかにする。生徒人口の多様性、次いで、その地理的分布を検討する。特に、生徒の家庭が不安定な状況にある場合や、逆に社会的に「恵まれている」場合に、それが地理的にどこに集中しているかを検討する。次に、社会的に多かれ少なかれ隔離あるいは混合したコレージュにおける生徒の分布が県によってどのように違うかに注目する。最後に第4節では、フランスにおける学業成績の県間格差と、隔離プロセスの作用との関係性を証明する。PISA[1)]の最近の結果でも明らかになったことであるが、学力の獲得機会は生徒の社会的出身と密接に結びついていることは、ほかの多くの国以上に、フランスで特に顕著である。

2. 社会的隔離は学校間格差の源泉

教育社会学は60年代／70年代に、社会的不平等と学校間格差の関連性の研究により、学校と社会の関係を中心に構築された。教育制度の地理的不平等という概念を導入して教育制度の統一的性格を疑問視した研究も一部にはあったが、この時代の特徴はむしろ中央集権的な学校の解釈にあり、出身階層の概念が優先されていた。教育と地域的課題（地方分権化、地域重視政策、学区制度の柔軟化など）の関係のより系統的な検討を正当化するような一連の政治的・制度的な変化に伴って、空間的次元を取り込んだ研究が発展するには80年代を待たなければならなかったが、こうした研究は主に定性分析的なものだった（例えば、Barthon 1997; Broccolichi, Van Zanten 1997; Van Zanten 2000）。

90年代には社会学者、地理学者、経済学者が社会的・空間的隔離の系統的な経験的分析を提示した。

INSEE（フランス国立統計経済研究所）による国勢調査の度に、パリ首都圏の諸地区と諸コミューン（基礎自治体）[2)]の社会・経済的組織に基づいた類型的分析が行われ（Tabard 1993; 2002）、これによって地域的不平等の分析が可能になった。地域的不平等は1990年の国勢調査以後に拡大し、1999年以後は「失業が地域を構造化している」。

1975年と1990年の国勢調査を比較して学校の隔離と居住地の隔離の関連性を研究し（Rhein 1997）、著者は「社会職業的カテゴリーと国籍と子どもの数の間の相関性の強さと増加は、強い隔離プロセスの出現を証明している」と結論している。

イル・ド・フランス地域圏の空間の社会的分割に関する研究（Préteceille 2003; 2006）は、隔離とその変化の分析が、分析自体の記述変数や、空間の区分や、本来の意味での統計的方法の選択によって異なることを示している。しかし、著者は、1990年から1999年にかけて、IRIS[3)]のプロフィールの一般的動きが、人口の職業的ステータスの向上に向かったことを指摘している。このような一般的傾向にもかかわらず、両極の極端な空間タイプの格差は拡大した。したがって、イル・ド・フランスの空間における社会職業的プロフィールには二極化が起きたことになる。特に著者は、庶民的空間における上位並びに中位のカテゴリーの顕著な後退と、「恵まれた」空間におけるこれらのカテゴリーの増加を指摘している。

「フランスのゲットー」に関する2004年10月23日付けの寄稿で、エリック・モラン（Maurin 2004）は次のように強調している。「民主制に関する議論は近年進歩した。周知の通り、『ゲットー』とか『隔離』という言葉が最早タブーではなくなかったからだ。問題地区の現実を前に、昨日までの羞恥心や婉曲語法の多用は最早通用しなくなった。ただし、さらに新たな一歩を踏み出す必要がある。まだ多くの人が都市の分裂は主にマイノリティの被排除者に被害を及ぼすと考えているが、隔離のメカニズムは実際には社会全体を通貫するものであり、その周縁部のマイノリティのみに影響するわけではないという考えを受け入れざるをえなくなるだろう。」

このように社会的隔離は事実だが、それは学校間格差の原因だろうか？

地区レベルで明らかにされた社会的隔離は学校環境にも拡散している。パリの学校空間は、学校回避[4)]の慣行によって、いっそう階層化され、分断化されているように思われる（Poupeau, François 2008）。

パリの公立・私立のコレージュにおける社会的隔離の2005年から2008年にかけての変化に関する研究で（Merle 2010）、著者は、学区制の柔軟化に伴う隔離の増加を確認している。

フランスにおいては、学校間格差と関連した社会的隔離または隔離プロセスの研究はより稀である。こうした研究は、一方で、社会的・民族的構成または教育のオファー（外国語、選択教科など）のレベルでの学校間・学級間の階層化の増加、他方で、生徒間の学力格差の間に関係があることを報告している（Broccolichi 2011)。「スクール・ミックス」を巡るこうした研究は、より一般的に生徒人口の構成が学力にどのような影響を及ぼすかを評価するものであり、いくつかの研究が行われた[5)]。

社会的に対照的な学校の生徒の進歩に関する研究で（Duru-Bellat, Landrier-Le Bastard, Piquée 2004)、著者らは、「スクール・ミックス」の効果が体系的ではあるが、量的にはささやかなものであることを証明している。

ボルドー都市共同体における民族的隔離（「民族的混成」）の影響を中心的な主題とする別の研究（Felouzis 2005）を引用しよう。この影響はマイナスだが、全体として相対的に弱く、外国人生徒の割合が20%を超えるコレージュにおいて特に有意的である。教育オファー、特に教員の資格水準及び経験（初任者と2年以上の経験のある教員を区別）も生徒の学力に影響を及ぼす（Duru-Bellat et al. 2004)。

本章は、フランスの公立コレージュ間の全国レベルでの格差について実施された研究（Trancart 1998）を延長したものであり、この研究は特定の都市圏を対象としたものではなかった。本章では分析のレベルや隔離の測定に関する問題も提起している。また我々は、コレージュ並びに県レベルにおける学校間格差と社会的隔離の関係についての分析を提示する。

3. 地域間の大きな社会的不均質性

機会均等の問題は今日の教育政策の重要な課題である。この考察の枠内において、空間的単位（コレージュ、県あるいは大学区）内での社会的マイノリティ集団の不均衡な分布として規定される社会的隔離は、それ自体を不平等の一形態とみることもできるし、また、若者の学業成績、態度、将来設計などに悪影響を及ぼす可能性がある不平等の形とみることもできる。

我々はこの第3節において、複数の社会的隔離の測定法を提案するが、最初に、使用した社会的データ（章末のコラム参照）とその分布を提示するのが適切だろう。2001-2002学年度がこれらの分析の参照年となっているが、それは、同年度が研究の開始年に当たるからである。その前後の15年間ほどの変化が研究対象となっている。

1）フランスの公立コレージュの社会的格差

我々はまず、コレージュの段階、特に第6級（第1学年）に注目した。第6級では、コレージュ修了の少し前から開始し、特に修了後に多様化する進路選択（普通または技術リセ、職業リセ、農業リセ、あるいは、見習訓練）によるバイアスがないため、一世代をほぼ丸ごと考慮することができるという利点があるからだ。

学業達成の格差に関する既得知識に照らし合わせて、我々はまず、社会的カテゴリーを「非常に恵まれた」、「非常に恵まれない」及び「労働者（ブルーカラーを指す、以下同様）」に区分した。次に、第6級における外国人生徒の割合と奨学生の割合によって分析を補完した。コラム1は、これらのカテゴリーの出典、選択及び定義について補足的な説明を提供している。

コレージュの社会構成は非常に多様であることが確認される（表6-1）。一部のコレージュでは「庶民」階層出身の生徒の集中度が高いのに対して、裕福な階層出身の生徒が多数派を占めるコレージュもある。例えば、「労働者」カテゴリー出身の生徒の割合が16%にとどまるコレージュが全体の10%を占める一方で、その対極では、「労働者」カテゴリー出身の生徒の割合が55%に達

表6－1　フランス本国の公立コレージュ間の社会的格差（%）

	「非常に恵まれない」カテゴリーの生徒の割合	「労働者」カテゴリーの生徒の割合	奨学生の割合	外国人生徒の割合
平均（4,900 校弱）	9	37	25	5
最上位の 10% のコレージュ	2	16	9	0
最下位の 10% のコレージュ	18	55	44	13
ZEP(＊)のコレージュ（全体の 16.6%）	17	47	45	12

注：平均すると、「労働者」カテゴリー出身の生徒の割合は 37% だが、（最上位の）10% のコレージュではこのカテゴリーの生徒が 16% にとどまり、対極では、（最下位の）10% のコレージュでは 55% に達している。
（＊）ZEP：優先教育地域
出典と範囲：DEPP（評価予測成果局）、国民教育省、公立コレージュ 2001-2002 年度。筆者による計算。

するコレージュがやはり 10% を占める。ZEP（優先教育地域）のコレージュの社会構成は、社会的に最も「恵まれない」10% のコレージュの社会構成と重なることが注目される。

2）類型論または隔離指数に基づく社会的隔離の分析

我々は、社会集団の不均等な地域的分布に鑑みて、空間的隔離の概念を吟味するに至った。社会集団の不均等な地域的分布は複数のプロセス（不動産市場、企業の地域的集中、特定の社会集団と接近しようとする住民の意志など）の結果である。我々は、ある地域に困難が集中している場合、それが学業達成にマイナスな影響を及ぼすと考えている。こうした社会的隔離はまた、若者の態度、計画、学業的期待や、教員のキャリア選択にも直接的な影響を及ぼす。

全国レベルでのコレージュの社会的混成状態を測定し、その変化を評価することを可能にするような量的研究は稀である。実際、均質的な情報源を確保し、定量的問題を扱うには、一連の適切な指数を構築する必要がある。大別すると 2 種類のアプローチがある。一方に、複数の指標を起点とする類型論の構築に基づくアプローチがあり（多次元的アプローチ）、他方では隔離指数の計算に基づくアプローチがある（一次元的アプローチ）。前者にフランス的な方法論の特性を、後者にはアングロサクソン的な方法論の特性を認めることができる。

2－1）フランスの公立コレージュの社会的多様性を明らかにする類型論

前述した社会経済的データ（コレージュにおける奨学生の割合、「非常に恵まれた」社会的カテゴリー出身生徒の割合、「非常に恵まれない」カテゴリーに属する生徒の割合、「労働者」のカテゴリーに属する生徒の割合、及び外国人生徒の割合）を起点にして、コレージュを６つの集団に分類する類型論（上昇階層的分類法で得られた）が構築された。

この類型論により、「非常に恵まれない」２つのコレージュ集団が明らかになった（図６－１の集団Ｅと集団Ｆで、合計するとコレージュ全体の12％を占める）。平均して、両集団のコレージュでは、労働者の子どもが45％近くを占め（コレージュ全体での平均は37％）、奨学生の割合が極めて大きく（全体平均が25％なのに対して、集団Ｆでは60％、集団Ｅでは45％）、外国人生徒の割合も極めて大きい（全体平均が５％なのに対して、集団Ｆでは10％弱、集団Ｅでは22％）。反対に、12％のコレージュ（集団Ａ）では、「非常に恵まれた」カテゴリーの割合が極めて大きい（全体平均が15％なのに対して、40％強）。他の３集団であるＢ、Ｃ及びＤの場合、Ｂはかなり「恵まれて」おり（コレージュ全体の32％を占める）、Ｃは「労働者」（全体の27％）、Ｄはどちらかといえば「恵まれない」（全体の27％）（図６－１）。

我々の研究では大学区レベルでの分析よりも県レベルでの分析を優先した。これは、同じ大学区の中でも県によって状況や結果に大きな違いが出てくるためである。

前述の集団内での県の分布は偶然ではない。各県内でコレージュの６つのカテゴリーの各々が相対的にどのような割合を占めるかをみることで、県内の格差だけでなく県間の格差も明らかになる。例えばパリの場合、両極のカテゴリーの集中（「非常に恵まれた」Ａ集団が46％、「非常に恵まれない」Ｅ集団が30％で、「外国人生徒」の割合が極めて高い）が特徴である。県間の対照的なプロフィールは、当該地域で観察される社会的不平等を反映している。そこでは社会的隔

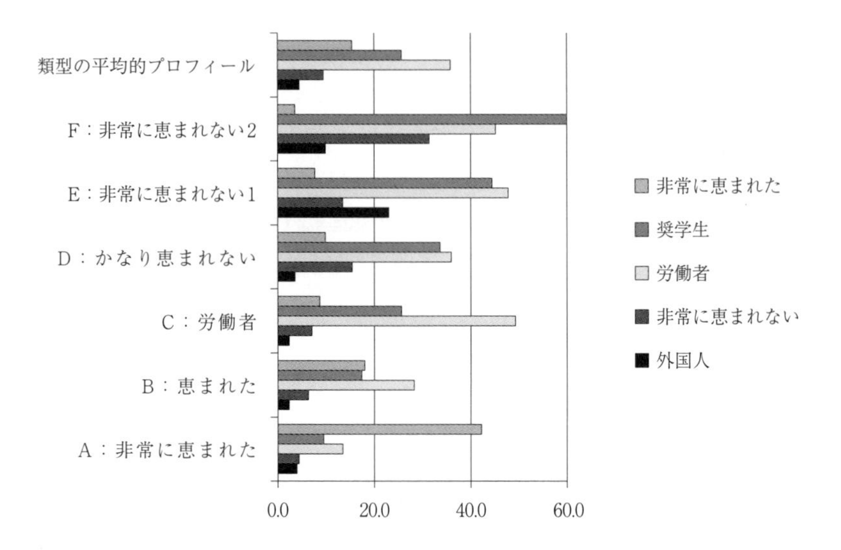

図6－1　フランス本国の公立コレージュの類型論における類型のプロフィール（単位は％）

出典と範囲：DEPP（評価予測成果局）、国民教育省、公立コレージュ 2001-2002 年度。筆者による計算。
注：いわゆる「非常に恵まれた」コレージュの類 A では、生徒の社会的分布は以下の通り：「非常に恵まれた」カテゴリー出身の生徒が 40% 強、奨学生が 8%、労働者の子どもが 12%、「非常に恵まれない」カテゴリー出身の生徒が 3%（生徒の保護者は失業者か無職者）、そして、外国人生徒が 3%。

離が他地域よりも大きいのである。

この分析により、ある地域の社会的状況とその不均質度が明らかになる。しかし、この方法は、下記に提示する総合的指標に基づいた通時的分析には適していない。

2－2）分離指数

最初に、複数の記述的変数に基づく社会空間隔離の分析で非常に頻繁に用いられる不平等指数を紹介した上で、次に、地域の社会背景（tonalité sociale）を分析するための単一の包括的指数を提案しよう。

＊集団の空間的分布の偏りを測定するための不平等指数

格差を分析する別のアプローチとして分離指数の計算があり、これには通時的分析を行えるという利点がある。

分離を問題にするということは、2つの生徒集団が同じ学校に就学しておらず、互いに切り離されていることを前提とする。これらの異なる生徒集団は、前述した、使用可能な社会的変数に基づいて定義できる。即ち、「非常に恵まれない」(あるいは、そうでない)社会的カテゴリーに属する第6級の生徒、「外国人」の(あるいは、そうでない)生徒、または、より一般的にマイノリティの(あるいは、そうでない)集団に属する生徒、というように定義できる。

学校の隔離問題または社会的隔離問題に関する研究では多くの指数が用いられているが、どれも異論なく受け入れられているとは言いがたい[6]。最もよく使用される不平等指数は、様々な空間的単位における、ある集団の分布の偏りを測定するものである。ある集団が空間単位内で不均等に分布していれば、この集団は隔離されていることになり、その不平等指数は高くなる。集団間指数(2つの集団間の「偏差」)と単一集団指数(ある集団と理想的な平均的状況との「偏差」)のどちらも可能である。

前述の指数の代わりにジニ係数を用いることもでき、これは所得や資産の格差に関する研究でしばしば使用されている。

我々は、コレージュの社会構成の記述を可能にする変数の各々について、対象年毎に、1993年から2009年にかけての分離指数を計算し、比較した(表6-2から表6-4まで)。

- 非類似指数(L'indice de dissimilarité)《DS》(Duncan 1955)。これは、マイノリティ集団に属する生徒のパーセンテージを全てのコレージュで同一にするためには、マイノリティ集団生徒をどういう割合で移動させなければならないかを示す指数である。あるマイノリティ集団の分布を平均的分布と比較する単一集団指数(indice uni-groupe)であり、PISA(OECD生徒の学習到達度調査)でも使用されている。範囲は0から1までで、理想的状況を0、最も不平等な状況を1とする。
- 分離指数《S》は非類似指数《DS》の変形である。これは集団間指数で、範囲は0から1まで。マイノリティ集団の分布をマジョリティ集団と比較する。

• ジニ総合指数（G）。これも範囲は0から1まで。この指数は分布の不平等度を測るものである。完全な平等（マイノリティ集団の均等な分布）は0、完全な不平等は1に対応する。

最後に変動係数CV（標準偏差を平均で割った散布度の指標で、ここではパーセンテージで表示する）によって分析を補完する。変動係数が大きいほど、平均に対する散らばりが大きい。

表6－2　社会的に「恵まれない」カテゴリーに属する生徒の割合[*]をもとに計算した社会的分離指数の変化

年度	「恵まれない」生徒の％	非類似指数（DS）	分離指数（S）	ジニ総合指数（G）	変動係数（CV）[1]（％）
1993-1994	44%	0.28	0.16	0.22	39
1999-2000	44%	0.28	0.16	0.22	38
2001-2002	43%	0.28	0.16	0.22	38
2003-2004	44%	0.29	0.16	0.23	40
2008-2009	43%	0.28	0.16	0.23	40

注：（＊）「恵まれない」カテゴリーに属する生徒の割合は、「労働者」の子どもの割合に、「非常に恵まれない」カテゴリー出身の子どもの割合を足して得られる（囲み記事1を参照）。
（1）変動係数（CV）は標準偏差を平均で割ったもので、％で表示される。
出典と範囲：DEPP（評価予測成果局）、就学、公立コレージュ、フランス本国、筆者の計算。

表6－3　「外国人」生徒の割合をもとに計算した社会的分離指数の変化

年度	「外国人」生徒の％[1]	非類似指数（DS）	分離指数（S）	ジニ総合指数（G）	変動係数（CV）[1]（％）
1993-1994	8%	0.48	0.43	0.57	127
1999-2000	6%	0.50	0.48	0.61	140
2001-2002	5.6%	0.50	0.475	0.62	143
2003-2004	4%	0.53	0.51	0.66	152
2008-2009	3%	0.61	0.59	0.76	198

出典と範囲：DEPP（評価予測成果局）、就学、公立コレージュ、フランス本国、筆者の計算。
注：（1）各々のコレージュと変数のそれぞれについて偏差値を計算する。それには、コレージュの初期値から平均値を引いて、標準偏差で割り、次に、こうして得られた一連の偏差を、同じ尺度に揃えつつ、代数和を計算する。このタイプの指数はすでに過去の研究で使用された（Trancart 1998）。

表6-4 「非常に恵まれない」生徒の割合をもとに計算した社会的分離指数の変化

年度	「非常に恵まれない」生徒の %	非類似指数 (DS)	分離指数 (S)	ジニ総合指数 (G)	変動係数 (CV)[(1)] (%)
1993-1994	10.4%	0.27	0.24	0.34	66
1999-2000	9.5%	0.30	0.27	0.38	76
2001-2002	9.6%	0.31	0.28	0.38	78
2003-2004	9.8%	0.33	0.30	0.42	86
2008-2009	8.1%	0.34	0.31	0.44	95

出典と範囲：DEPP（評価予測成果局）、就学、公立コレージュ、フランス本国、筆者の計算。
注：(1) 各々のコレージュと変数のそれぞれについて偏差値を計算する。それには、コレージュの初期値から平均値を引いて、標準偏差で割り、次に、こうして得られた一連の偏差を、同じ尺度に揃えつつ、代数和を計算する。このタイプの指数はすでに過去の研究で使用された（Trancart 1998)。

用いる指数がどれであれ、分析によって、「外国人」生徒と「非常に恵まれない」生徒の割合に関するコレージュ間格差のわずかな拡大、及び「恵まれない」カテゴリーに属する生徒の割合の安定化が確認される。さらに、「外国人」生徒の割合に関する格差が、ほかの格差よりも大きいことも注目される。したがって、この変数を採用した場合、学校間の分極化はいっそう大きい。これらの結果は、他の研究結果（Préteceille 2009）と合致している。著者は、パリ首都圏で民族的隔離が増しており、社会的隔離よりも顕著なことを指摘している。この集中の増加は、学区制の柔軟化策、学校間の競争強化、そして特に、ゲットー地区を伴う都市空間の変化などの複数の現象によって説明できる。

＊地域の社会背景を測る不安定性総合指数（Indice global de précarité)

前述の分析は、社会的隔離の単一指標につながるものではない。我々は総合的なアプローチを目指し、研究済みの社会的変数に基づいて、不安定性総合指数を算出した。この指数は、地域の社会経済的情勢[7)]が恵まれない場合はプラスであり、逆の場合はマイナスになる。各々の指標（「労働者」の割合、「非常に恵まれない」生徒の割合、「奨学生」の割合、「外国人」生徒の割合、「非常に恵まれた」生徒の割合）について平均的な状況にある地域の場合、指数はゼロになる。

社会背景が「非常に恵まれていない」（指数が3以上の）県は、主にフランスの北部に位置する（図6-2)。即ち、ノール県、パドカレ県、アルデンヌ県、

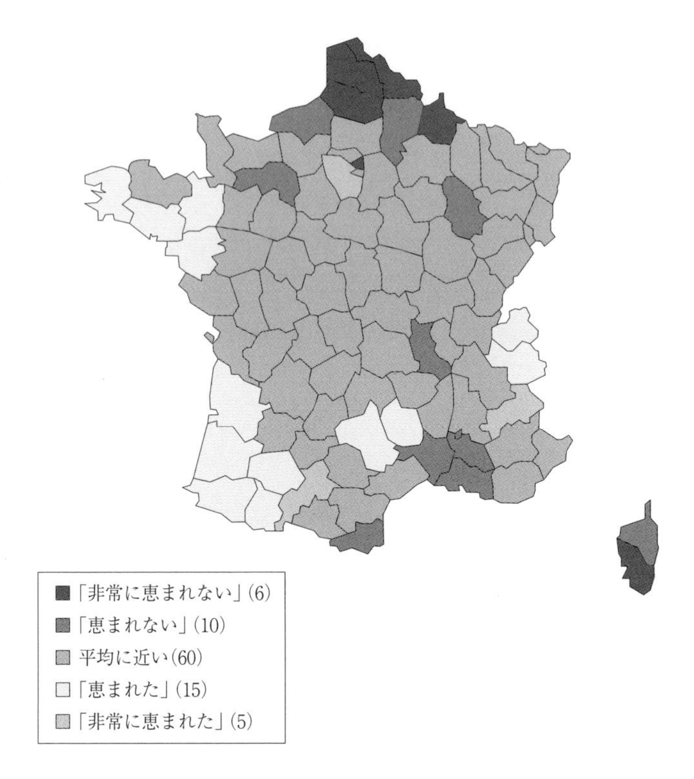

図6－2　フランス本国の諸県の社会背景

注：次の6県が「非常に恵まれない」：セーヌ・サン・ドニ県、ノール県、パドカレ県、ソンム県、アルデンヌ県及びコルス・デュ・シュッド県。
出典と範囲：DEPP（評価予測成果局）、就学、公立コレージュ 2001-2002 年度と 2003-2004 年度、フランス本国、筆者の計算。

ソンム県及びセーヌ・サン・ドニ県で、セーヌ・サン・ドニはほとんどの社会的基準について最も「恵まれない」県であることがわかる（また、イル・ド・フランス地域圏で唯一「恵まれない」状況にある県でもある）。フランス南部では、コルス・デュ・シュッド県だけが例外的だが、他にも地中海沿岸の5県で「恵まれない」社会背景（指数が2から3の間）が見られることを指摘しておこう。これら5県では、「非常に恵まれない」カテゴリーの割合は北部と同じだが（失業の地理的分布に合致した結果である）、「労働者」は北部より少なく、「非常に恵まれた」カテゴリーは北部より少し多い。

反対に、管理職や企業経営者の割合が最も高い3県はイル・ド・フランス地域圏にあるが（イヴリーヌ県、オー・ド・セーヌ県、エソンヌ県）、後に見るように、そこでの学業達成は、イル・ド・フランス地域圏全体と同じく、どちらかといえば期待外れなものである。「恵まれた」カテゴリーが明らかに優勢な地域圏はイル・ド・フランスのみだが、それ以外で、社会的に「恵まれた」家庭の割合が比較的大きい（指数にして−1から−2の間）のは主に南西部、アルプス、ブルターニュなどの地方である。

全体的な社会背景が同じ県の間でも、生徒の分布は大きく異なっていることもありえる。都市化の度合いが最も小さい地域では、生徒の社会的出身階層についてコレージュ間にほとんど違いがないことが多い。これに対して、都市化と隔離化の度合いが大きい地域では、コレージュは社会的特徴がより明確で、社会的階層化がはっきりしている。コレージュのレベルで見られるこうした隔離（ここでは不安定性総合指数の標準偏差で測定、表6-5を参照）は、部分的に居住地隔離を反映しているが、同時に、しばしば学区外就学の慣行によって増幅されてもいる。したがって、隔離が最も際立っているのがイル・ド・フランス（標準偏差が5に近い）であり、また、地中海沿いの南東部（標準偏差が4を上回っている）であることは驚くに値しない。南東部は、やはり都市化が非常に進んでいる地域であり、都市あるいは二分された地区に「非常に恵まれた」コレージュと「非常に恵まれない」コレージュがある（表6-5）。逆に、ランド県、オート・アルプ県、アルプ・ド・オート・プロヴァンス県、アヴェロン県、オート・ロワール県、ロット県、タルン県、タルン・エ・ガロンヌ県など、隔離の度合いが最も小さい県は農村部にある（標準偏差が1に近い）。

県レベルでのコレージュ間の隔離が一定の度合いを超えている場合、それは、学校に社会的混成の推進力が欠けていることの証拠であり、教育システムのバランスにとって懸念材料になる。こうした隔離はしばしば、学校を含む公共サービスの質の不平等と結びついている。こうした側面は都市政策に関する議論や、若者の学業失敗や暴力などの現象の分析でもよく問題になる。

社会的隔離と学力格差の関係は、フランスではほとんど研究されていないが、教育における比較研究の対象になってきた 。最も確かな研究成果の一つは、学校の社会的隔離が最も顕著な国々は、同時に、生徒間の学力格差が最も顕著

表6-5　多かれ少なかれ隔離されている諸県の対比

県	大学区	不安定指数	
		平均値	標準偏差
隔離の度合いが最も大きい県			
078 イヴリーヌ	ヴェルサイユ	−3.4	5.1
013 ブーシュ・デュ・ローヌ	エクス・マルセイユ	1.3	5.1
069 ローヌ	リヨン	0.2	4.9
075 パリ	パリ	−0.8	4.8
084 ヴォークリューズ	エクス・マルセイユ	2.1	4.6
092 オー・ド・セーヌ	ヴェルサイユ	−2.3	4.5
034 エロー	モンペリエ	0.4	4.4
隔離の度合いが最も小さい県			
040 ランド	ボルドー	−1.3	1.4
005 オート・アルプ	エクス・マルセイユ	−2.1	1.4
004 アルプ・ド・オート・プロヴァンス	エクス・マルセイユ	−1.0	1.3
012 アヴェロン	トゥールーズ	−1.2	1.1
043 オート・ロワール	クレルモン	−0.3	1.0
046 ロット	トゥールーズ	−0.9	0.9
082 タルン・エ・ガロンヌ	トゥールーズ	0.4	0.7

注：イヴリーヌ県の不安定指数は、平均値が大幅にマイナスであり（社会的に「恵まれている」データ）、標準偏差（散布度）は非常に高くて5.1に等しい（県内のコレージュ間の二極化または隔離の度合いが大きい）。

出典と範囲：DEPP（評価予測成果局）、就学、公立コレージュ2001-2002年度と2003-2004年度、フランス本国、筆者による計算。

な国々でもあるということである。我々自身によるフランスの県間比較研究でも類似の結果が出ており、こうした不平等の規模を明確にしたいと思うが、その前に、県毎の学業達成の平均をより包括的に比較する必要がある。

4. 就学条件による学力格差

最初の目的は、第6級［中1］での全国学力テストの平均成績が、県内のコレージュ生徒の社会構成に鑑みて予想される平均値と比べて、大幅に高い県、または、大幅に低い県を見つけることである。コレージュ段階での生徒の学業成績の分析は、「多かれ少なかれ都市化された地域のローカル市場におけるコレージュの地位」、つまり、コレージュ選択の不平等（Broccolichi 2011）を考慮していないので、バイアスがかかっていることを指摘しておこう。県レベルでの分析であれば、このようなバイアスがなく、就学条件による違いをより正確に示すことができる。

我々は単純回帰モデルに従って、第6級での全国学力テストの予想される成績を計算した（すなわち、不安定性総合指数だけに基づいたモデルにより予想される成績）[9]。観測された成績と予想された成績の差がプラスなら「高成績」、逆にマイナスなら「低成績」を意味する[10]。

半数以上の県において、観測された成績は、当該県の社会状況を測定するために用いられた指標に基づいて予想された成績とほとんど違わない（差は2％未満）。換言すると、これらの県においては、生徒の学力は、全国レベルで観測されるのと近い形で、生徒の社会的出自に結びついている。

逆に、他の20前後の県においては、観測された成績と予想された成績の差は非常に大きく、一見意外に見える。差が最も大きい8県は「低成績」となっている。これらの県で観測された成績は、生徒の家庭の社会的特徴に基づいて予想された成績を大きく下回っている。地図（図6-3）で見ると、これらの県が全てパリ盆地のイル・ド・フランス地域圏とその近辺に位置していることがわかる。ブーシュ・デュ・ローヌ県からアルプ・マリティーム県にかけての地中海沿岸にも、もう少し目立たないがやはり「低成績」の一連の県がある。

「高成績」はマシフサントラル（中央山地）、南西部、サン・テティエンヌ都市圏のあるロワール県で最高に達している。ロワール県を除くと、「高成績」の県には大規模な都市圏はない。それに対して、成績が予想を大幅に下回っている県ははるかに都市化と隔離化の度合いが大きく、その多くがイル・ド・フランスと地中海沿岸の最南東部にある。これらの県では、コレージュ間の格差と隔離や社会的出自の違いによる学力格差が極めて大きく、逆に、都市化の度合いが小さい「高成績」の県でははるかに小さい。このように、成績が予想を上回ったり下回ったりすることは、県と所属校の社会背景、県の都市化の度合い、あるいは、県内のコレージュの隔離の度合いなどに関係しているのである（Broccolichi, Ben Ayed, Trancart 2005; 2010）。

教員の特徴を調べると、「低成績」が最も顕著な県では、教員が若いことがわかる。教員の若さと「低成績」の関係については、2通りの解釈が可能であ

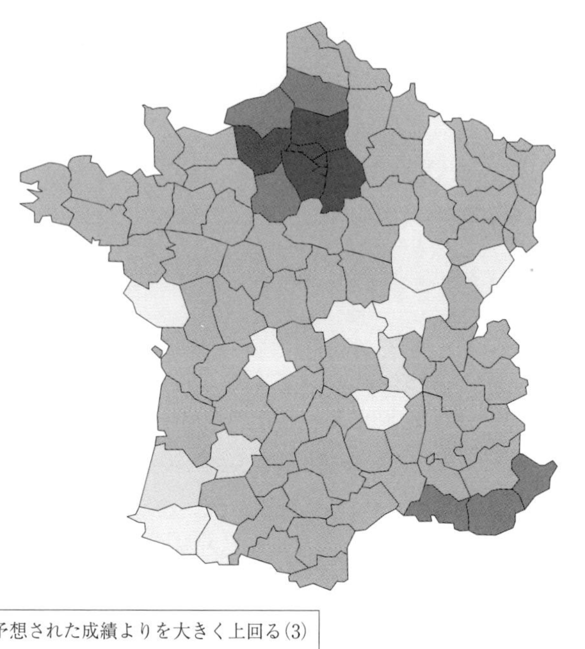

図6－3 「高成績」と「低成績」の県

注：県別の「高成績」と「低成績」は単純回帰モデルで計算されている。目的変数は第6級の評価の成績であり、説明変数は生徒の社会的特徴のみを考慮した不安定性総合指数である。イル・ド・フランスでは、観測された成績は予想された成績を大きく下回っている（最大級の「低成績」）。逆に、ロワール県、ランド県、ロット・エ・ガロンヌ県では最大級の「高成績」がみられる。
出典と範囲：DEPP（評価予測成果局）、国民教育省、フランス本国の公立コレージュ、第6級全国学力テスト（2001-2002年度と2003-2004年度の数学とフランス語の平均）、筆者による計算。

り、それらは恐らく補完的である。一つの解釈は、非常に若い教員の経験不足を「低成績」の原因と見るものである。しかし、教員の若さは、困難な状況下で年長の教員がより頻繁に転勤してしまう結果だとも考えられる。教員の在職年数の長さが、自分が働く地域や学校を選ぶ可能性に大きく影響することは周知の通りである。

極端なのはセーヌ・サン・ドニ県のケースで、近年のフランスのコレージュでは30歳未満の教員の平均比率は15%なのに対して、同県では40%が30歳未満である。ただし「低成績」の度合いが最大のほかの数県（オワーズ県、イヴリーヌ県、セーヌ・エ・マルヌ県など）でも、ZEP（優先教育地域）では30歳未満教員の割合が35%を超えている。対照的に、「高成績」の度合いが最大の諸県のZEPでは30歳未満教員の割合は全国平均に近い。最大級の「低成績」県では、最大級の「高成績」県と比べて、30歳未満教員の割合が2倍に達している。第6級の全国学力テストのかわりに、第3級［第4学年］の終わりでの中学校修了国家免状（DNB）の数学とフランス語の最終試験の結果をみても、やはり教員の若さと「低成績」の関係が再確認できる。「低成績」の度合いが最大の県はほとんど同じである（Broccolichi, Ben Ayed, Trancart 2005；2010）。

さらに、2006年から2009年までのDNBの成績を、県別、学校別、社会集団別に丁寧に比較すると、都市化・隔離化の度合いが大きい県においては、成績が全国標準を下回るのはブルーカラーと無職者の子どもたちだけではないことがわかる。これらの県では、中間的な社会集団（ホワイトカラー、中間的職業、職人、商人）の子どもたちも、他県の同等の社会集団に属する生徒よりはるかに成績が悪く、これは、（度合いは小さいが）管理職と教員の子どもたちについても言えることである（Broccolichi, Sinthon 2010）。

1）イル・ド・フランスの惨状

イル・ド・フランス地域圏のケースは特に興味深い。イル・ド・フランスにはコレージュの入学及び卒業の段階で最大級に「低成績」な県の大多数が集中しているが、他方で、同地域圏は社会的には全国で最も「恵まれて」いる。住民一人当たりの平均所得は最も高く、生徒の親に占める管理職や企業経営者の比率は最高で、失業は他の大多数の地域圏よりも少ない。DNBの成績[11]は、最大級に「低成績」の県のそれに近いが、様々な社会集団に属する生徒間の格差（及び学校間の格差）は、より顕著である。イル・ド・フランスでほかよりも失敗と格差の度合いが大きいことは、90年代と2000年代初めに様々な観測者の関心を惹いた[12]。それ以前の数十年間の観測結果と対照的だったことも、その一因である。もちろん、1989年以前には全国的な学力テストはなかったし、コレージュの修了試験はまだ一本化されていなかった。しかし、中等教育の就学率と修了者の割合に関して入手可能なあらゆる情報は、イル・ド・フランス（そして、イル・ド・フランスほどではないにせよ、南部の大学区）がフランスの他地域に先行していることを示していた。ところがその後、80年代半ばから、イル・ド・フランスは、都市化と隔離化の度合いがはるかに小さい多くの地域圏に対して相対的に後退した。1982年、1990年及び1999年の国勢調査に基づくイル・ド・フランス地域圏内諸県の社会的変化に関する研究（Broccolichi, Ben Ayed, Trancart 2005）は、「恵まれない」プロフィールを持つコミューンの増加と、「平均的な」社会的プロフィールを持つコミューンのほぼ完全な消滅という社会的分極化を明確にしている。居住空間のこうした社会的分極化は、学校間格差の拡大を促している。

全体的に、フィールド調査[13)]により、最大級の「低成績」は多くの学校で就学条件にトラブルがあることを反映していることがわかる。予想を下回る学業達成と結びついた極端なトラブルのケースは、しばしば、累積的なプロセスの結果である。即ち、困難に陥っている生徒の集中、熟練した教員の減少、学校に対する信頼の喪失、家族や教員による「危険な」学校の回避の増加などの累積である。一方、「高成績」のほうは、社会的に恵まれない生徒人口が就学しているところですら、熟練教員の割合の大きさと相関関係がある。「高成績」はまた、生徒のニーズにより適合した教育実践の一貫性と妥当性を強化する連続性、関係構築及び協力とも結びついている。特に教員グループの安定性が、教育の一定の連続性を保証し、それによって学業失敗の悪循環を食い止めることができる。

5. おわりに

社会的に恵まれない生徒人口の相対的規模を地域別に、様々なレベルで測定し、隔離化された都市空間でのこれらの生徒人口の集中度を把握することは、学力の比較分析の前提となる。社会背景が最も「恵まれない」県は主にフランスの北部とセーヌ・サン・ドニに位置している。さらに、社会的に「非常に恵まれた」学校と「非常に恵まれない」学校の併存を伴う最も顕著な社会的隔離はイル・ド・フランスでみられるが、地中海沿岸の南東部でもみられる。

我々の研究から引き出されるほかの2つの主要な結果は、様々なレベル（学級、学校、地域、国など）での多くの研究結果とも合致するが、一つは、全体的に最も低い学力は学校及び社会のレベルでの（生徒間、学級間、学校間）格差ないし隔離が最も大きいケースに対応しているということであり、他方は、最も困難に陥っている生徒が集中しているところで、最大の学力不足が観測されるということである。さらに、これらの量的研究の結果は、隔離、移動性／非移動性、スティグマ化の関係に関する一連の質的研究のおかげで、その価値がさらに高まることを付け加えておこう。

これらの結論は、（それのみを切り離して見た場合の）生徒人口の社会レベル、さらには学校レベルでの構成と、学力をあまりに機械的に関係付けようとする考え方を否定するものである。特に、「恵まれない」生徒人口が就学しているところでも、熟練教員がいると学業成績が良いことが観察される。フィールド調査が明らかにしているように、生徒人口の社会レベル及び学校レベルでの構成は、区別すべきであると同時に、可能な比較と移動の空間に置き直すべきである。また、こうした構成と非常に様々な形で相互作用する可能性がある就学条件の他の要因とも関連付ける必要がある。

【コラム1】

• 考慮したデータと変数

データは、前述の（国民教育省MENと国土整備庁DATARによる）プロジェクト募集の枠内で、国民教育省のDEPP（評価予測成果局）に依拠している。さらにそれを、90年代に実施されたより古い研究や、我々の研究結果の更新による最近の研究に関連したデータベースで補完した。最終的にこれらのデータは1993年から2009年まで、ほぼ15年間をカバーしている。その中には、フランス本国の公立コレージュの生徒の社会的出自、学校の特徴、第6級と第3級の全国学力テストの平均成績が含まれている。

• 社会的出自

生活条件及び就学機会の面で、極めて脆弱な人口集団の分布をある程度細かく把握したければ、通常のデータ編成で満足しないことが肝心である。これは特に、いわゆる「恵まれない」マクロカテゴリー（生徒の保護者の所属カテゴリー）に関するデータの編成について言えることで、これには、ブルーカラー労働者、年金生活者（ホワイトカラーまたはブルーカラー）、一度も働いたことがない失業者、無職者などが含まれている。

また、第6級での全国学力テストと中学修了認定試験（DNB）の成績を詳しく検討した上で、我々は特に、全国平均との成績格差が最も大きい社会集団を区別した。一方で「非常に恵まれた」カテゴリー（上級知的職業、管理職、一般事務職10人以上の企業の経営者、教員）、他方で「非常に恵まれない」カテゴリーである。後者のカテゴリーには、一度も働いたことがない失業者、無職者、さらに、学校が「失業」、「無職」あるいは「障碍者」という情報しか持っていない家族が含まれる。このカテゴリーは毎年の第6級の生徒人口の9%近くに対応し、学業に関する期待度が明らかに最も低い集団を構成している。したがって、その割合が地域によって大きく違うかも知れないことは無視しがたい。最終的に我々は3つの対照的な社会集団を取り上げた。「非常に恵まれない」集団、「ブルーカラー労働者」（ブルーカラー、ホワイトカラーまたはブルーカラーの年金生活者）、そして「非常に恵まれた」集団である。なお、この「ブルーカラー労働者」と「非常に恵まれない」集団は、古典的な「恵まれない」カテゴリーに含まれる。

• 奨学生［生活保護受給者］の割合

コレージュにおける奨学生の平均的割合を考慮することで、上記の社会的データを補完し、経済的指標を導入できる。

• 外国人生徒の割合

第6級の外国籍の生徒の割合も、コレージュの社会的環境を示すものである。全国的データは一部の変数の相互関係を明らかにしている。即ち、外国人生徒はフランス人生徒とは異なる環境に位置し、その就学の遅れや挫折はより深刻である。

コレージュの社会的特徴は、研究の開始年である2002年に研究されたが、我々はその後も結果がほとんど変化していないことを確認した。研究が開始した時点で、第6級と第3級の全国学力テストに関するデータは、まず2001-2002年、次いで2003-2004年について知られていた。そこで我々はこの2年間の試験結果の平均値を計算し、結果を平準化した。

【付記】

本章は、Danièle Trancart（2012），Quel impact des ségrégations sociospatiales sur la réussite scolaire au collège?, *Formation emploi*, n° 120, La documentation française, pp. 35-55 の全訳である。転載を認めていただいた著者および出版社に感謝申し上げる。

注

1）OECD 生徒の学習到達度調査（PISA）は 2000 年から 3 年毎に、各国の 15 歳の生徒が諸分野（数学、読解、筆記、科学）で学んだことを評価している。

2）類型は、対象者の職業的地位と居住する地理的単位における分布との関連に基づいて構築されている（職業と社会的カテゴリーの交差、雇用状況と活動分野）。

3）INSEE は国勢調査の枠内で、国土の均一な区分を用いており、これを IRIS（Ilots Regroupés pour l'Information Statistique　統計情報統合単位）と名づけている。

4）学校回避とは、学区で割り振られた地区の学校を回避することを指す。その結果として、特に既存の二極化がさらに加速し、「恵まれた」パリと「恵まれない」パリの格差が拡大する。

5）これらの研究の総括については、Duru-Bellat, 2004 を参照。

6）D. Meurret et al.（2001）は、これらの研究結果（ほとんどがアングロサクソン系）とそれが招いた論議を分析している。

7）各々のコレージュと変数のそれぞれについて偏差値を計算する。それには、コレージュの初期値から平均値を引いて、標準偏差で割り、次に、こうして得られた一連の偏差を、同じ尺度に揃えつつ、代数和を計算する。このタイプの指数はすでに過去の研究で使用された（Trancart, 1998）。

8）これらの研究の総括については、Duru-Bellat, 2004 を参照。

9）中学校修了国家免状（DNB）でも類似の結果が得られた。

10）第 6 級の全国学力テストについて、我々が個人成績のデータは得ていないことを指摘しておこう。

11）第 6 級の全国学力テストと DNB の試験の仕組みは異なる。しかし、第 6 級入学時のイル・ド・フランスの成績は全国平均を 5% 近く下回っており、DNB の数学とフランス語の成績は全国平均を 10% 以上下回っていることが指摘できる。

12）例えば、IAURIF（イル・ド・フランス地域圏都市計画研究所）は 2007 年に、『イル・ド・フランスにおける就学の社会的側面（*Les aspects sociaux de la scolarité en Ile-de-France*)』と題して、これらの問題に関する研究を総括する最初の報告書を作成し、また、2008 年 3 月には『教育と訓練に関する概略報告 No. 144（*Note rapide sur l'éducation et la formation, n° 144*）』（6 ページ）を作成した。これら2本の報告書はインターネットで閲覧可能である。また、クレテイユ、ヴェルサイユ、パリの各大学区におけるこれらの問題を取り上げた国民教育省総視学官の報告書も同じくインターネットで閲覧できる。

13）前述の記事、報告書、本を参照。

参考文献

Barthon C., (1997), « Enfants d'immigrés dans la division sociale et scolaire », *Les annales de la recherche urbaine*, n° 75, pp. 70–78.

Broccolichi S., (2011), « L'espace des inégalités scolaires », *Actes de la recherche en sciences sociales*, n° 179, pp. 4–13.

Broccolichi S. et van Zanten A., (1997), « Espaces de concurrence et circuits de scolarisation. L'évitement des collèges publics d'un district de la région parisienne », *Les annales de la recherche urbaine*, n° 75, pp. 5–17.

Broccolichi S., Ben Ayed C., Trancart D. (coord), (2005), *Les inégalités socio-spatiales d'éducation*, Rapport réalisé pour la DEPP.

Broccolichi S., Ben Ayed C., Trancart D. (coord), (2010), *Ecole : les pièges de la concurrence. Comprendre le déclin de l'école française*, La Découverte.

Broccolichi S., Sinthon R., (2010), « Libre choix, hiérarchisation des espaces scolaires et surcroît d'échecs », in Ben Ayed C. (Dir.), *L'Ecole démocratique*, Armand Colin, pp. 160–173.

Duncan 0. et Duncan B., (1955), "Methodological analysis of segregation indexes", *American Sociological Review*, n° 20.

Duru-Bellat M., (2004), *Les effets de la ségrégation sociale de l'environnement scolaire : l'éclairage de la recherche*, étude réalisée à la demande de la Commission du débat national sur l'avenir de l'École.

Duru-Bellat M., Landrier-Le Bastard S., Piquée C., (2004), « Tonalité sociale du contexte et expérience scolaire des élèves au lycée et à l'école primaire », *Revue française de sociologie*, vol. 45, n° 3, pp. 441–468.

Felouzis G., (2005), *L'apartheid scolaire : Enquête sur la ségrégation ethnique dans les collèges*, Paris, Édition du Seuil (avec F. Liot J. Perroton).

Merle P., (2010), « Structure et dynamique de la ségrégation sociale dans les collèges parisiens », Revue française de pédagogie, n° 170, pp. 73–85.

Meuret D., Broccolichi S., Duru-Bellat M., (2001), « Autonomie et choix des établissements scolaires : finalités, modalités, effets », *Cahiers de l'Iredu*, n° 62.

Maurin E., (2004), *Le ghetto français. Enquête sur le séparatisme social*, Paris, Éditions du Seuil.

Poupeau F., François J.-C., (2008), *Le Sens du placement. Ségrégation résidentielle et ségrégation scolaire*, Paris, Raisons d'agir. 園山大祐編（2012）『学校選択のパラドックス』第6章.

Préteceille E., (2003), *La division sociale de l'espace francilien. Typologie socio-professionnelle 1999 et transformation de l'espace résidentiel 1990, 1999*, Paris, OSC, FNSP, CNRS.

Préteceille E., (2006), « La ségrégation sociale a-t-elle augmenté ? La métropole parisienne entre polarisation et mixité », *Sociétés contemporaines*, n° 62, pp. 69-93.

Préteceille E., (2009), « La ségrégation éthno-raciale a-t-elle augmenté dans la métropole parisienne », *Revue française de sociologie*, vol. 50, n° 3, pp. 489-519.

Rhein C., (1997), « De l'anamorphose en démographie. Polarisation sociale et flux scolaire dans la métropole parisienne », *Les annales de la recherche urbaine*, n° 75, pp. 59-69.

Tabard N., (1993), « Représentation socio-économique du territoire, Typologie des quartiers et communes selon la profession et l'activité économique de leurs habitants », *France métropolitaine, recensement de 1990*, INSEE.

Tabard N., (2002), « Représentation socio-économique du territoire, Typologie des quartiers et communes selon la profession et l'activité économique de leurs habitants », *France métropolitaine, recensement de 1999*, INSEE.

Trancart D., (1998), « L'évolution des disparités entre collèges publics », *Revue française de pédagogie*, n° 124, pp. 43-53.

Van Zanten A., (2000), « De la diversité à la ségrégation scolaire » Dupuis P.-A, *L'école en devenir, l'école en débat*, L'Harmattan, pp. 15-27.

（渡辺　一敏 訳）

第7章

不平等との闘いから特殊性の拡大へ

ダニエル・フランジ
ジャン＝イヴ・ロシェックス

1. はじめに

本章は欧州8ヵ国における優先教育政策の比較分析である。これらの政策の変遷、その説明や目的、政策が用いる対象の限定方法や生徒の分類方法を分析することで、3つの「時期」あるいは3つの「モデル」が重なり合いながら継起する様子を描くことができる。

あるモデルからほかのモデルへ、あるいはある時期からほかの時期へ移るにつれ、民主化についての、そして知識・文化へのアクセスの社会的不平等との闘いについての政治的関心は後退する。同時に、とりわけ「リスクのある生徒」や「特別な教育的ニーズ」というメタ・カテゴリーを通じて、個人の「多様性」や「適性」や「ニーズ」に教育制度を適応させるという論理が明確にあらわれる。それは「能力のストックを活用する」という問題設定や、学業上の困難（あるいはその成功）についての個人主義的で本質主義的な解釈に結びつく。この論文は欧州優先教育政策（EuroPEP）の比較研究の結果に基づくものである。この研究では欧州8ヵ国（イングランド、ベルギー、フランス、ギリシャ、ポルトガル、チェコ共和国、ルーマニア、スウェーデン）における優先教育政策（頭字語でPEPと表す）やそれに相当する措置の分析が繰り広げられた[1)]。これらの政策は通常、就学の不平等を解決するために、特別な待遇や「対象を限定した」対策をとっており、それらは「もっとも持たざるものにより多くを（あるいはよりよく、あるいは別のやり方で）与える」ことで成立する。研究上の必要性から前もって与えられたこの定義は、観察対象の政策が状況や時代に応じて明らかに多様であることは説明しつつも、これらの特徴をことさら強調するものであった。それに「優先教育」という用語自体、1980年代初頭からフランスで呼称として通用していたせいで、フランス語読者にはよく知られていても、一般に使用されているものではない。（チェコ共和国のように）優先教育という言葉を使用していない国もあれば、（イングランド、ベルギーのフランス語圏共同体のように）使用を放棄した国もある。（フランスやポルトガルのように）優先教育という言葉を公式の行政カテゴリーとして用い続けている国においても、検討中の公的措置については重要な変遷や再定義が見られる。それによってこれらの措置はむしろ、特に「リスクのある集団向けの政策」と呼ばれるものに向けられるようになっている。

じっさい、これらの政策は1960年代に最初に形成されて以来多くの変化を経てきた。本研究によってそれを３つの「時期」あるいは３つの「モデル」として描くことが可能になった。すなわち、補償のモデルから排除との闘いのモデルへ、そしてさらに、多様性（「潜在能力」の多様性、「アスピレーション」の多様性、「資質」の多様性など）への適応、特別なニーズの考慮、リスク管理などのテーマを主要な信念とする新しいモデルの出現にいたるまでである。この変遷の理由は複合的である。すなわちそれは、PEPが学校教育制度の選抜的照準に対してもつあいまいな関係からくるものであり、また政策が解決すべき諸問題についての考え方からくるものでもある。それゆえモデルの変遷は、公然と討議された明白な政策的選択とはあまり関連がない。この変遷はむしろ、それらの政策の——そしてとりわけわれわれがここで問題にする当該生徒の対象の限定と分類の様式の——機能や形成方法に組み込まれた、さまざまな暗黙の理解や、前提事項や、知識の形態によって導かれる。この変遷は、たとえ学校教育機関がどうあるべきかという定義に関連するものでないとしても、不平等問題がかすんでゆく力学や、変遷によって生じる教育制度や教育コースの分節化に関連した数々の問題を提起してくれる。

2. PEPの3つの「時期」と3つの「モデル」

ここで使われている2つの概念、すなわち「時期」と「モデル」を用いることは、単純な進歩主義的思考に固執するのではなく、むしろ時間性の重複や繰り返しを明らかにしようとする配慮を示している。「それぞれのモデル」は歴史的に形成されたものとしての「それぞれの時期」であるが、われわれが行った比較のレベルで観察可能な実態は、これらのモデルの多くの要素が固有の形状に応じて、どのような点において重なり合い、組み合わされうるのかを明らかにしている。

1）補償政策

優先教育は、その第一期においては「補償」モデルのもとで考えられた。とくに1960年代に合衆国で実施されていた多くの措置を思い浮かべることができる。たとえばジョンソン大統領が始めた「貧困との闘い」を踏襲して生まれた「恵まれない集団に対する補償教育」の諸々の政策である。これら最初の政策とその少し後にヨーロッパ大陸で徐々に定着した諸々の政策との間の借用関係や親子関係についてはまだ疑問の余地があるが、ともかくそこには政治的・社会的な文脈に関連した比較的一貫性のあるモデルを浮かび上がらせるいくつかの共通点がある。これら最初の優先教育政策は福祉国家タイプの国で[2)]、*コンプリヘンシブ・スクール*型の教育機関の延長上に定着した。それはすべての人のための平均的な共通の学校のモデルであり、それ以前のエリート主義的学校教育制度から引き継がれた選抜的障壁を取り除いて機会平等を促進するものと考えられていた。

こうした事情から、英語でいう「教育的優先地域 *Educational Priority Area*」が1964年に、フランス語でいう優先教育地域 Zones d'Éducation Prioritaires が1981年（すなわち1975年に統一コレージュが実施された数年後）につくられた。1970年代のスウェーデン（1960年代のすべてのひとのための共通の学校 *grundskolan* の後）、ベルギーのフランス語圏（1989年に設置されたプログラムに、フランスの政策「ゼップ（ZEP）」の名前といくつかの特徴が見いだせる）、そして少し後のことになるが、ある意味では1990年のポルトガルにもこのモデルの要素を見いだすことができる（*Territórios Educativos de Intervenção Prioritària* の設置。以下、TEIPと表す）。

これらの政策はテリトリー化されていることがほとんどで、経済的・社会的困難が集中する都市部の諸地域において、学業に関連した不平等との闘いのために補足手段をもたらし、財政的・職業的・教育的リソースを集めようとする。多少とも長期間にわたる共通基礎をベースとした平均的な共通の学校の設立は、「学業失敗」や、教育課程・学業達成の社会的不平等という新しい社会問題を出現させた（Isambert-Jamati 1985）。大衆化、したがって学校教育制度へのアクセスの平等、以前の分割され分離された学校教育制度を問い直そうとした統一教育機関の創設は、さまざまな社会が実現しようとしていた学校教育機関の民主化を、それ自体では実現できなかったのである。これらの諸教育機関は公式に、そして明白に選抜的性格を残し続けたと言わねばならない。これらの諸教育機関がある世代から他の世代へと知の平等な共有を保証しようとするとしても、それらは能力主義的な機会平等の原則のもとにおいて自らの機能を構想したり準備したりするのであり、その原則は与えられた「財」を獲得するための所有競争を引き起こすことになる。しかもこれらの統一化政策は、形式的な面でも制度的な面でもなかなか実現しなかった。フランスに関してよく取り上げられてきたように、オプション［選択コース］の作用による隠れたコース別課程の維持または再建、のちに「学校疑似市場」として描かれるものを形成する漸進的な学校間競争、障碍をもつもののための部門に属する特別教育「課程」ないし専門教育「課程」の同時並行維持などは、統一化が実現しなかったことを示している。とりわけ、統一化政策が成功するかそれに近づく場合であっても、かろうじて具体化されるのは、機能様式、知識形成や知識伝達の様式の側面においてであった。

ある教育機関の民主化は、形式的な法律上の措置（義務教育年齢の延長、全社会階層男女すべての生徒の就学）だけにとどまり得るものではない。民主化は教育機関の通常の実践や機能の再構築をも要求する。学校による選抜は、学習が求める暗黙の要件に応じて、そして知識伝達の形式に組み込まれた認識上・社会上の前提事項に応じて、社会的選抜として実現する。それはある者の成功を促進することで、他の者たちの成功を難しくしてしまう。初期の優先教育政策は、このような文脈において補償モデルのもと、もっとも恵まれない人々が集中する集団、地域、学校、学校のネットワークに対象を限定した対策を媒介として、学業に関連した不平等を縮小し、さらには埋め合わせることに専念することで実施されていた。

しかしそのことは論争や批判を引き起こした。論争は初め合衆国で行われた政策についてなされ（Little & Smith 1971）、フランスでもイギリスでも繰り広げられた。論争は何人かの社会学者、それも決して少なくない社会学者の分析を通じて明確になり広まっていったが、彼らは一様に補償と民主化の間の緊張関係を指摘した。こうして、合衆国で行われていた最初の補償措置の詳細な研究について、V. イザンベール＝ジャマチ（1973）は「パターナリスティックで単純化された」政策の危険を論証した。同様に、イギリスの社会学者バジル・バーンステインは、「正当な知識の社会的定義やその知識の正当な利用に含まれる社会的前提を問題にしたり明らかにしたりする」よりも、「家族や子ども」に注意を向け、「学校の内的組織や教育的文脈」から注意をそらしているとして、これらの政策を非難した（Bernstein 1975 [1970]: 252-254）[3]。これらの研究者たちは、その後の研究者たち同様に、当時こうした補償措置の対策モデルや実践の大部分の基礎をなしていた欠損主義的な考え方やものの見方に特に抵抗した。当時流行していたある種の「社会文化的障害」理論によって維持されたこれらの見解は、学業失敗と家庭環境の、往々にして単純で一本調子の因果関係を発展させていった。このように庶民層の生徒たちは、社会的偏見の重圧を受けやすく、失敗による喪失は彼らの本質的な特徴とみなされ、もはや欠如とか最も持たない存在という言葉でしか定義されないほどであった。すなわち、文化の欠如、言語活動の欠如、興味関心の欠如、意欲の欠如、親からの感情移入の欠如、子どもの認識的能力の発展に否定的にしか作用しない貧しい文化など。したがって対策が可能な領域は極めて限られていた。欠損のイデオロギーは、教師の期待する範囲を閉ざして（子どもに対する教師の要求を下げてしまった）、学習に関わる格差を拡げるような教育的ポピュリズムや教育的悲惨主義の形式へと道を開いてしまった。民主化することが重視された一般的な学校教育制度のほうは、公正さ、すなわち能力主義的機会均等を中心的論拠に持ち出し、ますます選抜的で競争的になり、「社会的に特権を与えていく」機能の中になおいっそう固定化されるようになっていった。初期優先教育政策の結果は「期待外れ」(「期待外れ」という評価は、たとえばフランスでも合衆国でも見いだせる) と評価されることが多い。

「欠損主義的」構想 (あるいはその特徴のいくつか) は、有効性を問う別の角度からの研究によってこの点を知らされている公的政策の決定者にも、今日少なくとも原則としては棄却されているということを指摘しておこう。当局は「失敗」を「貧困」や「恵まれない社会階層」に直線的に結びつける説明の「運命論」に抵抗しようとしている。たとえばトニー・ブレアが率いる「ニューレイバー (新しい労働党)」[以下、新労働党] の歴代政府は、このテーマを自分たちの政治的言説の重要な争点とした[4)]。しかしながら政策断行主義は、与えられた目的を達成できない学校に対し、「成功の義務」やアカウンタビリティーの政治の名の下に強制的な措置が形成されることに関連して、「諸問題」のあらゆる負担、あるいはその責任を学校や現場の人々にだけ負わせようとする。興味深いのは、政策史において、当初の「外部化論的」アプローチに基づくものから (このアプローチでは、すべてはとりわけ [学校] 以前の段階に、さらに不平等が生まれることに対する学校側の措置や対策からはほとんど独立して、[学校の] 外部で決まるものであると考える)、今日経営論的な観点で刷新されている「内部化論的」[5)]アプローチに基づくものへの揺り戻しが、そこに見てとれることである。

この補償モデルとそれに付随する論争は、イギリス、スウェーデン、フランス、ベルギーにもっとも明確に認められる。私たちの研究が対象とした別の国々で実施されている優先教育政策のほうは、もう少しあとで別の政治的、社会的背景から形成されたものである。ギリシャとポルトガルは、就学の発展を抑制し妨げていた (とくにポルトガルで) 軍事独裁期から同時に (1974年) 脱却した。このため最初に挙げた諸国ではアクセスの平等と、機会または結果の平等の問題が続けて生じたのに対し、この2つの国はこれらの問題を同時に扱わなければならなかった。にもかかわらず、ポルトガルの状況は特異であった、というのも、TEIPの原則はおそらくフランス式ZEPモデルをベースにした特定の地域を設定する政策の原則に極めて近いものであったからである。

TEIPは1990年代中頃に創設されたが、早急に改革の対象となった。そしてもちろん、チェコ共和国とルーマニアの「共産圏」の政治的背景、1990年代初頭にそれが崩壊したという政治的背景を思い起こさなくてはならない。この2ヵ国には上に定義したような意味での補償政策はなかったようである。実際、このような背景においては優先教育政策の定義に対応するような現代の政策はずっと最近になってから始まったし、それゆえに「第三世代」の考え方のなかで直接的に始まったものであった。おそらくこれら2つの国に共通する政治史が、中央国家への不信を生み出し、その教育制度、とりわけかつての統一学校モデルの構造と機能の仕方を徹底的に問題視させたのである。教育制度についての改革と論争は、個人や家族の自由という意味での、さらに個人的・文化的・民族的多様性の認識と促進という意味での民主化の問題を重視する傾向をもっていた。それは民主化ということばを別の意味でとらえた場合の問題、すなわち教育課程や学業達成の社会的不平等を削減することに関心をいだくことと同じくらいか、それ以上に重視されたのである（Rochex 2008）。

2）第二期あるいは排除との闘い

補償モデルに対する社会学的観点からの批判によって、学校における実践と社会関係との関係に対する考察が早急に求められるようになった。補償に関する諸政策は、学校で行われる一般的な実践を、それがどのような認識的・社会的前提に基づいているか、それがどのように社会関係・生活習慣にうめこまれているかを明らかにすることによって変革していくことに努めなければならなかった。しかしもっとも大きな影響力をもったのがこの分析でないことは明らかで、優先教育政策の第二期で指摘されるべきは、むしろこれらの政策の目的そのものにおける変化であるように思われる。1990年代初頭からの優先教育政策は、排除との闘いを掲げており、学習から生じる不平等との闘いという目的をあまり重要視しない傾向にあった。この仕切り直しは、失業、長期にわたる社会職業参入の準備期間、学校や都市部における暴力、無免状・無資格での学校教育制度からの早期離脱などの新しい社会問題や、大いにメディア化された新しい関心事の到来に関連している。優先教育政策の対象者を定義するのに「リスクのある集団」というカテゴリーを使用したことは、この点において理解される。このカテゴリーは疫学モデルから直接取り入れられたものである。このカテゴリーはそのときまで、とりわけ保健衛生、麻薬中毒、逸脱行動、非行に関する研究の枠内で使用されてきた。

この変革は、新労働党政府による対策のもと、イギリスにおいてもっとも明示的に行われた。新労働党の歴代政府は、学業に関連した不利益に強い関心を寄せた際、平等や不平等という概念がこうした問題を理解するのに適切な概念枠組みを提供できるかという問いに、より曖昧な態度をとるようになっていった。考え抜いてとられた立場は、平等を促進すること以上に、社会的排除と闘い、社会的包摂を促すことであった（Giddens, 1998）。このことは、新労働党政府が政権につくとほとんどすぐに、社会的排除を特別に担う部門（ソーシャル・エクスクルージョン・ユニット、後にソーシャル・エクスクルージョン・タスクフォース）や 、この分野の政策を調整する部門を創設したことにあらわれている。わたしたちのイギリスの共同研究者たちが注意を促しているように、新労働党によってもたらされた社会的包摂の概念は、それ自体としては平等な社会ではなく、すべての市民が最低限の社会的な財（収入、機会、健康など）に無償でアクセスでき、共通の社会計画に自分自身が包摂されていると感じることができるような社会の創造を意味している。社会的排除とは、人々がこれらの社会的な財へのアクセスを阻む壁にぶつかるときに生まれるものである。こうした失業、収入の欠如、粗悪な健康状態、貧弱な公的サービス業務などのさまざまな壁は重なりあい、あるものが別のものに対して影響をおよぼし、特定のグループや特定の地区での排除の集中を生むこともある（Antoniou, Dyson, Raffo 2008）。

フランスの1989-1990年の優先教育政策と1998年の優先教育政策が異なるかたちで推進されたことについても、このように理解することができる。2つの時期の優先教育政策は、優先教育地域の数を大幅に拡大しただけでなく、優先教育政策を地域の「社会開発政策」にかなり近いものにし、社会開発政策は1990年からは「都市政策」に引き継がれた。このことを観察していた何人かは、依存のリスク、さらには「都市政策」によって優先教育政策が手段化していくリスクと、もっとも恵まれない子どもたちの学業達成を増進するという優先政策の当初の目的が、もっぱら「学業上の不平等の社会的管理」にすり変わっていくリスクに懸念を抱いている（Glasman 1992, Kherroubi et Rochex 2002）。目的の変化は、ポルトガルの初期 TEIP を改革した「新 TEIP」の実施においても見られる。そこで掲げられた目的が依然としてすべての人のための教育の促進だったとしても、社会的不平等や学業上の不平等についての指摘は、*困難な地域*に焦点を当てることでかすんでいく傾向にあった。それゆえ、新 TEIP の範囲はリスボンやポルトの都市圏に限られ、この選択は、「暴力、規律違反、放棄、学業失敗」の支配する「困難な地域」が集中するのはこれらの都市であることから正当化されたものの、そのような主張は欧州優先教育政策比較研究のポルトガルの研究者チームからは、いかなる研究にも基づいていない根拠のないものとみなされている。

この優先教育政策の新時代は、欧州諸国で広まった必要最低限の共通の学習・知識・技能というテーマ（キー・コンピテンシー）によって発展していった。デュベ（Dubet 2004）の表現を借りれば、「学業競争の敗北者たち」、すなわち免状や学校生活の有効証明をもたず学校から離脱し、認識に関わる知識があまり確実に身についていない、あるいは社会的・経済的に脱落者の境遇にあるような生徒の境遇を改善する狙いを、ここに見てとることができる。しかし他方で、学業競争は大いに高まっている。選抜の圧力が原因で競争は激しさを増しているが、それ自体はグローバルな社会・経済の機能のなかに学校教育制度が一定の場を認められることで生じうるもので、学校教育制度が市場の論理に統合されることによって強化されている。とりわけ、排除との闘いの原理を推し進めることで、問題を［不平等から排除へと］決定的に移動させることになった。

ここでわれわれはより明らかに、公正さのレトリックと、ロールズ（Rawls 1997）の理論からもたらされた「差異の原理」をめぐる諸問題にさしかかっている。この原理には数え切れないほどの解釈があるため、むろんここですべてをまとめることはできない。したがって別の解釈も可能である。とはいえ、このことが［学習的・社会的］弱者の学校生活を向上させるというものがいる一方で、そのことに危惧を覚えるものもいる。このような見解は、条件を平等にしたり不平等を生むものと闘ったりするのではなく、せいぜい不平等の影響を弱めるにすぎないというのである。さもなくば不平等を「公共の利益」と両立しうる（あるいは「有用である」？「許容しうる」？）ものとして扱うにすぎないというのである。実際、そのような目的は空想的で非現実的なものにすぎないというふうに、学習を平等なものにする条件や、万人による万人のための知識の獲得の条件をもはや考えなくなり、さらには思考可能な領域から外してしまう、そのようなリスクや傾向がしばしば指摘されている。

3) 新たなモデル？　リスク、ニーズ、潜在性

互いに関連するさまざまな国や議論にみられる政策の複雑さから、優先教育政策の第三のモデルの前提を特定することができる。第三のモデルは、特にインクルーシブ・エデュケーションの原理を受け入れる方向に、より正確には、実際のところあまり安定していないこの原理の再定義の方向に向かったように思われる。不平等との闘いから排除との闘いへの移行は、最終的に「リスク」を、起こりうるものとしてではなく、特定の個人または特定の人口集団に固有で、かつ特定の要因から生じる特徴とみなす傾向を高める。そこで考案された諸対策は、不平等を予防する、あるいはそれと闘うよりも、不平等を管理し、それらから予期される社会的・経済的影響を警告するということに狙いを定めるようなものとなる。第三のモデルがぶつかった問題はこのようなダイナミズムのなかにある。その場合、すべてのものが必要最低限の知識と技能の総体（キー・コンピテンシー）[6]を獲得するという目的を実行することは、学校で遭遇するさまざまな状況が示唆している、共通の学校という理念の崩壊にたいする歯止めの機能を果たすことになる。

学校空間はいまとなっては、学校教育の対象者をカテゴリー化する数々の形式から生じた、対象を限定した数多くのプログラムや対策によって、ますます分節化する方向へと向かっている。この分節化は、とりわけイギリスやチェコ共和国という大きく異なる国々でもみられるものである。これら2ヵ国における優先教育政策またはそれに相当する政策の限定的対象と見なされるカテゴリーの一覧が、何よりの証拠である。社会的に恵まれない階層ならびに／または国籍・言語・文化・民族マイノリティの家庭出身の生徒という「伝統的な」対象の限定方法やカテゴリーに、たとえば次のような別の対象の限定方法やカテゴリー化の様式が加わっている（イギリスの場合）。

- 難民または庇護申請者の子ども
- エスニック・コミュニティ出身または移住途中の子ども
- 病気の子ども、学習や行動に支障を抱える子ども、「特別な教育的ニーズの必要」のある子ども
- 妊娠中の女子高校生
- 天分や才能に恵まれているため同一の政策のなかに分類されている子ども（英才で才能のある生徒）
- 男子生徒または女子生徒（性別に応じた対象の限定の原則は稀）
- さらに「無関心や排除のリスクをもつすべての生徒」または基準点以下のすべての生徒

チェコ共和国では、同じようにおびただしい［優先教育政策の］対象者のカテゴリーを見いだせるが、さらにそこに、社会的に恵まれない集団として、民族的・文化的・言語的マイノリティとして、その人口集団自体が複数の定義をもつようなロマの子どもたちが加わる。

この「一覧」はまた、常に刷新され追加補足されることだろう。それはこの一覧が、「リスクのある集団」ないし「特別なニーズ」をもつ生徒の特定に関連した統計分析の方法の発達に結びついているためである。それは疫学分析モデルに基づいて、変数を変えては対象の限定をさらに正確でさらに詳細なものにしようとする。対象者の定義、すなわち優先教育政策における「特別な」手段の割り当ては、この場合、「事実」や「証拠」に基づくものとみなされる（エビデンス・ベイスド・ポリシー）。イギリスでは時に対象者の定義は技術的に高度なものになっている。それでも調査の途中で、カテゴリーに分割する作業がどのような点で規範的前提を取り込んでいるのかということをよく観察することができた。この作業は、学校教育制度やその選抜様式によって、そしてそれらの中において生産される「さまざまな社会的マーキング」を受け継ぐものであり、あるいは特定の人口集団をスティグマ化する諸々の関係を受け継ぐものである。そしてそれは学業失敗と学業成功の固有の定義に支えられながら、同時にそれらを政策の中心に据えようとしている。これらの規範的前提は、統計が著しく高度化され、かつ高度化が概念的な領域よりも技術的な領域において

のみ検討されているため、なおさら当然のものとして幅を利かせている。

その他の国では、対象の確定はそれほど明確に整えられているとは思われない。対象の確定は、圧力団体が主張する承認要求や分類方法（たとえばこれこれの人々に対して為された損害を償うなど）や、あるいはメディア化された出来事が主張する空間や対象者の取り扱いを受け継ぐものである。それは社会的諸集団間の象徴的な格付け闘争のなかにあり、就学をめぐる公正さの議論にも、その他の公共政策（社会政策、都市政策、厚生政策、移民政策、治安政策）への関心にも結びついている。むろん予算的・経済的な考慮によっても制約を受ける。しかし、方法がどのようなものであれ結果は同じようなものであり、「何となく似通っている」。欧州優先教育政策の比較研究から全体として明らかになったことは、ヨーロッパでは学校空間がますます分節化していく動きがあり、特定のカテゴリーの人々に対して規模の差はあれ多くのイニシアチブがとられているということである。分節化の強さや目立ち方には国によって差があるが、たとえばフランスでも分節化は見られ、そこでは「対象を限定した」（特別な）学校的・教育的措置が、公式に優先教育政策（それ自体が改革を重ねるうちにこのような方向に変化した）として位置づけられるもの以外にも存在する[7]。

3. 特殊性の拡大といくつかの論争カテゴリー

このようにあらわれた問題性は、ある点でインクルーシブ教育のレトリックを結集している。この問題性はとりわけ「特別または特殊な教育的ニーズ」（スペシャル・エデュケーショナル・ニーズ、SEN）のメタ・カテゴリーに基づいており、個人主義的な、そしてしばしば本質主義的なアプローチによって観察されるあらゆる形態の分類方法を再定義しつつ結びつける。とはいえ、特別な教育的ニーズというカテゴリーが支持していた当初のアプローチはこのようなものではなかった。実際、当初のアプローチはワーノック報告（Warnock 1978）によって支持されたイギリスの論争から生じたものである。そこでは特別な教育的ニーズというカテゴリーは、特別教育課程の存在によって形成される疎外のリスクを回避できるようなものでなければならなかった。それは障碍を医療面からのみならず教育面や社会面から分析することを重視し、多くの子どもを遠ざけるおそれのある「欠陥のある個人」モデルと袂を分かつものであった（Armstrong 2000; Plaisance et al. 2007）。しかしこのカテゴリーはそれ以来大きく発展し、教育研究革新センター（CERI）や経済協力開発機構（OECD）などの国際機関によって行われた体系化の重要な業績のひとつとなり（OCDE 1995, 2000, コラム参照）、次第にますます広義の、そして異なる性質の意味を帯びていった。

イギリスの初期の議論から、特別なニーズのカテゴリーに関連したインクルーシブな学校の原則についての強力な構想が登場する。それは学校を「すべての学習者が平等な基盤の上でアクセスする権利をもつような、すべての人のために開かれたコミュニティ」（Armstrong 1998）に変えていくということである。インクルーシブな学校についてのこのような解釈は、（文字通りの受け入れという）単純な「統合」の論理[8)]に甘んじないよう、生徒たちを特別教育へ追いやってしまうことを避けるいっぽうで、社会的に「選抜的で」「特権を与え」「ハンディキャップを与え」「差別的で」あるような一般の学校機能の見直しを迫る。

このような解釈は、カリキュラムや実践を考え直し、すべての人の学習を可能にするような教育形態を形成するための見直しや活力につながる。このような力強い解釈は、その推奨者たちが、市場の論理や、能力をめぐる個人の競争・選抜・成功を強く賞賛する価値体系に対抗して、それ自体がよりインクルーシブな社会に訴えることなくしては成り立たない。しかしこの［インクルーシブの］原則が国際的に拡張し、今日的言説のなかで解釈されることで、特別なニーズのカテゴリーは、再び障碍や差異の個人モデルに組み入れられてしまうことが多い。

今日、インクルーシブ教育の指示する対象は、「機会の平等」（OCDE 2008）の個人主義的原理を補うのに不可欠な「公正さ」の名において明確に議論されているが、この原理それ自体がことばに込められた意味によっては、教育制度の選抜的目的を維持するリスクをもつ。時代とともに特別なニーズのカテゴリーは大きく広がり、医療的・社会的・文化的・経済的・地理的・学校的基準と結びついて、時には雑多で、依然として規準から外れたすべてのものを指すようになった。とりわけこのカテゴリーが登場する議論と分析は、不利益・リスク・その他の特別なニーズを生み出し、それらに形と内容を与える社会的・学校的機能の大部分を覆い隠してしまうような、それゆえに公的な対策の領域から取り逃してしまうようなものである。これ以降、学校での対策において擁護されうる主要な論理は、本質化された「差異」や「多様性」としてあらわれるものに対する適合の論理となる。「差異」と「多様性」の概念は広く使用されているにもかかわらず、そしてその曖昧さにもかかわらず、とくに学校の一般的な目標や合目的性の観点からの抜本的な定義や議論はこれまでにほとんどなされていない。

それでも、これらの概念はさまざまな方法で理解することができる。確かに、これらの概念は学校における個別の個人の存在を、その固有の歴史、身体的・肉体的能力、家族の特殊な文化、知識や学校と個人的に築く関係、規範性によって特徴づけることができる[9)]。それゆえ、教育の課題は、個人を普段あまり親しみのない学識・技術・実践・社会に開くと同時に、知識や学習に向かわせるということになるだろう。しかし多様性や異質性の概念は、差異の問題をも呼び起こす。たとえば「狂人」と「外国人」は、習慣的に、いかなる共有も不可能であるということを示す徹底的な他者性の形式の伝統的な2つのイメージである。多様性か差異か。この両義性が、私たち西洋社会がその中に常に外国人や狂人のイメージを与えようとしてきたことを考慮すれば、おそらく現在の言説の大部分を特徴づけているといえるだろう（Ramognino et al. 2001）。さいごに多様性は、能力・才能・個人的、あるいは特異な潜在力の神話から理解することも可能であるが、学校はせいぜいその任務の極端な個人化の論理にしたがって、その力を最大化することくらいしかできない。

多様性はまた、当該個人の「ニーズ」についても存在する。それは現在の学校教育政策の諸概念の中心的用語だが、これもやはり曖昧なものである。広範に使用されているにもかかわらず、この概念は、たとえば（その概念が最初に定着した）生物学的な意味と経済学的な意味、相対的な意味と関係的な意味、これらの区別においてあまり議論がなされていないように思われる。この概念は、共通の文化の形成や、現代社会に生きるために必要な共通の知識の共有と取得といった争点と関連づけて用いられたり問われたりしているようには思われない。この概念は、議論が生じると、時にその議論を個人の権利の領域に位置づける。しかし公的政策の領域や学校教育の領域におけるこのような概念のインフレをどのように理解することができるだろうか？「ニーズ」は不足であるが、単なる不足ではない。それは欠損主義的理論の領域と決別しようとしても、依然としてことばの元来の意味の「生来の」とか「自然の」というコノテーション［潜在的意味］を引きずっている。

「ニーズ」の多様性のほかに、「才能」の多様性、「アスピレーション」の多様性、「学習リズム」の多様性も存在する。これらすべての用語は、同一のテキストのなかでいつも結びついているとは限らないが、教育に関する新しい常識に共通する基礎を築いている。それは公的・政治的・国家的・国際的な言説、知識人・専門家・メディアの言説に浸透しながらも、学業困難についての本質主義的解釈から逃れられない。インクルーシブな学校の原則は最近フランスに輸入されたが、そこでもやはり曖昧なままであり、諸概念は十分に議論されていない。

> 「検証された諸措置はその種々雑多な見かけを越えて、フランスの学校環境では新しく、今日アングロ・サクソン諸国に続いて「インクルージョン」の名を与えるにふさわしい同一のアプローチの性質を帯びているだけに、この選択は、ますます適切なものに思われる。それは教育制度や学校を、生徒の学習ニーズの多様性や受け入れ対象者の多様性にこたえることのできるものに変革していくということである。この考え方においては、手の届く学校や教育に適応しなければならないのは、もはや生徒やその集団ではなく、社会的・文化的出自や、動機・能力・学習リズムの個人的特徴に由来する違いがどのようなものであれ、各生徒のニーズに合わせていくのは学校や教育であるということなのである。」(Inspection Générale de l'EN et de l'AENR, *Vers une école de l'inclusion*, 2010, p. 11)。

学業困難を本質主義的に解釈しようとする傾向はもちろん新しいものではなく、1960年代から70年代の社会学的業績が特に「天与の才のイデオロギー」(Bourdieu et Passeron 1964) のテーマのもと、すでにそのような強い傾向を指摘していた。しかしこのイデオロギーは、公正さの議論のもとで、標準化が行きすぎていると判断された学校教育制度に適用する必要を受けて新たなかたちで登場した。というのもここには、共通の公立学校教育制度を、告発まではいかないとしても、批判的に解釈することを多かれ少なかれ暗黙のうちに伴うこれらの「新しい」議論のもうひとつの側面があるからである。公立学校教育制度は変革されなければならない、なぜならそれは極度に標準化するものになっているからというのである。確かに、この点の妥当性を確かめることができる業績は少なくない。しかし「潜在力」を考慮せずにあらゆる人々を一斉に受け入れるからといって、時に「標準化するものでしかない」というふうに理解する必要があるだろうか？　全員に共通ということは、必然的に標準化を意味するのだろうか？　このように、生まれつきの不平等あるいは「天与の才」に訴えることは、逆説的にも批判的文化の名で再び正当化され、もはや排除されることなく、婉曲的に使われることさえない。というのも、ヨーロッパのいたる所でこのように対象を限定した措置や手段が発展するにつれて、「天分を発揮した才能ある生徒」のカテゴリーを特別なニーズの用語体系に統合しようとする分類法もしばしば見られるからである。たとえばフランスでは、今では「潜在力」のある「慎ましい」社会階層の生徒のための「卓越の寄宿学校」も設置されている[10)]。

このような諸カテゴリーの存在と、「対象を限定した」公的な対策の統一という名目においてそれらを統合することは、それだけにいっそう、当初は社会的・文化的不平等に結びついた学業上の不平等を減らすことに向けられていた優先教育の問題設定を根本的に修正するということを意味する。ますます増加し特殊化するカテゴリーの統合によって導かれる論理のなかでは、一人ひとりの生徒、そして生徒の一つひとつのカテゴリーが——とりわけ不当に規範的であるとみなされる教育制度の期待に十分に応えられないものたちが——、自らの特殊なあるいは特別な性格を考慮に入れつつ、成長と学業達成のチャンスをできるかぎり大きくすることが問題になる。優先教育政策の参照枠組みは、そしてそれは傾向としては学校教育政策一般の参照枠組みでもあるのだが、変化した。それはもはや必ずしもさまざまな社会階層と教育制度との関係性の枠組みではなくなり、個人や才能やその他の特徴の多様性に対する適応の枠組みになっている。そしてそれらの特徴はますます既に存在するものとして考察されるようになり、それらを生み出す社会や学校の状況や対策の分析に関連づけて考えられることはますます少なくなっている。

同時に、この問題設定は、1950年代の終わりに「人的資源」の問題設定や「貯蔵庫」ないし「能力のストック」のメタファー（これこそがその到達点の形態なのだろうか？）をめぐって国際的なレベルで表明された問題を彷彿とさせる。いずれにしても当時は、OECDにおいてさえあまり議論を引き起こさなかった。1960年代初頭に行われた国際会議の議事録がそのことを示している。この会議は（のちにOECDとなる）OECE諸国の教育制度拡大プロジェクトを支援することを狙いとしていた。この会議の司会をつとめたハルゼーは、議論されるべき基礎的問題を次のように説明している。

> 「問題はメタファーの形で提示されていた。『能力の貯蔵庫』は、人格の完成という理想の名の下に用いられなければならなかったが、拡張する社会に属する研究者のニーズにこたえるために開発すべきものでもあった。」（OCDE, Halsey, 1962: 16）

彼はこの会議を通して賛成と反対が結び合わされる様子も描いており、それは今日行われている効率性と公正さ、エリート選抜と教育制度民主化の間の緊張という争点の分析と、多くの点で共鳴するものだが、それをここで取り上げる余裕はない（たとえばMons 2008; Baudelot & Establet 2009）[11]。たとえば、参加者のひとりで「能力のストック」のメタファーを非難するウォルフは、折よく以下のように説明している。

> 「ある国民国家の知的潜在力は、一定の決まった量ではなく、そこに働きかけが可能な変数である」…。それゆえ、世襲や階層の相対的重要性についての議論に没頭するよりも、われわれの知的リソースを増やすようなかたちで、もっとも簡単に修正可能な要素を検証するということに集中してはどうだろうか。」（OCDE 1962: 53）

それでも結局、会議のほとんどの参加者たちはこのメタファーを採用し、

「能力のストック」（[「貯蔵庫」と］違いがあるのだろうか？）という表現のもとにそれを承認した。すなわち、さまざまな国が優先的に「追跡」すべき能力のストックとしてである。ハルゼーが書いていた通り、そこには「経済と教育の新しいつながり」の基礎を打ち立てることに関心をもつ参加者同士が知的に一致する諸要素があった（OCDE 1962: 47）。

【コラム1】

カテゴリーの国際的体系化
：「特別なニーズ」の不均質で不安定な用語法

「特別なあるいは特殊な教育的ニーズ」の概念は、国際レベルの体系化という大がかりな作業の対象となってきた（またそうであり続けている）（このメタ・カテゴリーの別の発生学的要素とインクルージョンの別の発生学的要素についてS. Ebersold, 2009を参照のこと）。この作業は、とりわけOECDの教育研究革新センター（CERI）によって実現されたが、その作業日程は明らかにまだ終了していない（OCDE, 1995, 2000）。CERIは、「OECD諸国において能力の欠如と社会問題に苦しむ生徒のための教育活動の比較検討」を可能にする最初の一連の膨大なデータを1995年に出版した（2000: 7）。これらの業績が明らかにしたのは、使用されている定義が国ごとにあまりにも違うため、「実質的に比較は不可能である」ということであった（Ibid. 7）。2000年に公刊された第二のモノグラフは、まさしくこの［特別なニーズの体系化の］領域を再び取りあげ、基礎データの質や国際レベルでの比較可能性を向上させようとしている。モノグラフは、この領域における変革を明確に示している。

> 「これはあまりに広い範囲をもつ学習困難についてOECD諸国間で比較可能な膨大なデータをもつ統計を構築しようとした最初の試みである。」（Ibid. 7）

しかし問題は、そのように定義された「特別なニーズ」のカテゴリーの広さであった。この特別なニーズの名称のもと、以下のように定義され、3つのカテゴリー（A, B, C）をもつ分類システムが構築された。

「カテゴリーAは、盲目や弱視の生徒、聾や難聴の生徒、重度の知的障碍や重層的障害をもった生徒など、一般に取り決められた規準が存在するような教育的ニーズを指す。それはあらゆる社会職業階層出身の生徒に関わる疾患である。一般に疾患は、適切な手段と、決められた基準の助けを借りて判断される。医療的な観点からみて、それは一般に（たとえば感覚障碍、身体障碍、精神障碍と関連した）身体由来の問題である。

カテゴリーBは、カテゴリーAまたはCに分類される要素に直接的にあるいは主要には当てはまらないような学習困難を示す生徒の教育的ニーズを指している。

カテゴリーCは、主に社会・経済的、文化的、あるいは言語的な要素から生じると考えられる教育的ニーズを指している。この場合の生徒たちは、教育が補償しようとする、一般に恵まれない、もしくは特定の型に収まらない階層の出身者である」(OCDE 2000)

［モノグラフの］執筆者らは、経験に基づいてカテゴリーの経済的定義を優先させている（というのもカテゴリーはまだ少しも、研究フィールドであるOECDのさまざまな加盟国によって、同じ名称では共有されていないからである)。もし「特別な教育的ニーズ」を必要とする生徒を数量化できるとすれば、それは「生徒の教育を資金援助するために集められた補足的リソース」に関連したデータから形成される。研究責任者のピーター・エヴァンスは、この方法を次のように説明している。「特別な教育的ニーズは、実際上これらの生徒の教育を資金援助するために集められた補足的な公的・私的リソースに関して定義される」(Evans 2000: 104)。別言すれば、「特別な教育的ニーズ」をもつ生徒の割合の定義ならびに数量化は、この研究によってそのようなものとして関連づけられたもの――この場合はそれぞれの国において補足的な公的または私的リソースを享受した生徒の総数――に依存する。それゆえこの研究は明らかに、対象の限定の操作そのものを問題視するものではない。この研究は、各国においてこの対象の限定がどのようになされるのか、「誰が」補足的リソースを享受できるものとしてとらえられるのか、そして誰がそうでないのか、これらのカテゴリー区分はどのようになされるのか、そしてどのような社会関係を問題にするのかを理解しようとするものではない。比較分析は（各国で実施される対象の限定の操作の結果を計数化する）加算的モデルに属している。それに対して、対象の限定の具体的プロセスや現場での適用は、さまざまな社会関係を含む複雑で多様な一連の限定に従っているのであるが、この研究

はそれらを考察対象としてまったく取り上げていない。それはこの研究の対象ではないのだ。それでもやはり、そのことは複数のカテゴリー区分を固定化することに貢献するのであり、このように構想された分類法が計数化や記述のためだけに使われるとは思われない。この分類法それ自体が、それを参照することができる各国の政策に一定の方向性を与えるものでないとしても、合理化の手段の代わりをするように思われる。それは遂行的でないとしても、奨励的で命令的な効果をもつ。

付け加えておくと、CERIは、DDDの略語で要約される「欠陥・学習困難・社会的不利を示す生徒」という新しい呼称を提案することによって取り組んだ作業に相変わらず従事しているようにみえる。しかし用語法の変化についても、そして「個別のニーズ」のカテゴリーの一時的な放棄についても、いかなる説明もない。3つの要素からなる分類法のシステムは、いまだに使用されている。この作業プログラムは以下に見いだせる。

http://www.oecd.org/document/53/0,3343,fr_2649_39263294_34003509_1_1_1_37455,00.html（2011年6月22日参照）

そのうえ、子どもの教育に関するエウリュディケの報告書は次のように説明している。

「この研究において、リスクのある子どもの定義はOECDの『C恵まれない』カテゴリーに基づいており、それは『特別なニーズを必要とする生徒』さらには『主に社会・経済的、文化的かつ／ないし言語的要因を原因とする不利を示す生徒』を指している。教育的ニーズは、これらの要素に基づく不利を埋め合わせることにある。それゆえ体に関わることが原因となるような問題、ならびに／または病院での長期入院を必要とするような病気に由来する特別な教育的ニーズを示す子ども向けの措置はここでは除外されている（このテーマについて、欧州特別支援教育開発機構 Agence européenne pour le développement de l'éducation pour les élèves à besoins spécifiquesの一連の業績を参照のこと）。この一般的定義には、田舎や地方の生活から生じうる不利益も含まれる。」(Eurydice 2009: 7)

この報告書は（取り除かれたカテゴリーもあれば付け加えられたカテゴリーもあるが）、OECDの用語体系を部分的に再定義しながらも、その忠実な使用を主張しているように思われる。報告書は、補償に関する概念的ネットワークを動員しながら、「リスクのある集団」と「特別なニーズ」という2つのメタ・

カテゴリーをほぼ類義語として結びつけている。

最後に、用語体系、とりわけOECDの用語体系は、欧州委員会レベルで協議中であり、委員会は2009年のリスボン戦略の目的の進展の検証において、それを作成するのが困難であることを認めているということを指摘しておきたい（European commission 2009）。

4. ある実験室から他の実験室へ？

結論を述べるにあたって次のことを確認しておきたい。［ヨーロッパの優先教育政策の］類似性が確認されたからといって、各国の政策の固有性がなくなるわけでも、新しい優先教育政策を具体化する対策の論理の不均質性がなくなるわけでもない。その一方で、これらの政策は少なくともいくつかの国ではすでに歴史をもっており、その新しい形式のもとで観察されるものは、目的が次々と変化したここ何十年間の流れを汲んでいる。優先教育政策の初期形態は、補償モデルのもとで曖昧さを免れなかった。これらの政策が始動するとすぐに修正主義的な照準と改革主義的な照準との間で緊張が生じた。修正主義はそれ自体がさまざまな様態を呈し（とくに予防的様態や再調整的様態など）、教育制度における学業上の不平等を縮小することを目的としていたが、その教育制度の機能の仕方はほとんど問題にされなかった。改革主義は反対に、学業達成を向上させ、限定的対象とされた人々のカテゴリーの社会的影響力を高めようとする措置をとる。すなわち、より効果的であるだけでなく、社会的特権をより減らすようなやり方を工夫することで、学校教育機関の改革を実現するような手段をとる。ロシェックス（Rochex 2010）は、初期の優先教育政策がその欠損主義的前提にもかかわらず、なぜ数多くの関係者――そこに「教育分野における社会変革の実験室」を思い描いたりつくりだしたりしようとする専門家、研究者、熱心な実践家など――を動員できたのかに注意を促している。

しかし時がたつにつれて、優先教育政策は、教育政策を統制する様式の新しい方向性や、政策上・イデオロギー上の大きな変化がしだいに構想され実施されるるつぼとなり、そのことが優先教育政策の照準や最初の目的を根本的に変えていったことが明らかになった（Rochex 2008）。こうして私たちの比較研究のレベルで観察された優先教育政策の現状は、時に「新しい支配的イデオロギー」を具現化しているように見える。そのイデオロギーは「『もっともできる人たち』がさらに『できる』ようになり、『卓越の拠点』をつくり、新自由主義経済から着想を得た社会哲学的規範に従って運営される企業において支配的になっている『競争』の要求をあらゆるものに拡げることで『一流の優秀な人々』を育てること」（Boltanski 2008: 161）を目標とする。実際、新しい時代の優先教育政策は、このような対策の論理と、その直接的相関物である、いっそう「社会的」な関心を定着させることに貢献した。それはとりわけ、生徒が排除を避けるうえで必要な基礎的な知識や技能を身につけずに学校を離れることがないようにという関心である。

もちろん、補足的な分析が必要である。とりわけこのフィールドにおいて教育チームがこの新しい方向性をどのように実現するのか、そしてさまざまな制約に応じてこのレベルで現れうる打開の動きにはどのようなものがあるのかを、もっと理解する必要がある。これらの政策についての経験的な研究業績が不足しているということを思い起こす必要がある。少なくとも、対策が可能な領域を打開するために、学校での活動の実施方法やそれらが社会に組み込まれる関係を問題にするような研究業績が必要である。結果として、研究領域は告発的で中央支配的な分析と、反対に（技術的あるいは実践的狙いをもつ）寄り添い型の分析の間で両極化することになる。それらの分析は互いに順番に生じたり対立したりするが、本当の意味で尋ねあったり積み重なったりはしない。

それでも欧州優先教育政策の研究によって企てられた比較という回りくどい手段のおかげで、学校教育政策のある時期から他の時期にわたって観察された観点の相違が必要とする議論を膨らませることができた。新しい政策の根底には、むしろ民主主義の空間的概念が横たわっている。すなわち、トゥレーヌ（Touraine 1991）が定式化したように、不平等は縦の垂直空間（上と下、支配者と被支配者）を表し、排除と包摂は「内」か「外」かの横の水平空間を表しているのである。とはいえ［新しい政策から］垂直性が排除されているわけではない。それどころか垂直性は、コンプレックスから解消され、過度に正当化された能力主義的卓越の議論の中で奨励されている（社会的上昇のメタファー）。

優先教育政策の第三世代のシナリオは次のように組み立てられる。すなわち、すべての人の能力を最大化し「多様性」に適合すること――その場合「差異」はもはや不平等としては捉えられない。それはつまり、それぞれの能力ある子どもの潜在力を探し出して結集することで、子どもが最大限成長できるような、十分に刺激的な学校環境や教育環境を提供することである。すなわちこの競争の影響を調整し、リスクを管理し、社会的なまとまりに留意することである。このようにして、補償モデルの曖昧さともう少し手を切った場合、共通の学校という理念そのものがそこから失われてしまうのではないだろうか。そしてとりわけその向こうに、知識の平等な伝達を保障するような、つまり取りも直さず個人や集団の発展に役立つような教育機関の形成が失われてしまうのではないだろうか。

注

1）この研究は旧国立教育政策研究所との連携で欧州委員会から資金援助を受けた（ソクラテスプログラム 2、アクション 6.1.2 ならびに 6.2. 2006 年募集「リスク集団のニーズに適応する教育政策のよりよい評価を目指して」）。この研究は上述の 8 カ国、13 のパートナー研究機関から学際性に富んだ研究者チームを協力者とした。本章の著者のほか、マルク・ドゥムーズ（モンス大学、ベルギー）、ダヴィド・グルジェ（プラハ・カレル大学、チェコ共和国）、ジャン＝イヴ・ロシェックス（パリ第 8 サンドニ大学）がプロジェクトの連携を行った。この研究からすでに第一の業績が誕生している。Demeuse, Frandji, Greger, Rochex（dir.）*Les politiques d'éducation prioritaire en Europe. Conceptions, mises en œuvres, débats*, INRP, 2008. いくつかの複数国にまたがる横断的な分析を展開した第二の業績がある。Demeuse, Frandji, Greger, Rochex（dir.）*Les politiques d'éducation prioritaire en Europe. Vol 2. Quel devenir pour l'égalité scolaire ?* ENS édition, 2011.

2）英語の福祉国家 welfare state に対しては、「社会的な国家 État social」という訳のほうが、フランス語の「福祉国家 État providence」という、見慣れてはいるが不明瞭な訳よりも好ましいように思われる。

3）バーンステインは自身の（言語コードに関する）初期の研究が欠損主義的な見解と不当に結びつけられたことから、まさしくこの分析を発展させた。この著者によるその後のすべての業績は、こうした見方がどのような点において彼の見解と異なっているかを示そうとしている。彼がまとめた教育理論や文化の生産・再生産理論は反対に、こうした研究につきまとう悲惨主義あるいはポピュリズムの濫用を越えて、学業上の不平等の分析領域を一新し、補強するものである（Frandji & Vitale 2012）。

4）ケベックではこの問題が熱心に取り組まれていることがわかる（Deniger & Roy 2003）。さらに、いくつかの国では、「落ちこぼれゼロ」、「都市の卓越」、「成功への志ネットワーク」「卓越寄宿学校」などの新しい公的措置の呼び方さえもが、運命論に抵抗するこの新しい政策断行主義の宣伝文句になっているようにみえる。

5）ここでドゥケロズが使用した2つのカテゴリーを再び取り上げ、学業上の不平等に関する1970年代の諸理論の認識体系に関わる領域を簡略に示したい（De Queiroz 1995）。この「外部化論的」アプローチと「内部化論的」アプローチの二項対立は、いくつかの理論の複雑さを理解するには不十分だが、争点を明らかにするには都合がよい。対策を学校レベルでのみ考える分析が引き起こす問題について、マロワを参照のこと（Maroy 2006）。その分析は、少なくとも（学校における対策の論理を強制する、あるいは強制することに貢献する）学校間の「競争的相互依存関係」を問題にする必要性を強調することを可能にしている。

6）たとえば、これらのキー・コンピーテンシーと、「義務教育最終段階の生徒が社会生活に参加するのに必要不可欠な知識と方法をどの程度身に付けているかをはかる」と考えられている生徒の学習到達度調査での操作を定義するためにOECDによって行われた調査を参照。（http://www.oecd.org/dataoecd/36/55/35693273.pdf）

7）このことはもちろんわれわれの研究に方法論的な問題を引き起こした。優先教育政策の呼び名は、研究対象国すべてにおいて共通に使用されているわけではなく、いくつかの集団の中で明確に限定された一つの集団全体を指す一つの政策・行政カテゴリーに由来しているというのに、「優先教育政策」の対象をどのようなものに限定できるのか？　研究の最初に、あらかじめ優先教育政策の定義を共同で練り上げることによって、少なくともこの問題を特定し、（各国の行政カテゴリーに依存せず）比較できるような共通の諸指標を共有することができた。このように優先教育政策ということばによって私たちが示したものは、「特定の集団により多くのもの（あるいは「より良いもの」、あるいは「違ったもの」）を与えることを提案することで、対象を限定する措置または対策プログラムを通じて（この対象の限定は、社会・経済的、民族的、言語的、宗教的な基準や区切り、あるいは地域的、学校的な基準や区切りに応じて行われる）、学業上の遅れに働きかけようとする政策」である。この定義によって研究を始めることができたが、それは均一な全体を説明するのに十分な正確さをもちながら、同時にこの分野で観察される多様性を包含しうるようなものであった（とりわけ対象者のカテゴリーに関する定義の言葉づかいにそのことを見て取ることができる）。しかしこのあらかじめ与えられた定義は、定義の境界について考えることを妨げるものであってはならなかった。この必要性はきわめて早い段階で、比較の複雑さと、これらの教育政策領域を再構成する変動の複雑さに直面したことで明らかになった。

8）障碍をもっている生徒を一般の学校に受け入れるための単なる技術をこのように呼んでいる。ここで重要とみなされるのは、生徒に認められる能力、無能力、潜在力であり、「どのような生徒が統合を受けるべきか」という問いである。アームストロング（Armstrong 2000）は、「統合された」生徒が、学校共同体の正式なメンバーというよりも「訪問者」のステイタスを受け入れることが多いのはなぜかを指摘している。実際のところ、それは単に子どもを学校に受け入れているというだけのことで、その子どもの「特殊性」は、相変わらず補償すべき一連の本質的欠如として受けとめられている。

9）規範性の概念はカンギレム（Canguilhem 1966）から借りたもので、人間の活動の特徴を価値創造の拠点として、斬新な解決策の考案による環境の協同形成として表している。

10）「卓越寄宿学校と寄宿学校の発展」circulaire n° 2010-099 du 8-7-2010, en ligne: http://www.education.gouv.fr/cid52632/mene1017641c.html

11）これらの問題の発展について Frandji (2011) を参照のこと。

参考文献

Antoniou L., Dyson A. & Raffo C., (2008), « Entre incantation et fébrilité: les nouvelles politiques d'éducation prioritaire en Angleterre (1997-2007) », *in* Demeuse M., Frandji D., Greger D., Rochex J.-Y., (dir.), *Les politiques d'éducation prioritaire en Europe. Conceptions, mises en œuvre, débats, Lyon*, INRP, pp. 37-84.

Armstrong F., (2000), « Les paradoxes de l'éducation inclusive en Angleterre », in Chauvière M. & Plaisance E., (Eds), *L'école face aux handicaps. Éducation spéciale ou éducation intégrative ?* Paris: PUF, pp. 118-132.

Baudelot C. & Establet R., (2009). *L'élitisme républicain. L'école française à l'épreuve des comparaisons internationales.* Paris: Seuil.

Bernstein B., (1975), « Enseignement de compensation ». In *Langage et classes sociales. Codes socio-linguistiques et contrôle social.* Paris: Les Éd. de Minuit, pp. 249-262. Version initiale en anglais: « Education cannot compensate for society », *New Society*, 1970, 387, pp. 344-347.

Bernstein B., (2007), *Pédagogie, Contrôle symbolique, Identité. Théorie, recherche, critique.* Québec: PU de Laval. Traduction en français par G. Ramognino et P. Vitale de l'édition *Pedagogy, Symbolic Control and Identity: Theory, Research, Critique*, 2000, Londres: Rowman & Littlefield.

（久冨善之・長谷川裕・山﨑鎮親・小玉重夫・小澤浩明訳（2000），『〈教育〉の社会学理論』法政大学出版局．）

Berthelot J.-M., (1983), *Le piège scolaire*. Paris: PUF.

Boltanski L., (2008), Rendre la réalité inacceptable. A propos de la production de *l'idéologie dominante*. Paris: Demopolis.

Bourdieu P. et Passeron J-C., (1964), *Les hériters*, Minuit.（石井洋二郎監訳（1997），『遺産相続者たち』藤原書店．）

Demeuse M. Frandji D. Greger D. Rochex J.-Y., (2008), *Les politiques d'éducation prioritaire en Europe. Conceptions, mises en œuvre, débats*, Lyon: INRP.

Demeuse M., Frandji D., Greger D., Rochex J.-Y., (2011, sous presse), *Les politiques d'éducation prioritaire en Europe. Vol. 2. Enjeux, devenir et possibles pour l'égalité scolaire*, Ed. de l'ENS de Lyon.

Deniger M.-A. & Roy G., (2003), *De mesures compensatoires à l'obligation de résultat. Bilan critique des politiques scolaires d'intervention auprès des milieux défavorisés québécois*. Université Laval, Québec.

Dubet F., (2004), *L'école des chances. Qu'est-ce qu'une école juste ?* Paris: La république des idées, Paris. Seuil.

Ebersold S., (2009), « Inclusion ». *Recherche et formation*, n° 61, INRP: Lyon, pp. 71–83.

European Commission (2009), « Special éducation needs », in *Progress towards the lisbon objectives in Education and training. Indicators and Benchmarks 2009*. pp. 79–82.

Evans P., (2000), « A l'épreuve de la quantification dans huit pays », *in* Chauvière M. & Plaisance E., (eds), *L'école face aux handicaps. Éducation spéciale ou éducation intégrative ?*, Paris: PUF, pp. 104–116.

Frandji D., & Vitale P. (dir.), (2008), *Actualité de Basil Bernstein. Savoir, pédagogie et société*. Rennes: PUR (traduction révisée en langue anglaise sous le *titre Knowledge, Pedagogy ans Society. International Perspectives on Basil Bernstein's Sociology of Education*, London, Routledge, 2010).

Frandji D., (2011), « Ces politiques entre démocratisation et régulation », *in* Demeuse M. Frandji D. Greger D. Rochex J.-Y. *Les politiques d'éducation prioritaire en Europe. Vol. 2. Quel devenir pour l'égalité scolaire ?* ENS éditions.

Giddens A., (1998), *The Third Way: The Renewal of Social Democracy*. Cambridge: Polity Press.（佐和隆光訳（1999），『第三の道』日本経済新聞社．）

Glasman D., (1992), *L'école réinventée ? Le partenariat dans les zones d'éducation prioritaires*. Paris: L'Harmattan.

Inspection Générale de L'Éducation Nationale et de l'Adminsitration de L'Éducation Nationale et de la Recherche, (2010), *Rapport des inspections générales de 2009*, Paris: La documentation française.

Isambert-Jamati V., (1973), « Les handicaps socio-culturels et leurs remèdes pédagogiques ». *L'orientation scolaire et professionnelle*, n° 4, pp. 303–318.

Isambert-Jamati V., (1985), « Quelques rappels de l'échec scolaire comme "problème social" dans les milieux pédagogiques français ». *in* É. Plaisance (éd.), *« L'échec scolaire »: nouveaux débats, nouvelles approches sociologiques*. Paris: Éd. du CNRS.

Kherroubi M. & Rochex J.-Y., (2002), Note de synthèse « La recherche en éducation et les ZEP en France. 1re partie: "Politique ZEP, objets, postures et orientations de recherche" ». *Revue française de pédagogie*, n° 140, pp. 103–132.

Little A. & Smith G., (1971), *Stratégies de compensation: panorama des projets d'enseignement pour les groupes défavorisés aux États-Unis*. Paris, OCDE (traduit de l'anglais la même année, *Strategies of Compensation: A Review of Educational Projects for the Disadvantaged in the United States*, même édition).

Maroy C., (2006), *École, régulation et marché. Une comparaison de six espaces scolaires locaux en Europe*. Paris: PUF.

Mons N., (2008), « Élites scolaires, inégalités sociales et renouveau des filières dans l'école moyenne: une comparaison internationale », *Education et sociétés*, n° 21, pp. 17–32.

OCDE. Textes réunis par A. H. Halsey, (1962), *Aptitude intellectuelle et éducation*, Paris: OCDE.

OCDE, (1995), *L'intégration scolaire des élèves à besoins particuliers*, Paris: CERI-OCDE.

OCDE, (2000), *Besoins éducatifs particuliers. Statistiques et indicateurs*, Paris: CERI-OCDE.

Plaisance É., Belmont B., Verillon A., Schneider C., (2007). « Intégration ou inclusion ? Éléments pour contribuer au débat », *Nouvelle revue de l'adaptation et de la scolarisation*, n° 37, pp. 159–163.

De Queiroz J.-M., (1995), *L'école et ses sociologues*, Paris: Nathan, collection 128.

Ramognino N., Vergès P., Frandji D., (2001), « *Les "élèves en difficulté": de la catégorie aux dispositifs* », Rapport de recherche remis au C. N. C. R. E., Ministère de l'E. N. LAMES-MMSH, Aix-en-Provence.

Rawls J., (1997), *Théories de la justice*. Paris: Editions du Seuil. (川本隆史・福

間聡・神島裕子訳（2010），『正義論』紀伊國屋書店．）
Rochex J.-Y., (2008), « Les politiques d'éducation prioritaire en Europe : d'un âge et d'un pays à l'autre », *in* Demeuse M., Frandji D., Greger D., & Rochex J.-Y., (dir.), *Les politiques d'éducation prioritaire en Europe. Conceptions, mises en œuvre, débats*, Lyon : INRP, pp. 409–451
Rochex J.-Y., (2010), « Les trois "âges" des politiques d'éducation prioritaire : une convergence européenne? », in C. Ben Ayed (dir.), *L'école démocratique. Vers un renoncement politique ?* Paris : Armand Colin.
Rychen D. S. & Salganik L. H. (dir.), (2003), *Key Competencies for a Successful Life and a Well-Functioning Society*. Gottingen : Hogrefe & Huber Publishers.（立田慶裕監訳（2006），『キー・コンピーテンシー』明石書店．）
Touraine A., (1991), « Face à l'exclusion », *Citoyenneté et Urbanité*, Paris, Éditions Esprit, pp. 166, 171 et 173.
Warnock Committee, (1978), *Special Educational Needs : the Warnock Report*. London. D. E. S.

（小林　純子 訳）

第8章

移民・外国人にみる中等教育の大衆化と職業参入

園山　大祐

1. はじめに

2011年5月末に当時の内務大臣クロード・ゲアンがラジオ番組にて学業失敗の3分の2は移民出自の生徒であると発言し、さらに3日後に国民議会（下院）にて移民の子どもの3分の2が無資格で卒業しているという発言をし話題となったことは記憶にあるだろうか[1)]。無論、その後、国立統計経済研究所（INSEE）によってそれらは事実無根であり、無資格で卒業する若者の17%が国際結婚および移民の生徒であると訂正をしている。このような大臣の発言は、フランス社会の一面を象徴しており、これまでに積み重ねてきた多くの移民の学業達成に関する研究が充分に理解されていないことを表している。1960年代に最初に外国人生徒の学業達成に関する研究が人口問題研究所（INED）[2)]より発表されて以来、様々なパネル（追跡）調査がこれまでに実施されてきた。なかでも1996年にヴァレとカイユによって明らかにされた1989年に中学校に入学した生徒のパネル調査では、初めて国籍以外に家庭における言語などが説明変数に加えられ、外国籍と移民のより細かい分類が可能となる[3)]。またこの頃より、同一の出身階層におけるフランス国籍と外国籍（移民）との比較において学業達成にはほとんど違いがないことが明らかとなる。その意味においても、外国人・移民の子どもたちの学業達成の問題は、そのエスニシティや文化的な違いよりも経済、社会資本の低さが原因とみている。以下では、フランスにおける教育の大衆化が移民出自の生徒にどのような影響を与えているか、また学業達成におけるエスニシティの違い、職業参入に関するフランス人との比較について言及してみたい。

2. 移民とは

まず、フランスには約550万人の移民が存在する。そのうち成人では、220万が移民の両親を持ち、230万が片親を移民としている。それは2011年現在、国民の8.7%を占める。また20歳未満の若者では6%を占める（図8－1）。外国人とは、外国籍者のことである。とはいえ、外国籍を持つ二人の親からフランスに生まれた人（ただし、両親がフランス生まれでないこと）を指す。かれらはフランスに居住している場合、13歳時にフランス国籍を取得することができる。移民とは、外国で生まれフランスに居住している人のことを指す。この定義は、1991年に統合高等審議会（HCI）によって定められ、出生した場所と国籍がポイントとなる。多くの調査は移民2世以降に注目し、かれらはフラン

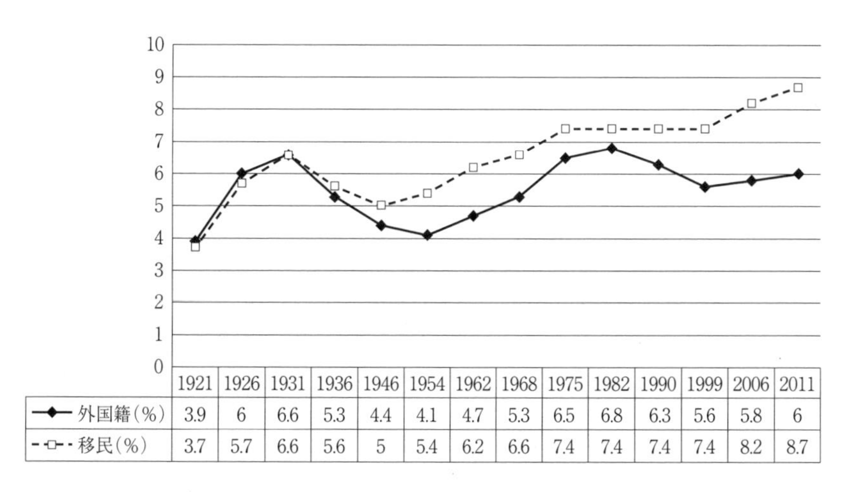

	1921	1926	1931	1936	1946	1954	1962	1968	1975	1982	1990	1999	2006	2011
―◆― 外国籍(%)	3.9	6	6.6	5.3	4.4	4.1	4.7	5.3	6.5	6.8	6.3	5.6	5.8	6
--□-- 移民(%)	3.7	5.7	6.6	5.6	5	5.4	6.2	6.6	7.4	7.4	7.4	7.4	8.2	8.7

図8－1　外国籍と移民の推移（1921年-2011年，%）

出典：*Insee, recensements de la population*（http://www.insee.fr/fr/themes/tableau.asp?reg_id=0&ref_id=NATTEF02131）を基に作成
注：フランス本土の総人口に対する比率

表8－1　2012年に入国した新規移民の出身地と女性比

出生国	割合	女性比
計	100	54
ヨーロッパ	46	51
アフリカ	30	54
アジア	14	59
アメリカ・オセアニア	10	56

出典：*Insee Première*, No. 1524（Nov. 2014）より作成

スに生まれ、居住し、少なくとも片親が移民である。

フランス入国者数を毎年18万人と推定している。これらには、EU加盟国出身者、移民の家族呼び寄せ、就労による入国、学生、庇護申請者も含まれる。

フランスにおける移民の入国は古く、20世紀初頭にはフランス本土居住者数は100万人に達している。1954年に230万に達し、1990年に420万になる。1990年代の安定期をへて、1999年よりまた増加傾向にある。

しかし、1970年代半ばまでの移民は、男性中心であり、戦後の復興のための建設業を中心とする労働者の呼び寄せにあり、その後の経済発展に必要とされた人々である。1974年以降、未熟練労働者の受け入れを停止し、代わりに家族呼び寄せによる移民が中心となる（表8－1）。またこの頃より、農村出身から都市部の若者の受け入れが多くなり、帰国を前提としない定住移民に向けた教育態勢を整えるようになる。教育統計においても外国籍児童生徒数として数え始められる[4)]。

そのため移民の数は増え（1954年に総人口の5％であった）、かつて単身であったものが家族移民となり、出身地域も多様になった。

ヨーロッパ系移民は、1975年に3分の2を占めていたが、1990年に半分、現在は37％にまで減少している（図8－2）。代わりに36％の移民がアフリカ生まれである。うち半数以上はマグレブ諸国（アルジェリア、モロッコ、チュニジア）で、残りがセネガル、マリ、コートジボワール、カメルーンあるいはコンゴ民主共和国からである。また中国をはじめアジア系の比率が増えている。

2006年より、一部の分野（ホテル・レストラン業、建築・公共土木事業部門、営業人、清掃人、季節労働者）に限定ではあるが新規の外国人労働者の受け入れ

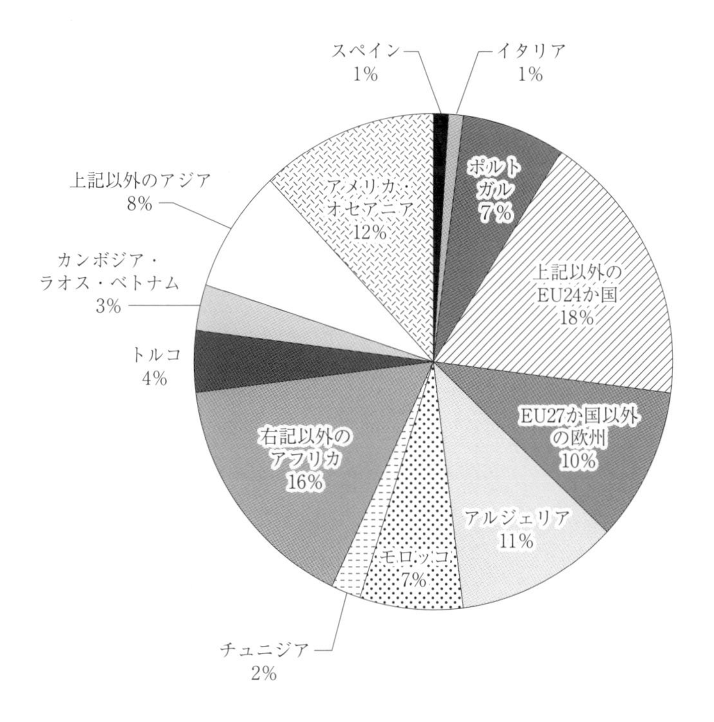

図8-2　移民（0-14歳）出生地別割合

出典：J-Y.Blum Le Coat, M.Eberhard（2014）*Les immigrés en France*, p. 118

が始まり、最終的にフランス国籍の約2割が移民の出自を持つとされている[5)]。

男女比という点では、2008年に初めて女性移民が過半数（51%）を占めるようになった。1931年時点で40%であった女性移民の流入は、単純労働者の受け入れ停止後の1974年前後の44%から男性を上回り始める。家族呼び寄せによる側面もあるが、同時に自立した女性の単身の流入、フランス人男性との合流、学生、労働者として入国する者が増えたことによる。コートジボワール、カメルーン、コンゴ民主共和国など西・中央アフリカ出身者に単身女性の比率が高い傾向が顕著である。逆にトルコからの単身女性移民はまだ少ない[6)]。

表 8－2　新規移民の入国時の学歴

出生国	無資格	高２以下の資格	バカロレアか同等資格	高等教育	バカロレア以上資格取得者の割合		
					2004 年	2009 年	2012 年
計	27	10	24	39	56	61	63
ヨーロッパ	24	11	25	40	63	65	65
ポルトガル	56	17	13	14	16	22	27
イギリス	17	7	26	50	62	73	76
スペイン	15	7	22	56	77	80	78
イタリア	9	9	27	55	73	80	82
ドイツ	9	12	38	41	80	83	79
ルーマニア	28	15	22	35	68	60	57
ベルギー	19	10	27	44	72	74	71
ロシア	25	5	19	51	75	56	70
スイス	15	16	30	39	60	64	69
ポーランド	18	12	29	41	73	66	70
アフリカ	35	12	24	29	44	51	53
モロッコ	35	10	32	23	45	50	55
アルジェリア	37	13	17	33	38	47	50
チュニジア	26	13	25	36	49	57	61
アジア	23	6	23	48	59	64	71
中国	11	3	25	61	82	81	86
トルコ	57	11	18	14	23	28	32
アメリカ・オセアニア	16	5	23	56	69	77	79
米国	6	4	18	72	89	90	90
ブラジル	26	6	23	45	64	70	68

出典：*Insee Première*, No. 1524（Nov. 2014）より作成
注：上記の表 8-2 に示されるようにヨーロッパ系移民に関しては 6 割強が後期中等教育以上の資格を持ち、それ以上に高いのが中国（86%）である。低い出身地域はアフリカのマグレブ諸国の人たち（約 5 割）となる。なお、ヨーロッパ系ではポルトガル（27%）、アジア系のトルコ（32%）のみ例外となっていることに注意が必要である。

3. 学力と学業達成

いずれの国内外の学力調査においても、移民の子どもたちの学業成績は困難を極め、平均を大きく下回る結果となる。ゆえに、プーラウェックによればこうした庶民階層においてその学歴が就職などに重要な意味を持つことは間違いない[7]。またこうした学業困難な生徒においても成功者がおり、そうした事実を伝えようとする研究もあれば[8]、その反対に郊外における若者の進路選択の困難さを聞き取りから描いた研究もある[9]。あるいは、同じ家族内でも学業達成には異なった結果が生じているのもまた事実である[10]。

以下の表8-3をみると、移民と非移民間の学歴には差がある。移民全体において、中学校以下の学業達成者が半数近くおり、非移民の約倍に達している。その逆に非移民のバカロレア段階ないし高2で取得できる職業資格は非移民の44.5%に対し、移民全体では28.9%と低い数値となっている。高等教育段階の水準には、それほどの開きがないことから、移民のなかに低学歴層と高学歴層の二極化がみられることがわかる。フランスの中等教育にはエリート体質がみられることはフランスの研究者ではよく知られたことであるが、その意味でも低い文化資本の家庭の子どもが学業で成功するのは移民にとっては至難の業で

表8-3 移民と非移民の最終学歴（2013年現在）

（単位％）

資格	移民全体	移民のうち EU諸国外移民	移民のうち EU諸国内移民	非移民全体	総人口
中学校修了書、それ以下	45.3	45.3	45.1	26.2	28.1
バカロレア、高2で取得できる資格	28.9	28.5	30.2	44.5	42.9
バカロレア＋2年	7.0	7.0	7.0	13.3	12.7
バカロレア＋短期高等教育資格	18.6	19.0	17.6	15.9	16.2
不明	0.1	0.2	0.1	0.1	0.1
全体	100.0	100.0	100.0	100.0	100.0
実数（千人）	4,030	2,954	1,076	35,816	39,846

出典：Insee, enquête Emploi 2013.

あり、社会上昇移動が厳しいことを裏付ける数値である。ここでも社会学者サヤードの言う移民の出身国における社会背景を乗り越えるような学校教育態勢が充分に用意されていないことが読み取れる（(注4) 参照のこと）。

近年の国内の学力調査の分析[11]では、図8-3に示されているように、学年の進行とともにエスニシティ間の差（●表記）は縮まる傾向にある。また社会階層の変数を考慮に入れるとその差（▲表記）はより小さくなっていることがわかる。とはいえ、ヨーロッパ系出身、ギニア湾沖出身、国際結婚、モロッコ・チュニジア出身においてほとんど差がなくなるにもかかわらず、トルコおよびサブサハラ出身に関しては15歳までの学業成績および、18歳時におけるバカロレア取得において依然として差がみられる。なお唯一東南アジア・中国出身に関しては15歳時まではフランス人の同一階層よりも高い学業成績となっている。こうした出身地域による違いに関しては、これまでも親の出身階層や学歴、そしてフランス社会における統合の度合いの違いが、移民2世の学業成績や学業達成に与える影響を要因として指摘した論文は数多い。この分析を行ったイシューは、こうした結果の違いについて、先にあげたサヤードの先行研究に依拠しながら、移民の出国動機、出身地における状況など総合的な観点から考察する必要があると述べる。トルコ系移民がフランスで学業困難に陥る理由と、中国系移民が成功する理由には、かれらの出身国における教育状況の違いがひとつにはある。

特に、出身国を離れるときから教育の重要性がどの程度認識されていたかは、初等教育段階における学業成績のときから始まり、その格差は継続される。またフランスのように中学校間の格差がある場合、どこの中学に入学させるかといったことも考慮しなくてはならない（本書トランカールの論文［第6章］を参照）。ブロコリッシとトランカールは、社会階層以上に学区周辺に競合する公立または私立の学校が多いほど不人気の隔離された学校が形成され、そうした学校を回避する生徒が現れ、学業成績の格差が生まれることを証明した[12]。一般的には、民族的マイノリティが多く集住する学区の中学校は、より学業成績においては厳しい結果となる。しかし、こうした民族的マイノリティが最も集中している中学校においては、逆説的であるが、高校進学率の数値を高め、北アフリカ、トルコ、サブサハラ出身の生徒の進学率が他の中学校の同一社会

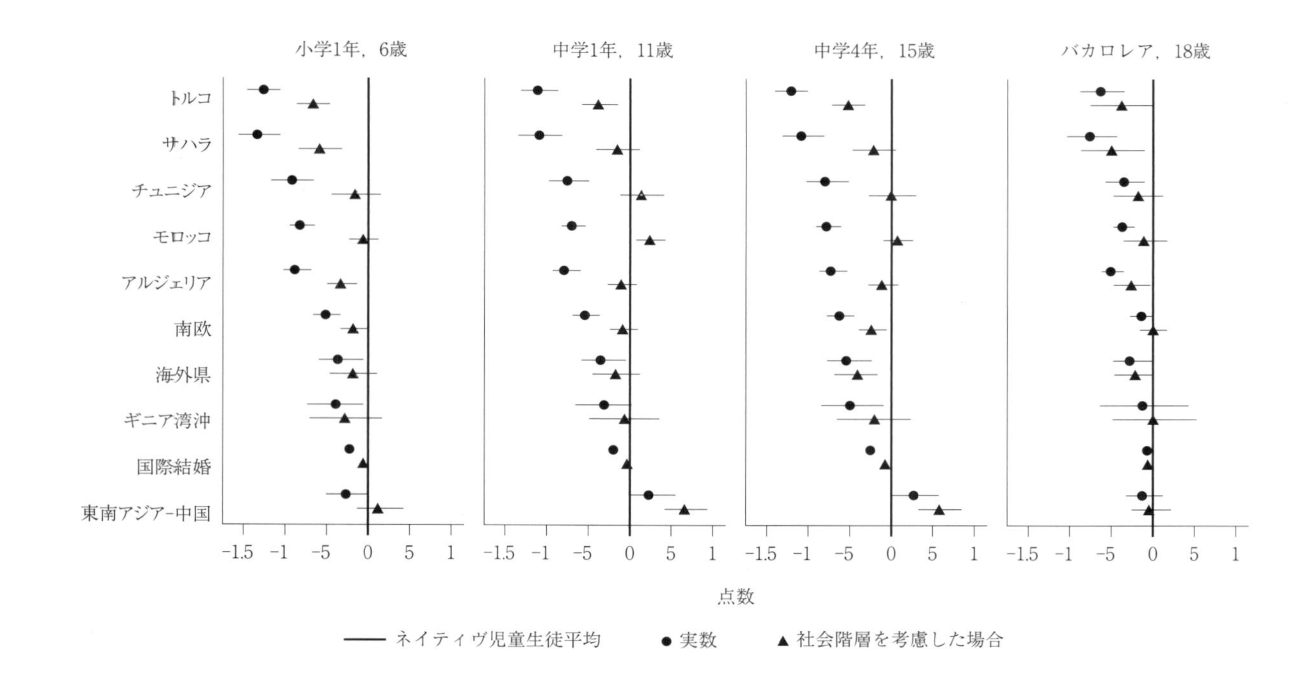

図8－3　移民とネイティヴの子どもの学力調査の比較

出典：1997年パネル調査（6歳、11歳、15歳）、1995年パネル調査（18歳）、Ichou (2015), p. 45.

階層の2倍となっている[13]。他の調査においても、中学校の平常点における成績評価が甘くなるという分析がある[14]。さらには、地域間（学区間）の違いは、校内における社会背景の格差をより強化しているため、よりいっそうの慎重な学校選択が求められる[15]。あるいは、学校内においても学級間の格差が存在するため、どの第2外国語を選択するか、どのような選択科目を選ぶのかという教育制度にも精通していないと子どもの進路を誤る危険性を回避できなくなる。

上述に加えて、親の役割が重要となるのは、進路指導時における発言である。ブランボームとプリモンによれば、社会経済的に厳しい学区の学校ほど、普通・技術高校への進学率が高いとされている[16]。しかし同時に、移民出自の生徒の進路指導における不満は高いという結果でもある[17]。資格調査研究所（CEREQ）の調査では、同一社会階層における職業系コースへの進路結果に対する不満は、フランス人やポルトガル移民よりもマグレブ、サブサハラ、トル

表8－4　18から35歳における移民系と非移民系の出身・性別高等教育進学率（単位％）

親の出身県または国	男性	女性	計
海外県（DOM）	39	55	46
アルジェリア	37	44	41
モロッコまたはチュニジア	44	55	50
サブサハラ	33	51	41
ギネアアフリカまたは中央アフリカ	42	55	49
東南アジア	57.5	68	62
トルコ	22	28	25
ポルトガル	30	60.5	43
スペインまたはイタリア	43	56	49
その他EU加盟国	68	74	71
その他	53	75	62
移民第2世代	41	55	48
全く移住を経験していない人	48	58	53
フランス本土総人口	47	58	52

出典：Enquête Trajectoires et Origines 2008, INED-INSEE, *DOCUMENTS DE TRAVAIL*, No. 168, 2010.

コ系移民のほうが高い[18]。全国的な数値からは、移民出自の生徒は職業高校あるいは無資格退学率が高い傾向を示している。しかし、かれらの社会階層を考慮すると、フランス人の同一階層との比較において、北アフリカ系移民の生徒のほうがよりバカロレア取得率が高くなる。なかでも技術バカロレア取得率が高い[19]。

表8-4は、出身・性別にみる高等教育進学率を調べたものである。男女比では、特にモロッコ、チュニジア系移民において、フランス人の女子生徒よりも平均的には厳しい社会状況におかれているにもかかわらず、同一社会階層においてはモロッコ、チュニジア系移民女性のほうがバカロレア取得率が高くなる[20]。こうした女子生徒の好結果は、すべての移民に共通していることでもある[21]。背景としては、一般的にムスリムの家族に限らず、息子より娘に対する躾の厳しさから、学歴を積み上げることで自立・解放に向けた女子生徒の固い意志が高いアスピレーションを支えているとされている[22]。また、マグレブ移民は、他の同一階層の親より強い願望を持つとされ、社会的な解放とともに、労働市場における人種差別に抗する道具として学歴の重要性を認識している[23]。

次に、表8-5の国際学力調査についてみてみよう。たとえば、OECDのPISA（生徒の学習到達度調査）においてフランスは、フランス国籍の生徒よりも移民の背景を持つ生徒の成績は低い。またOECDの他の諸国と比較しても、フランスの不平等ははっきりとみられ、ホスト国と移民の成績格差が最も開いている国の一つとされている。

表8-5 OECD（PISA）調査における学力の変化（点）

	フランス生・フランス国籍有（N=Native）			移民2世			移民1世			2003年と2012年の差		
	2003	2012	2時点の差	2003	2012	2時点の差	2003	2012	2時点の差	Nと2世	Nと1世	1世と2世
数学	521	508	-13	473	449	-24	445	425	-20	11	7	4
読解	506	519	13	456	464	8	424	423	-1	5	14	-9
科学	523	513	-10	465	442	-23	429	422	-7	13	-3	16

出典：フランス国民教育省（DEPP）データベースより筆者作成

その詳細は、上記の表8-5にみられるように、2003年と2012年のPISA調査を比較すると、フランス人（ネイティヴ）の学力がこの間数学と科学において下がっている以上に、移民の2世および1世は点数を下げている。とくに移民2世の科学の点数は著しく下げている。また、数学と科学におけるフランス人と2世の点差が1世のそれより大きい。

PISA調査に参加した生徒の13%が移民の背景を持つが、その1世はしばしば読解リテラシーに問題がある。それでも1世と2世では、格差が縮まる傾向にある。こうした移民背景を持つ生徒の学業成績の不振については、マスメディアにおいてもしばしば取り上げられ、こうした移民生徒に対する負のイメージとして広まる傾向がある。先にあげた内務大臣のエピソードはそのよい例である。

ただし、本当に移民の子どもたちは国全体のレベルを下げているのだろうか。フランスの国際調査における不振は、移民の低い教育成績によるのだろうか。社会学者のボードロとエスタブレの2006年のPISA調査を基にした分析によると、移民の子どもたちは全体の成績を下げる要因とはなっていない。むしろ、フランス的統合（「フランス的るつぼ」）の限界を示しているとする。つまり、フランスの学校はより公正な機会を保証することができず、移民と同様に多くの庶民階層において学業困難がみられる。移民の比率は、その国の結果、学業困難の比率、エリート率あるいは移民と国民全体の格差を左右するものではないとしている。そのことは同時に、非移民系の成功は、移民系の成功をも導く結果を意味するとしている。したがって、教育制度の効率性全般の問題であり、さらには地理的な隔離の問題でもある。ボードロとエスタブレは、次のように結論づけている。「移民の子どもを学業失敗へと向かわせる必然性はない」[24)]。かれらの成功は、かれらの総人口に占める割合とは無関係に変化する。

では、どのように移民系の生徒は学業失敗に遭うのだろうか。特に問題なのが、進路指導であろう。ここでは職業系へ導かれる要因について触れておきたい（本書ボー［第1章］、オランジュ［第2章］、荒井［第3章］の各論文も併せて参照いただきたい）。

移民系の生徒たちは、初等教育段階ですでに学習困難に陥っている。約4割の中学入学者が留年を経験している。他方、両親がフランス国籍を持つ生徒の場合では、2割以下となる。

そして高校入学における進路指導において職業高校への進学率が高い。これは、学校教員の慣習として、低学力層には、職業高校への進路を誘導する傾向があることに起因する。しかし、本人や保護者の希望とは一致していない。たとえば、フランス国籍の労働者家庭出身の中学3年生では26%が進路結果を拒否しているのに対し、マグレブ出身の親を持つ同じ労働者家庭出身の生徒は39%が拒否している（1995年のパネル調査結果より）。つまり、進路指導は、移民の生徒やその親にとっては多くの場合服従であり、不公正なものとして認識されている。特に移民の生徒やその両親の場合には、教育のアスピレーションがより高いとされているだけに、不公正感が現れやすい。一般的に移住してくる者は、社会上昇欲がより高く、そのような計画は親のみならず、子ども自身も強く持っている。そして、フランス人とは異なり、移民の場合、親自身は学校経験に乏しいため、学業失敗の経験を受けていないことが多く、学校に対するイメージもよく、期待感もある。そのため、フランスの教育制度に対してより好意的な姿勢や態度を示す[25]。

移民の親の教育期待も、非移民より高い。学校・教師に対する期待も高い。しかし、こうした高期待と学業失敗という結果のずれは、より多くの悔しさ、欲求不満あるいは失望を生む。これらは、不登校や、暴力（進路判定会議前後に暴力事件のピークを迎える）にすら発展しかねない。そのため、一部の生徒は、こうした進路指導の結果を不公正あるいは差別と感じる。

INSEE-INED合同のTeO調査では、中学および高校における進路指導に対する不公正あるいは差別感情が芽生えたかどうかについて調査している。こうした感情は、性差および親の出身地によって異なる[26]。出身地の差異の一部が、社会背景および家族背景を考慮するとなくなるが、すべてではない。不公正についてはある特定のグループにのみ現れ、差別感情は特定の出身地にみられる。「こうした経験は、学校生活に影響を与え、その後の労働市場へのアクセスにおいてインパクトを与える」のである[27]。

最後に、移民の生徒は、中等教育におけるいずれの資格も取得できず（無資格あるいは中学校修了書のみ）に退学していく危険がフランス人の親を持つ生徒の倍以上あることについて触れておく（表8-6)。こうした低学歴による退学

表8-6　出身別の資格取得率（1995年度中学1年入学者のパネル調査より、%）

	無資格	有資格	うち：	中学修了書のみ	職業資格	バカロレア
フランス人	7.2	92.8		5.6	18.6	68.6
移民（小計）	18.2	81.7		7.5	16.6	57.6
南欧	15.5	84.5		10.0	19.2	55.3
マグレブ諸国	18.5	81.5		6.5	16.7	58.4
全体	8.7	91.3		5.9	18.0	67.4

出典：Brinbaum et Kieffer（2009）[28]

は、多くは低学力によるものである[29]。

とはいえ、こうした離学していく若者を追跡したある社会学者によれば、社会的な要因と家庭環境が中途退学を大きく左右しているとし、「一般教科における低学力と重度な社会的な困難さの組み合わせによる。つまり、家庭を支えるために働かざるを得ない環境であったり、窮屈な、あるいは脆弱な住宅事情であったり、保護者からの孤立状態など。滞在許可証の取得あるいは延期といった生徒の正規滞在化の手続きの有無は、その生徒の学業継続の有無を左右する。多くの子どもは、自身で生活を営み、かれらの生活状況においては、学習に関心がなくなることとは無関係に、勤勉さという価値観を尊重し続けることが極めて難しい」と述べている[30]。またこうした「透明な生徒」と呼ばれるおとなしく授業への積極的な参加がみられない、一見、教師が学校に適応していると錯覚してしまうような女子生徒に中途退学の危険があると述べている。

4. 職業参入

表8-7は、入国移民の出生国別の就労状況を示している。ヨーロッパとアメリカ・オセアニア以外のアフリカとアジアの格差は明らかである。

ただし、同一資格水準における移民の若者の失業率に問題がある。フランスにおける移民の若者の労働市場への参入は、困難を極めている。特にマグレブあるいはサブサハラ出身者の場合にいえる。しかし、それはかれらの学習の困難さや低い資格のみによっては説明できない。

表8-7　2012年入国移民の2013年初めの就労状況（単位％）

出生国	計	男	女
計	40	52	29
ヨーロッパ	55	65	45
ポルトガル	72	84	57
イギリス	42	45	39
スペイン	70	78	61
イタリア	63	71	52
ドイツ	70	75	65
ルーマニア	52	66	37
ベルギー	48	59	39
ロシア	19	20	18
スイス	64	69	61
ポーランド	61	80	44
アフリカ	21	34	11
モロッコ	25	44	13
アルジェリア	15	26	7
チュニジア	31	46	11
アジア	26	39	18
中国	25	27	24
トルコ	23	43	7
アメリカ・オセアニア	44	56	37
米国	52	64	45
ブラジル	38	51	28

出典：*Insee Première*, No. 1524（Nov. 2014）より作成

いずれの出身地においても学歴の上昇に応じて失業の危険度は下がる。しかし、同一資格、同一の訓練経験において、北アフリカ出身者はより多く失業にあっている。これは若者自身が感じている就労差別に値する[31]。

移民の失業率（16.3％、2011年）は、非移民の倍（8.5％）である（図8-4）。このような結果は、移民の資格あるいは職種における不安定さという説明だけではこの差を説明できない。こうした差は、より高い資格取得者においても起きている。ちなみに、非EU加盟国出身の場合、失業率は男性で16から20％、女性では17から27％と高い水準にある。EU加盟国出身は男性 7％、女性 9％と非移民の8.5％に近い結果となっている。移民の場合、エスニシティお

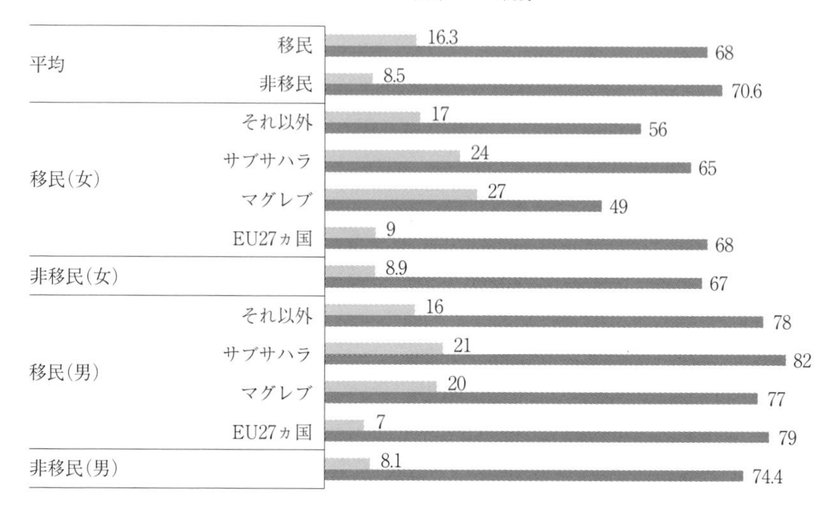

図8－4 就労状況（15-64歳、2011年、%）

出典：J-Y. Blum Le Coat, M.Eberhard（2014）*Les immigrés en France*, p. 83

よびジェンダー差の二重の差別がある。

それでは、本当に就労差別があるのだろうか。初期雇用における最終学歴の持つ影響は大きい。とはいえ、38%のアフリカ系移民が就職差別を受けたと感じている。女性より男性において、姓、そして肌の色は、多くの場合差別の最大要因とされている。アフリカ系の男性の28%、女性の20%がこれらを理由に差別を受けたと感じている。その次に住所が挙げられている。このことは、たとえ職種によって多少の変化がみられても、いずれの最終資格を持つ人、いかなる就職活動を経由した場合にも当てはまる。

TeO調査は、別の角度から同じ結論を導き出している。マグレブ移民は、男女ともに、同一条件のもとではフランス人の両親のもと、フランスに生まれたフランス人より、あるいは南ヨーロッパ出身者よりも失業に会う危険性は高くなる。またムールとパイエによれば、就職においてマグレブ移民はより乗り越えないとならない障壁が多いと述べている。こうした差は、資格による違い、あるいは地理的な労働市場における不平等に帰することはできない。かれらは、

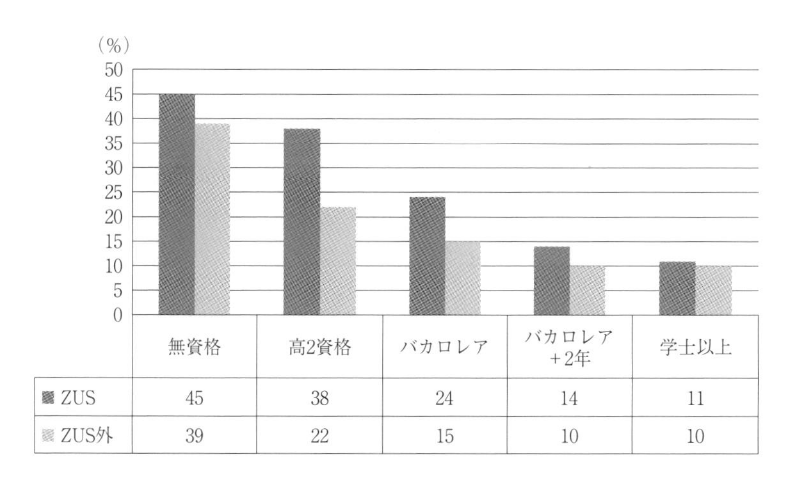

	無資格	高2資格	バカロレア	バカロレア +2年	学士以上
■ ZUS	45	38	24	14	11
■ ZUS外	39	22	15	10	10

図 8－5　居住地・学歴別失業率（%）

出典：Céreq（2012）*Quand l'école est finie*, p. 53
注：ZUS ＝困難都市地域

「出身に関連した特殊な作用が加えられている」という。

もう一つに、居住地による差別も含まれる。図 8－5 にみられるように、学歴が上昇するにつれ失業率は下がるものの、困難都市地域に住む人のほうがより失業する可能性が高くなっていることがわかる。その差は、大学の学士以上の学歴を取得しないとなくならない。

以上みてきたように、移民出自のなかでも出身地によって差異があること、そして特にマグレブ諸国出身において同一資格水準においても職業参入が厳しいことがわかる。ゆえに進路指導における充分な就職に至るまでの教育制度に関する情報の質保障を提供することが重要である。また高等教育資格取得者には、明らかな失業のリスク回避がみられることや、より中・長期的な契約雇用に結びついていることも周知のことである。したがって、特に郊外等におけるロールモデルの少ない地域や学校では、そのような成功モデルを示していくことが必要である。なぜなら、ボードロとエスタブレが指摘しているように、60 年代においては労働者のバカロレアの取得者が少なかった「教育神話」の有効な時代であったのだが、今日特に郊外の劣悪な環境におかれている庶民階層の教育のアスピレーションが低下しているからである[32]。

5. おわりに

以上にみてきたように、フランスにおける移民出自の生徒の学業達成および学力には課題が多い。加えてそこには職業参入、就労差別における厳しさも存在する。先述したようにエスニシティ間の差異については限られた調査しか存在しないが、「単一不可分な共和国」の理想と現実には相当な差異がみられる。日々の教育活動や進路指導あるいは、保護者における意図しない差別（アスピレーションの違い）がもとになり、移民系の生徒が学業上低いとされる職業系に追いやられる（「内部における排除」）。つまり中等教育の大衆化による学歴インフレにもかかわらず、その内実はヒエラルキー化された資格の細分化によるトラッキングの効果による自己選抜を含め、初等教育段階にみられた学業上の差異は強化される構造がみられる。この構造が、高い学歴を獲得した保護者を持つ生徒ほど、その抜け道、回避の方法を熟知しているゆえに、階層間にみる学業達成の格差が縮小しない要因と考えられている。さらに、上層においては普通高校に進学するための留年もいとわないわけだが、庶民階層の場合は中学校の進路指導において薦められた職業高校へと進学することになる。そのため、就労においても最終資格（学歴）の違いが反映され、移民の多くが庶民階層（進路指導に服従的）である点も不利に働き、極めて労働市場において厳しい選抜を受ける結果となっている。約40年前に、ウヴラールは、教育機関に長く留めるような義務教育の延長と教育の大衆化は、教育格差の解消にはならないことを指摘した[33)]。いかに階層間格差の縮小として掲げられた教育の民主化政策を達成するのかは依然道半ばである。あるいは、むしろ、近年では、都市の隔離、「ゲットー」化により、かえって学校間格差が強化される傾向さえ指摘される。またこうしたトラッキングの構造をなくす目的で中学校教育課程の統一化を70年代に実施したにもかかわらず、第5章のプロが80年代より研究してきたように中学校は依然として社会階層の再生産に寄与している。今一度学校制度を見直す時期に来ていることは明らかである。

最後に、唐突だがカンヌ国際映画祭でパルムドールを受賞し話題になった映画『パリ20区、僕たちのクラス』（2008年）をご覧になった読者も多いだろう。

映画最後のシーンを覚えているだろうか。アンリエットという女子生徒が、学年末に担任のフランソワ先生に「私はこの1年間に何も学んでいない」と言った発言で教室を去る。この1年間おとなしく、ほとんど発言も見られない彼女であるが、担任は彼女の発言に驚いて彼女の真意が理解できない。この映画の隠れたテーマは、こうした荒れた中学校における学びとは何か、1975年以降実施した前期中等教育の単線化「統一コレージュ」改革の是非にある。留年を極力減らし、より多くの生徒を普通コースに学ばせるが、勉強の意味を見いだせない生徒たち、移民出自の生徒たちに対して教師の悩みは絶えない。こうした教師および生徒の苦悩を描いてみせた本映画の主人公で原作者（*Entre les murs*、『教室へ』早川書房、2008年）でもあり、ローラン・カンテ監督と共同で脚本を書いた元教師のフランソワ・ベゴドー氏は、フランスの教育改革に疑問を投じている。フランスの教育政策立案者らはアンリエットらの疑問に答える義務がある。

注

1）フランスの新聞「ルモンド」の記事（最終閲覧日：2015年5月1日）。http://www.lemonde.fr/politique/article/2011/06/27/echec-scolaire-et-immigration-la-direction-de-l-insee-corrige-gueant_1541697_823448.html

2）人口問題研究所が最初に行った追跡調査は1962–1972年に実施されたものである。Girard A. et Bastide H., (1973), « De la fin des études élémentaires à l'entrée dans la vie professionnelle ou à l'Université. La marche d'une promotion de 1962 à 1972 », *Population*, 28e année, n° 3, pp. 571–594.

3）Vallet L-A. et Caille J-P., (1996), « Les élèves étrangers ou issus de l'immigration dans l'école et le collège français », *Les dossiers d'éducation et formation*, n° 67. 園山大祐（2002),「フランスにおける移民の子どもの学業達成からみた学習権の保障」『大分大学教育福祉科学部研究紀要』第24巻第2号、pp. 433–446。

4）サヤードの1976年の講演記録が参考になる。サヤードは、アルジェリアを出国した際の社会的出自（農村－都市、学歴など）がホスト社会への統合の鍵となることを強調している。Sayad A., (2014), *L'école et les enfants de l'immi-gration*, pp. 33–68, Seuil. フランスにおける移民研究においてよく引用されるアルジェリア系移民の流入を3つの時期に分けて説明した論文も併せて参考になる。Sayad A., (1977), « Les trois âges de l'émigration algérienne en France », *Actes de la recherche en sciences sociales*, n° 15, pp. 59–79. 最近では、ボーによるあるアルジェリア移民の家族にみるきょうだい間における学業達成の違いについて興味深い研究がある。同じきょうだいにおいても、1970年生まれの長女と8人目の1986年生まれの男の子の間には学業に対する価値観の違いがみられ、同じ親の下で育ったとはいえ、教育達成に違いがみられるとする。こうした違いは、教育の大衆化による恩恵を受けつつも、70年代から80年代における社会情勢の変化および社会統合の考え方の違いによるところも大きい。Beaud S., (2014), « Les trois sœurs et le sociologue », *Idées économiques et sociales*, n° 175, pp. 36-48, CANOPE.

5）Brinbaum Y., Moguérou L., Primon J-L., (2010), « Parcours et expériences scolaires des jeunes descendants d'immigrés en France », in *DOCUMENTS DE TRAVAIL*, No. 168, Trajectoires et Origines, pp. 47-53, Ined. https://www.ined.fr/fichier/s_rubrique/19558/dt168_teo.fr.pdf（最終閲覧日：2015年5月1日）
Borrel C., Lhommeau B., (2012), *Immigrés et descendants d'immigrés en France*, Insee Références, La documentation française

6）*Population et Sociétés*, n° 502, juillet-août, Ined.

7）Poullaouec T., (2010), *Le diplôme arme des faibles*, La dispute.

8）Bergier B. et Francequin G., (2005) *La revanche scolaire des élèves multiredoublants, relégués, devenus superdiplômés*, érès.

9）Truong F., (2013), *Des capuches et des hommes*, Buchet Chastel.

10）Beaud S., (2014), *op. cit.*

11）Ichou M., (2015), « Les trajectoires scolaires des enfants d'immigrés », *Cahiers français*, n° 385, pp. 43-48, La documentation française.

12）この問題は、2007年からの学校選択の柔軟化政策において批判の根拠とされた。園山大祐編 (2009),『学校選択のパラドックス――フランス学区制と教育の公正』勁草書房、主に6, 7章参照のこと。

13）Brinbaum Y., Moguérou L., Primon J-L., (2014), « Les enfants d'immigrés à l'école », Poinsot M., Weber S. (s.dir), *Migrations et mutations de la société française*, pp.163-164, La découverte. Broccolichi S., et Trancart D., (2010), « Plus d'échecs et d'inégalités scolaires en zones ségrégués », Broccolichi S., Ben Ayed C. et Trancart D., *École: les pièges de la concurrence. Comprendre le déclin de l'école française*, pp. 104-118. La découverte. Felouzis G., (2003), « La ségrégation ethnique au collège et ses conséquences », *Revue française de sociologie*, vol. 44, n° 3, pp. 413-448.

14）Felouzis G., (2003), ibid. なおフランスの高校進学には入試はなく、中学校における平常点が内申書に明記されるため、こうした中学校の成績の影響力は決して小さくはない。ただし、こうした成績評価や、進路指導に関する質的研究は少なく、全国的な傾向をはかるのは困難である。(Dhume F., Dukic

S., (2012), « Orientation scolaire et inégalités de traitement selon l' "origine" », *Diversité*, n° 167, pp. 165-175, Scéren）こうした進路指導と学業成績に関する研究として、Andréani F., Lartigue P., (2006), *L'orientation des élèves*, Armand Colin が参考になる。

15）園山大祐編（2009）、前掲書。

16）Brinbaum Y. et Primon J-L., (2014), « Parcours scolaires et sentiments d'injustice et de discrimination chez les descendants d'immigrés », *Economie et statistique*, n° 464-465-466, pp. 215-243, Insee.

17）Brinbaum Y. et Kieffer A., (2005), « D'une génération à l'autre, les aspirations éducatives des familles immigrées. Ambition et persévérance », *Education et Formations*, n° 72, pp. 53-75.

18）Brinbaum Y., Guégnard C., (2012), « Parcours de formation et d'insertion des jeunes issus d'immigration au prisme de l'orientation », *Formation et emploi*, n° 118, pp. 61-82.

19）Brinbaum Y., Kieffer A., (2009), « Les scolarités des enfants d'immigrés de la sixième au baccalauréat: Différenciation et polarisation des parcours », *Population*, vol. 64, n° 3, pp. 561-610. Frikey A., (2010), « Les inégalités de parcours scolaires des enfants d'origine maghrébine résultent-elles de discriminations ? », *Formation et emploi*, n° 112, pp. 21-37.

20）Brinbaum Y., Moguérou L., Primon J-L., (2012), « Les enfants d'immigrés ont des parcours scolaires différenciés selon leur origine migratoire », Borrel C., Lhommeau B., pp. 43-59, *op. cit.*

21）Frikey A., (2010), *op. cit.*

22）*Ibid.*

23）Brinbaum Y. et Kieffer A., (2009), *op. cit.*

24）Baudelot C. et Establet R., (2009), *L'élitisme républicain*, pp. 85-98, Seuil.

25）Caille J-P., (1992), « Les parents d'élèves de collège et les études de leur enfant: attentes et degré d'implication », *Education et formations*, n° 32, pp. 15-23.

26）Simon P., Beauchemin C., Hamel C., (2010), Trajectoires et origines: enquête sur la diversité des populations en France. Premiers résultats, *Documents de Travail*, n° 168. ペロの研究では、こうした不公平感は、エスニシティ以上に、ジェンダー差がみられるという。女子生徒のほうが、より高い学業達成を得ているには、学校側のジェンダー意識の違いに加えて、家庭における親子関係における違いが影響しているとする。Perrot, P., (2006), La discrimination systémique dans le système éducatif français, *Cahiers de l'URMIS*, n° 10-11.

27）Brinbaum Y., Moguérou L., Primon J-L., (2012), pp. 43-59, *op. cit.* ペリエは

前期中等段階の職業コース（SEGPA, CPA, CFA）に進路を決めた生徒へのインタビューから、かれらの進路選択に対する不公平感、不本意入学を明らかにしている。Périer P., (2008), « La scolarité inachevée. Sortie de collège et expérience subjective du pré-apprentissage », *L'orientation scolaire et professionnelle*, vol. 37, n° 2, pp. 241-265. またルメールによれば、これら中等教育段階における職業系の選択者には極めて共通した保護者の学歴の低さ、大家族で離婚再婚を繰り返していることなどが指摘されている。Lemaire S., (1996), « Qui entre en lycée professionnel, qui entre en apprentis-sage ? », *Education et formations*, n° 48, pp. 71-80.

28) Brinbaum Y. et Kieffer A., (2009), *op. cit.*

29) Afsa C., (2013), « Le décrochage scolaire : un défi à relever plutôt qu'une fatalité » *Education et formations*, n° 84, décembre, pp.9-19.

30) Esterle M., (2014), « Quelle construction identitaire pour les jeunes déscolarisés », Glasman D., Œuvrard F., *La déscolarisation*, pp. 263-279, La dispute.

31) 労働・雇用・職業教育・労使対話省 DARES 調査では、とくに面談前の受付のところで差別があることがわかっている。業種による違いがあったり、特にマグレブ系とブラック・アフリカ系のジェンダー差もみられる。以下の報告書に詳しい。http://travail-emploi.gouv.fr/IMG/pdf/2008.02-06.3.pdf（最終閲覧日：2015 年 5 月 1 日）。Okba M., Lainé F., (2005), « Jeunes de parents immi-grés : de l'école au métier », *Travail et Emploi*, n° 103. 宗教に基づいた就労差別に関する数少ない調査も存在する。たとえば以下の調査報告では、同じエスニシティにおいても宗教による差別があることを実証している。セネガル人でムスリム系かカトリック系なのか履歴書類に明記することで、ムスリム系のセネガル人であると、カトリック系のセネガル人より 2.5 倍の確率で面接に応じてもらえなかったとしている。Adida C., Laitin D., Valfort M-A., (2010), *Les Français musulmans sont-ils discriminés dans leur propre pays ?*, http://www.frenchamerican.org/sites/default/files/documents/media_reports/laitin_discriminationmusulmans_report_fr.pdf（最終閲覧日：2015 年 5 月 1 日）。

32) Baudelot et Establet, (2000), *Avoir 30 ans en 1968 et 1998*, Seuil, p.105.

33) Œuvrard F., (1979), « Démocratisation ou élimination différée ? », *Actes de la recherche en sciences sociales*, n° 30, pp. 87-97.

第９章

学業困難は民主化政策にとって宿命か、それとも挑戦か？

ステファン・ボネリー

1．はじめに

学業困難のテーマは至るところに顔を出し、相反する政治的・教育的選択のどちらをも正当化するのに利用されているように見える。そのテーマがわれわれにとっては学校の民主化の新しい局面のために取り上げるべき挑戦について考え直すよう促すとしても、メディアや現在進行中の政策のなかではしばしば、［誰もが経験する］共通の学校生活を知識の伝達という平等な目的をもつ場にすることを断念するような政策を促進するのに役立っているということは認めざるをえない。学業困難を嘆く言説もまた同様に、それを宿命とみなすか、あるいは教師・生徒・家庭の過ちの結果とみなしている。こうした考えとは反対に、本章では、われわれが独自に行った調査結果を含む研究成果を結集して[1)]、学業困難の生成に貢献するような教育的措置の構造的論理をいくつか詳説する。そのことによって、現在の社会的・制度的な困難についての考え方がいかに問題を回避し、それを解決するどころか増大させているということを示したい。

2．自明性によって困難に陥っている生徒たち

困難のなかでも第１に挙げるべきは、学びにとって必要な知識・性向・態度が生徒に欠けているとされる困難である。しかしわれわれがこの問題を検討し

たのは、生徒に起因する欠陥からの説明とは別の角度からである。教育に必要とされるこれらの知的手段が、あらかじめ取得されていなければならないのはなぜか？　教育的措置はなぜこれらの知的手段を自明のものとみなし、それらの伝達と所有をほとんど引き受けようとしないのか？　われわれの調査で繰り返し観察されたわかりやすい一例から始めよう。［小学校］第５学年のあるクラスの算数では１枚目のプリントが生徒［フランス語では児童・生徒の区別がないため、以下生徒と表記］たちに配布され、そこには教師が描いた15くらいの三角形が並んでいる。生徒たちはそれらを切り取るよう求められる。生徒たちはそのプリントの下部に与えられた最初の指示を実行するために、グループ内で話し合うことができる。その指示には、対称軸に沿って三角形を折り対称軸を確認しなさい、配布された２枚目の紙にある「表」の適応する欄に（対称軸がひとつもないか、ひとつだけあるか、複数あるかのそれぞれに応じて）それらの三角形を貼り、結論を導きだしなさいとある。ここで期待されている知的進展は、正三角形だけが３つの対称軸をもつのに対し、二等辺三角形は対称軸をひとつしかもたず、その他の三角形には対称軸がひとつもないということを確認することである。それゆえ生徒たちは、以前得た知識を組み合わせ（対称軸は別の幾何学図形ですでに取り上げられており、三角形の種類も辺の長さの基準に応じて識別されている）、その中から有用なものを選び取らなければならない（ここでは直角三角形の特性は役に立たない）。同様に生徒たちは、基準と図形の間を行ったり来たりしながら、実験をするなかでそれらの知識を動員しなければならない。第２段階は手短に行われ、それぞれの欄の下にそのような対称軸の数をもつ特性の三角形の種類の名前が書き写される。この練習から引き出される結論は出来の良い生徒によってのみ表明され、講義の代わりを果たすことになる。このようにして知識は「制度化され」、復習に使えるものとなる。第３段階は次の場面で手短に行われ、知識は応用練習において「再文脈化される」。

カード上に記された一連の課題は、さまざまな認識的飛躍を通じてのそれぞれの生徒の活動を定めるものとみなされるが、それらの飛躍が生徒に期待される知的進展の重要な局面として強調されることは決してない。すなわち、明白な基準（対称軸の数）や暗黙の基準（この第１の基準から他の基準に応じて三角形のタイプを見分けること）によって比較し、分類し、異なる特性を一般化しながら結論づけるという局面である。クラスの大多数の生徒たちはこうした認識的飛躍を実行することはない。彼らがこのような場面に積極的に参加しているとしても、それは期待されている活動次元とは別の次元においてである。知識を自分のものとするために期待される知的進展に関して教育的措置が生徒の活動を定めずにいるとき、困難の生成は「受動的である」とみなすことができる。知識は第1段階にあらわれるがあまり目立たたず（それを見抜くのは生徒である）、第2段階においてようやく名付けられるが、知識があまり目立たないかたちで登場する練習とそれが表していることとの関係が生徒にとって明瞭かつ必然的になることはない。このようにほとんどの生徒は練習に参加していながら学ぶことはなく、それでも期待されたことをやっていると信じている。

これと同じ例を詳細に分析したところ、教育的措置が学習者の知的活動として要請することと、生徒が多くの場合もっとも期待されているように見える側面を実行することで行う知的活動との間で、これと類似した認識活動が示された（Bautier et Rochex 1997）。教師は「指示をよく読みなさい」と何度も繰り返す。これらの指示ははっきりと与えられているが、本質に関わるものではなく、明らかに具体的な課題（切る、表の欄に貼り付けるなど）に関わるもの、あるいは生徒に期待される知的活動に彼らを参加させるにはあまりにも曖昧なものである（「どのように結論づけられますか？」など）。教育的措置における一連の課題についても、たしかに上述の事例ではプリントによって順番の枠組みが示されてはいるが、それはあまりにも多くの関連性について少しも、あるいは「言葉足らず」にしか説明していない。多くの生徒たちはそれぞれの段階を、他から切り離されたばらばらの断片として実行する（Butlen et al. 2002）。すなわち、彼らはあらかじめ観察によって分類することなく切り取り、何かを「結論づけ」なければならないということを認識することなく、それゆえ対称軸の数以外の基準を探すことなく、表の中で三角形を分類する。そしてたいてい、彼らはもっとも見えやすい課題を実行したことに満足して、なにひとつ結論を下さない。知識の表明は、生徒たちが理解したものを形式化するものとみなされているが、実際はそれは彼らが成し遂げた活動とは切り離された、「記憶にとどめておくべき」言説にすぎない。このような教育的措置において学ぶためには、しかも生徒が必要なものを獲得するための条件をその措置がつくらない場合には、生徒は学校の領域以外で（あるいは学校生活以前の段階で）構築された「性向」を持っていなければならない。なぜならそれは、教育的措置が伝達したり、活動において構築可能な成果として示したりしないような性向であり、それゆえ「暗黙」の領域（Bourdieu et Passeron 1964）あるいは「見えない教育実践」の領域（Bernstein 1975）のうちに残された性向だからである。期待される知的進展とは結局のところ、「正常な子ども」と「自発的な」知的推論についての隠れた社会的定義を明らかにするものである。正常な生徒はなぜ、表に三角形を貼り付けなさいと言われたとき、言われていないことを理解する、すなわち結論を導くために別の基準を探さなければならない（辺の長さに応じてゼロ、ひとつ、あるいは3つの対称軸をもつ三角形のタイプはどのようなものか？）ことを理解するような子どもでなければならないのか。

教育的措置を前にしてあらわれる第1のタイプの困難は、次のことから生じている。すなわちこの教育的措置が「正常」とみなされるような教育を「万人のために」行わなければならないと考えるのは、この正常さに疑問をもたないからであるということである。教育的措置の論理はここでは「差異に対する無関心」（Bourdieu et Passeron 1964）の論理であり、それは普遍的なものとして示されるこの規範を根拠にしているが、実質的にはある種の暗黙の了解を享受する生徒たちの規範をなぞっただけのものであり、これらの生徒たちに物事を明確に理解させるためにはそれらを軽く示唆するだけで「十分なのである」。実際、教育的措置の基礎に横たわる子どもの暗黙のモデルは、学校文化に慣れ親しんだ家庭の子どもによって規定される。

ところで、中学校[2]では子どもの保護者の52.9%が、労働者（28.2%）や一般事務職（16.5%）や無職（8.2%）である。雇用のタイプとディプロムのレベルの関係が強い国においては、このことはおそらく、過半数のケースで子どもの保護者はせいぜいBEPしかもっていないということを示している。このこと自体は問題ではないが、それはその子どもの家庭に、学校の暗黙の期待を理解したり、宿題や復習の際に指示を守るだけでなく認識的飛躍に注意を向けるよう注意を促したりできるような教育を受けた人がいないということを示している。

ここでわれわれは重要ないくつかの面に触れている。われわれはそれによって学習困難と、生徒の抱える困難と、困難に陥っている生徒を、そしてより広い意味では周囲の言説のなかでごちゃまぜになっている多くの面を、切り離すことができる。まずはここでみるとおり、われわれが出会う困難は、社会的には偶然降りかかるものではない。「困難に陥った生徒」について語ることは、問題になっているのは教育的措置による獲得が可能か否かという社会的不平等であることを隠してしまう。「困難に陥った生徒」という包括的表現は、問題はその生徒の能力に由来すると考えさせてしまうので、しばしば必要な前提となる知識がないために学習を妨げられた生徒がいることを覆い隠してしまう。

このことは、学習困難が存在しないという意味ではない。われわれは学習困難を本質化や宿命とは別の角度から見ているのである。というのも、たとえ教育的措置によって、生徒が活動にあらかじめ必要とされるものを使いこなせることが確かめられたとしても、これらの生徒は既述の授業場面に描かれたように、暗黙の了解を得ている生徒と同様に、難問すなわち知的困難を乗り越える要請に直面するからである。それゆえ、生徒たちが確実に獲得した知識から出発して「認識的飛躍」を実現するための活動の枠組みが定められた状況に置かれた場合でも、知的困難は学習過程における「正常な」部分をなしている。

ところで、教育的措置はこのような指導をあまり引き受けず、もっぱら学校の外で獲得したものを持ちあわせている生徒に対してのみ可能な限りの機会を与えている。学業困難に関する言説が教育界にあふれているにもかかわらず（そしてそこに当然関連があるのだが）、学習活動に固有の知的困難が過小評価され、さらには無視されている、すなわちそれは正常でないものとみなされていると認めざるを得ない。知的困難は、それを乗り越えるために前もって行われる課題の対象にはなっていないのである。この点についても他の点と同様に、われわれが観察したことは多くのクラスで繰り返しみられるものであり、学校制度[3)]のさまざまな段階についての多くの研究と一致するものであるので、それらの原因が教師とその実践の「適性」や「能力」にあるとみなすことはできない。この繰り返しは、教え方のもつ影響力によってしか説明することができないように思われるが、この影響力はここでわれわれが「教育的措置」と呼んだものにおいて実践形態に明確な形を与えるものである（Bonnéry 2009）。

これらの影響力は、教育方法や正常な生徒についての諸概念を通じて、そしてさらに教育課程再編に関する諸政策や、公的な通知や、さまざまなツール

（教科書、資料など）や、教師の養成を通じて行使される。そして教育的措置において明らかになったこれらの影響力によって、今度は教師や生徒の実践が形成されるのである。繰り返しの多さを説明できない、誰かを罪悪視する視点を避け、社会的・政治的・制度的尺度と実践の尺度との関連性を特定するためには、実践を考察し、それがもたらすものを理解するのが望ましいように思われる。

このように、「正常な」教育と困難に付随する概念について検討することは極めて有用に思われる。正常な生徒はなぜ、学校知識を学ぶために学校しか持たない大多数の子どもたちではないのか？　生徒が言われていないことを理解しなかったり、指示されていないことに注意を向けなかったりすると、教育的措置にはたくさんの要素があるなかで、なぜ生徒だけが主要な側面として困難の原因であるとみなされるのか？　教師が不均一な措置をとるのは、制度が与える大多数のツールと考え方の結果であるというのに、なぜ教師を個人的生産性の角度からとらえるのか？　したがって、こんにち行われているように、生徒がもたらす困難（「困難に陥った生徒」という呼び方が示しているもの）を欠陥や本質論の範囲で扱う必要はないように思われる。それは、学校が当然各生徒に克服させるべき「正常な」認識的困難と、あらかじめ必要とされるものを無視したり黙殺したりすることによって生じる困難とが合わさったものであると判明しているのだから。

学校の民主化政策は、平等を断念するのではなく、とりわけカリキュラムの構想において、また指示、流通する教育的ツール、教員養成において、これらの問題を検討できるはずである。そうすれば、学識文化や学校文化、その推論様式や要求を学ぶために学校しかもたない子どもを指標とするという条件のかぎりにおいて、差異に対する無関心を促進することもできるだろう。ところが逆に現在のあらゆる学校政策は、学習や学業困難にはたらきかける際に、「正常な」生徒は学識文化に十分親しんだ状態で学校にやってくるものであるという考え方を強化したり、これらの措置を前に困難を「困難に陥った生徒」に特有の何か異常なものとみなすよう導いたりしてしまう。あるいは同じことであるが、差異を特定しながら、それらの違いを生徒の「レベル」（すなわち学識文化との親しさのレベル）や社会的出自に応じた異なる目標によって承認してしまう。すでに説明した同様の措置のなかにも、このような差異の識別の痕跡をみいだすことができる。このように、特定の差異に過度に注意を払うことは、学校文化に通じた者の過失にもとづく「差異に対する無関心」の第一歩と結びついているのである。

3. 異なる要請によって不利益を与えられる生徒たち

実際、「差異に無関心」な状態で、すべての生徒が学ぶとは限らないと指摘する場合、正常な生徒についての社会モデルや暗黙の了解を問題にすることはあまりなく、生徒の差異を本質的なものや知的欠陥と解釈することになりがちである。このような解釈は、同じ教育的措置の中で「これらの特定の差異に過度に注意を払う」よう促すので、教師が生徒に対してもっているイメージに応じて異なる「適応」様式を引き起こすことになり、それによって不平等を積極的につくりだすことに貢献してしまう[4)]。こうして個別化のレトリックは、万人のための同一の目標や同一の知的活動を目指すことをあきらめさせる手段として使われることになる。

教育的措置を貫くこの第2の論理は、第1の論理とは「別に à part」実現するのではない。われわれがさまざまなクラスで繰り返し観察できた教育的措置は、フォールとガルシア（Faure et Garcia 2003）のいう「切り離された全体」としての時空間を構成している。そこでは共通の全体シナリオをめぐってさまざまな時間が生起してゆき、生徒たちは自らのプロフィールに応じて量的にも質的にもさまざまなやり方で活動を促される。このように、小学生や中学生は、同じ授業を受けているような印象を受けながら、実際には異なる活動に参加している。第1段階においては、「困難に陥っている」生徒たちの関心を最初の指示に促す（進捗したかどうか、何を見つけたかを知るための質問）。なぜなら、それらの指示は認識的レベルの低いものであるか（第5学年での切り取りの活動のように）、生徒が成功するよう活動のレベルができる限り下げられるからである。そのケースにあたるのは、対称軸の数が探しやすい三角形について生徒に問いかけるときであり、さらには「それでは対称軸がひとつだけありますが、表のどの欄にこれを置きますか？」といって生徒の操作の手助けを行ったり、彼らに代わって知的活動の諸段階を細分化したりするときである。そして「この三角形についてこれらの対称軸以外にすでに気づいたことは何ですか？」といった質問をさりげなく、あくまで偶発的に、あるいは変則的に行うときである。

そのうえ、少人数グループで生徒に取り組ませることで、教育的措置は「出来る」生徒に対して、グループ内のほかの相手たちが免除されている認識的飛躍と知的活動を、ひとりで行う責任を負わせることができる。幾何学での前例を再び取り上げると、イヴ・マリー（彼女の両親は学業に従事した期間が長かった）と、庶民階層のシンディー、アッシナの３人からなる女子のグループにおいて、後者２人は、イヴ・マリーが作業を細分化してくれることによって、三角形の特徴を比較し一般化することを免じられている。それはイヴ・マリーが、それぞれの三角形をどの欄に貼り付けなければならないかを他の２人に指示しているからである。教育的措置の一般的なシナリオでは、授業の最後に声高に「結論」を述べる際に、とりわけイヴ・マリーが選ばれることになる。こうして少数の生徒だけが知的進展の最後の段階にまでたどり着くことになる。このように答えを公表するやり方は、ほとんどの生徒が自分の行った課題と公表された知識とを関連づけない、という事実を覆い隠してしまう。

この例は、われわれの調査のコーパスにおいて繰り返し表出する現象をよく示しており、それはクラスの通常の枠組みにおける困難と、現在の学業困難に対する扱いの両方について再考をうながす。ほとんどの生徒が学業に関する自明性について暗黙の了解を欠いていることに対し、ほとんどの制度は、前提を必要としないようなやり方で教育するというよりは、さまざまな前提から出発して生徒たちに不平等にはたらきかけるような条件をつくりだすことで対応している。それによって差異を承認し、さらには社会的不平等を学業の不平等に変換してしまうのである。事実、生徒の学校に対する暗黙の了解の度合いに応じて、教育的措置が働きかけに差をつけるとき、それは知的作業の社会的分断を準備し、学習の不平等を増大させてしまう。この場合、クラスにさまざまなタイプの子どもが混ざっていることは教育の有効な手段にはならない。ある生徒たちの活動が他の生徒たちにとって本当に役に立ってはいないからである。とはいえ、クラスに社会的・学業的レベルの均質的な子どもを集めることによって何が解決されうるかはよくわかっていない。反対に、あまり初歩を身につけていない生徒は認識的レベルの低い課題にますます閉じ込められ、教育的措置がこうした生徒たちが認識的飛躍と向かい合うのを妨げるということもあり得る。ここでもやはり、すべての生徒に対して同じ方法で働きかけるような、すなわち同じクラスで、認識的飛躍に立ち向かい克服するよう全面的かつ明瞭に指導される生徒たちをモデルにするような教育的措置を発展させることが有効なのではないかと思われる。

この不平等な働きかけはさまざまな形をとり、教育的措置がとるさまざまな形態や、実際には意味のない議論として立ち現れる。グループ活動とクラス全体の活動との対立がそのよい例である。これらふたつのいずれのケースにおいても、私たちの多くの観察から分かることは、教育的措置が生徒の知的活動を適切な目標の上に設定していないだけでなく、認識的レベルの低い課題をやらせたり、彼らの課題を一連の操作的指示にばらばらに分割したりすることで、もっとも初歩的な生徒たちが学習困難に立ち向かうのを回避させてしまうということである（こうして無知が彼らを困難に陥った生徒の役割に閉じ込める）。[学業に関して] もっとも脆弱な子どもが授業の最後までたどりつくことを免除することで学習困難を巧みに避ける教師の場合であれ、その教師が出来のよい生徒たちによって分割された課題を都合のよい方法で小グループに移す場合であれ、そこではたらいているのは、問題の核心には触れずにそれが可視化されないようにするという、似通った論理なのである。むろん、たいていの場合、教師はまったく意識せずにこのように実践している、あるいはさまざまなやり方でそれぞれの生徒を「自分のレベル」に合った問題で「成功」させたいという善意に満ちている。しかしそこには、教師が心ならずも平等な目標をあきらめるよううながす影響力をもっていることが見て取れ、そのことは最終的には教師を袋小路に追いやってしまう。

4. 困難への対処が問題を生じさせるとき

個別化や特別な対応という名目で、学業困難をクラスの正常な枠組みの外へ外部化するあらゆる形式において、これと同様の論理が認められる。たとえば、初等学校での個別支援、知識に固有の困難を乗り越えるという事実と切り離して困難に取り組み関係を改善することはできないにもかかわらず中等教育における専門教科外教師による支援——、学校の周縁にある制度（たとえばアトリエや復帰準備中継措置など）で問題を起こす生徒を公立学校の「パートナー」へ移転するケースの増加、学校政策における「第２のチャンス」の拡大——たとえそれが一時的な必要性にこたえるものであっても、それは共通の学校生活における真の「第１のチャンス」の諸条件を整える必要性を隠してしまう——、などである。

前例でみたシンディーやアッシナのような生徒たちがぶつかる困難は、特殊な性質の困難ではなく、単に彼女たちが出会う教育的措置によって受動的ないし能動的につくられる困難である。このことは、困難が困難な「状態に陥っている」生徒に起因するとか、困難が個人の特性であると考える現在の政策の根底に疑問を投げかけるものである。これらの生徒たちが必要としているのは援助ではなく（なぜならそれは彼女らに起因する困難に対応するものだから）、万人に学ぶことを可能にする教育的措置なのである。だとしたら、個人的対処や援助になぜ焦点を合わせる必要があるのか。それが別の理由、平等を断念させるというイデオロギー上の理由でないとしたら。そのイデオロギー上の理由はわれわれの社会の中に、身に起こるすべてに責任をもつ個人なるものを作り出し、それによってその個人に罪悪感の重みを担わせ、あきらめの内面化を促すのである。これらの要素を検討すると、「それぞれの」生徒が学ぶ必要性は、われわれの目にはむしろ、集団的枠組みにおいて取り組むべき問題であるように思われる。それは教育的措置が根拠のない社会的自明性に基づかないように、そしてこの平等な枠組みにおいて別の意味で差異に対して無関心でいられるようにするためである。

また別の研究（Martin et Bonnéry 2002; Bonnéry 2007）が明らかにしたように、これらの困難は特別な性質のものではなく、反対にその蓄積が学ばないことによる欠落を創り出し、それがさらに後の学習をこじれたものにし、怨恨やだまされたという印象、あるいは愚か者になることへの不安を生み、それがさらに学習環境そのものの行きづまりや、知的活動を回避しようとする駆け引きを引き起こす。これらのケースでは、困難が蓄積された様子を見ると、特別な措置

(RASED[5] など）は正当化されるように思われるが、一般の教師にとって、その措置をそれに代わる新しい方法もなく削減することは、当該生徒にとっての状況の悪化を予測させるものでしかない。これに対して、現在の政策においてほとんど条件反射になっていることとして、特別な性質から「困難に陥っている生徒」を早期に（困難が積み重なる前に）発見しようとするやり方もあるが、その困難が特別な性質によるものでない以上、これも袋小路に陥らざるをえないように思われる。困難の対処を教室の外に外部化することは、問題の解決というよりは問題の回避になってしまっている。

そのことは、教室であらかじめ必要とされるものを避けながら教室で共通の学校知識をすべての生徒に教えるような教育的措置をつくり上げようとする作業の場を回避させてしまう。はっきり言葉にすることなく平等という目的と手を切るのが、結局これらの改革の主要な特徴なのである。このことはまた、当該生徒にとっての困難をつくりだすものに対処するやり方を解決することになってもいない。すなわちこれらの措置の基礎にある論理は、生徒の能力や教師の素質に問題を還元することで、知的困難を、それゆえにそれを改善するためのツールを覆い隠してしまう。小学校における「個別支援」については、それを実行する教師たちが相変わらず大した道具を備えていないというだけでなく、さらに生徒はクラスで週2時間少ない時間の中でより多くの内容を（第2学年クラス CE1 の英語など）学ばなければならず、それゆえ修復すべき学習困難も明らかにより大きなものになっているので、いっそうそうだと言える。そして今後は継続教育を受けられず（実際は代替教員不足のせいで教員たちが自分たちのポストをあけることができないために、このことは何年か前からすでに始まっていた)、補助的な教育ツールももたない教師が、現在まで彼らの目に見えていなかった教育的措置の問題を個別支援において解決できるとは思われない。

生徒の小グループでの活動、さらに時には個別の活動という考えはおそらく排除されるべきではないが、それを、問題を解決することや学校の民主化への挑戦を再建することを回避するような「解決策」として、提唱し続けることはできないように思われる。教育的措置についても、その対象となる子どもの数が何人であれ、投げかけられる問いは同じである。すなわち、どうやって生徒の関心を的確な目標に、課題と知識の関係などに向けさせるのかという問いである。

結局のところこれらはすべて、教育的措置に影響を及ぼすものについて問題を投げかける。何よりもまず、教育的目標を導く学校教育政策の問題である。生徒によってもたらされる困難と呼ばれるものに対処する現在の論理は、さまざまな進度別の学校を形成することに貢献し、そのことは教育課程や教室において目標を外部化したり差異化したりすることによって学習困難を拡大させてしまう。袋小路に陥らないためには、逆に民主化の新しい局面の挑戦を掲げることが好ましいだろう。その帰結は、教育的措置のレベルで、事前の習得をあまり前提としないプログラムの進展や措置の発展に取り組む場へとつながっているだろう。以上のことから、教育研究と、それを教員養成と関連づけることが必要であるということになる。だからこそ次に、教員養成の問題がまさに重要なものとなるが、このテーマに関する最近の展開は大いに不安を感じさせるものである。このような展開とは反対に、教育や教科の研究と関連づけながら、そして共通の学校生活における平等な学びのための一層の努力を通じて学校の民主化の新しい局面を追求する政策的プロジェクトと関連づけながら、教員養成を発展させることが不可欠であるように思われる。

【付記】

本章はLa difficulté scolaire: Fatalité ou défi pour une politique de démocratisation?, *in* Ben Ayed Choukri (dir.), (2010), *L'école démocratique: vers un renoncement politique?*, Paris, Armand Colin, pp. 71-82の全訳である。転載を認めていただいた著者および出版社に感謝申し上げる。なお翻訳版は原文の誤りを著者が訂正した文章を反映しているため、原文と異なる箇所がある。

注

1）第1の調査（Bonnéry 2007）は、優先教育地域の4つの第5学年クラスCM 2で、社会的（両親の多くが庶民階層に属している）・学業的（生徒のほとんどは全国評価でとったスコアが低い）に均質な生徒集団に対して行われた。終了間際に行われたもうひとつの調査（Bonnéry 2009）は、社会的・学業的に不均質な2つの第5学年クラスの生徒集団に対して行われた。これらのクラスにおける長時間の観察（最初の調査では126時間の録音を行い、2番目の調査では95時間の記録――87時間の録画と8時間の録音――が行われた）と、生徒・教師へのインタビュー、生徒への配布資料とその筆記の成果物の収集が行われた。第1の調査においては16名、第2の研究においてはとりわけ19名の生徒を対象に追跡調査が行われた。さいごに、第3の研究（Martin et Bonnéry 2002）が、「学業離脱」と診断された後に復帰準備中継措置の枠内で就学している中学生に対して行われた。この調査はむしろ、何年にもわたる無理解や、成績の低さや、懲罰や追放のプロセスを経て「蓄積した」学業困難を理解することに焦点をあてている。

2）中学校については統計があり、その統計は小学校についても一般化できる。なぜならこの2つの学校は義務教育であり、それ以外の進路は存在しないからである。数値の出所：DEPP (2009), p. 97.

3）ESCOLチームとRESEIDAネットワークの業績は、その他の業績とともに、さまざまな学問分野や学校制度のさまざまな段階において類似する教育的措置を提示している。保育学校の場合（Laparra 2005; Bautier et al. 2006; Joigneaux 2009）、小学校の場合（Charlot et al. 1992; Lahire 1993; 2000; Terrail 2002; Beautier et Goigoux 2004; Butlen et al. 2002; Margolinas 2005）、中学校の場合（Bonnéry 2007; Coulange 2007）、高校の哲学の場合（Rayou 2002）、文学の場合（Renard 2007）、経済・社会科学の場合（Deauvieau 2009）、長文・論証を求めるさまざまな分野で行われる場合（Bautier et Rochex, 1998; 2001）がある。

4）このようなことはテライユ（Terrail: 293）でも観察されている。

5）「困難に陥った生徒のための特別支援ネットワーク」。

参考文献

Bautier É. et al., (2006), *Apprendre à l'école, apprendre l'école: Des risques de construction d'inégalités dès la maternelle,* Éd. de la Chronique sociale.

Bautier É. et Goigoux, (2004), Difficultés d'apprentissage, processus de secondarisation et pratiques enseignantes: une hypothèse relationnelle, *Revue française de pédagogie*, n° 148, pp. 89-100.

Bautier É. et Rochex, (1997/2007), « Apprendre: ces malentendus qui font la différence », *in* Jean-Pierre Terrail (dir.), (1997), *La scolarisation de la France. Critique de l'état des lieux*, Éd. La Dispute. Texte repris dans Jérôme Deauvieau et Jean-Pierre Terrail (dir.), (2007), *Les sociologues, l'école et la transmission des savoirs*, La Dispute.

Bautier É. et Rochex J-Y., (1998), *L'expérience scolaire des nouveaux lycéens. Démocratisation ou massification ?*, Armand Colin.

Bautier É. et Rochex J-Y., (2001), « Rapport au savoir et travail d'écriture en Philosophie et Sciences économiques et Sociales » *in* Charlot B. (dir.), *Les jeunes et le savoir. Perspectives internationales*, Anthropos.

Bernstein B., (1975), « Classes et pédagogies: visibles et invisibles », Texte repris dans Deauvieau J. et Terrail J-P. (dir.), (2007), *Les sociologues, l'école et la transmission des savoirs*, La Dispute.

Bonnéry S., (2007), *Comprendre l'échec scolaire. Elèves en difficultés et dispositifs pédagogiques*, La Dispute.

Bonnéry S., (2009), « Contenus, pratiques pédagogiques et échec scolaire », *in* Van Zanten A. et Duru-Bellat M. (dir.), *Sociologie du système éducatif. Les inégalités scolaires*, P. U. F, pp. 149–165.

Bourdieu P. et Passeron J-C., (1964), *Les héritiers*, Minuit.（石井洋二郎監訳（1997),『遺産相続者たち』藤原書店.）

Butlen, D., Peltier-Barbier, M. L., & Pézard, M. (2002), « Nommés en REP, comment font-ils ? Pratiques de professeurs d'école enseignant les mathématiques en REF. Contradictions et cohérence », *Revue française de pédagogie*, n° 140(1), pp. 41–52.

Charlot B., Bautier É. et Rochex J-Y., (1992), *École et savoir dans les banlieues et ailleurs*, Armand Colin.

Coulange (2007), « Etude des pratiques de professeurs débutants dans des collèges ZEP », Actes CD-ROM du 2e congrès international sur la théorie anthropologique du didactique sur le thème « Diffuser les mathématiques (et les autres savoirs) comme outils de connaissance et d'action », Uzès.

Deauvieau J. et Terrail J-P. (dir.), (2007), *Les sociologues, l'école et la transmission des savoirs*, La Dispute.

DEPP, (2009), *Repères et références statistiques*, Ministère de l'éducation nationale.

Faure S. et Garcia M-C., (2003), « Les « braconnages » de la danse hip hop dans les collèges de quartiers populaires, *VEI-Enjeux*, n° 133, pp. 244–258.

Joigneaux C., (2009), *Des processus de différenciation dès l'école maternelle. Historicités plurielles et inégalité scolaire*, Thèse de doctorat en sciences de l'éducation (dir. Rochex J-Y.), CIRCEFT-ESCOL-Université Paris 8.

Martin É. & Bonnéry S. (2002), *Les classes relais*, Paris, ESF.

Margolinas C., (2005), « Les bifurcations didactiques », in Mercier A. et Margolinas C., *Balises en didactique des mathématiques*, La Pensée sauvage.

Laparra M., (2005), « L'écrit en maternelle : bricolage ou opération cognitive ? », in Ramognino N. et Vergès P. (dir.), *Le français hier et aujourd'hui : Politiques de la langue scolaire*, PU. de Provence.

Lahire B., (1993), *Culture écrite et inégalités scolaires*, PUL

Lahire B., (2000), « Savoirs et techniques intellectuelles à l'école primaire » in Van Zanten A. (dir), *L'école, l'état des savoirs*, La Découverte.

Rayou P., (2002), La « *disset de philo* ». *Sociologie d'une épreuve scolaire*, PUR.

Renard F., (2007), *Les lectures scolaires et extrascolaires de lycéens: Entre habitudes constituées et sollicitations contextuelles*. Thèse de doctorat (dir. Lahire B.), GRS-Université de Lyon 2.
Rochex J-Y., (2000), « Apprentissage et socialisation: un rapport problématique », in Tozzi M., *Apprentissage et socialisation*, CRDP Montpellier.
Terrail J-P., (2002), *De l'inégalités scolaire*, La Dispute.

（小林　純子 訳）

第10章

庶民階層の親と学校

—不平等な関係と不公平感情—

ピエール・ペリエ

1. はじめに

フランスにおいて、長い間、親は学校から遠ざけられてきた。しかし、それが問題とされることはなかった。19世紀末に共和国の学校は、新しい世代を教育・教化し、さらに言語と共通文化を習得させることによってネーションの統一を図ることを使命として与えられた（Prost 1997）。家庭の存在はそこでは必要だとは考えられていなかった。なぜなら教育という使命はなによりも国家に関する事柄だったからである。この社会・歴史的配置の中で学校は家庭に対立するものではなく、むしろ、両者の間には連続性すら存在すると思われていた。だが実際、学校は家庭抜きで営まれていた。なぜなら、変化は子どもから生じるものだとされていたからである。生徒は「近代的思想の小さな宣教師」と見なされていたのだ（教育学者フェルディナン・ビュイソンの表現）。しかし、根本的な不平等は、教育構造のなかに存在し続けていた。すなわち、最も多くの子どもが通う「人民の学校」と、不公平社会の中心で社会や学校におけるエリートにのみあてがわれた「貴族の学校」の間の不平等がみられた。

20世紀中葉の学校教育の民主化や、成功への関心の高まりにより、平等という争点はだんだんと学校へと移ってきた。同時に庶民階層の若者をみまう学校での挫折は批判や正義の要求という空間を切り開かせることになった（Dubet 2009）。その手段の1つは、親を学校に近づけるために地域社会のさまざまなアクターの間で、パートナーシップを展開しようとすることである。1980年代以降、公的な政策や諸規定は協力や共・教育を奨励するようになった。これは特に社会的に恵まれない地域で見られるものである。近年制定された「共和国の学校再創設のための指針と計画に関する法律」はそのため、条項の1つで「すべての子どもの成功を保証するために、親の参加を通して学校が構築される。それはいかなる社会的出自の親であろうとである。学校は教育共同体のアクター全員の対話と協力によって充実され、強化される」ことが明記されている。学校の効果を高め、機会を均等にするという目的はこのように明示的に親に訴えることになった。個人の権利は強化され、親は学校生活に関わり、教員と意見交換をし、そしてもちろん自分たちの子どもの「就学をフォローする」ように促される。それはフランスにおいて変わることのなかった学校での不平等との闘いが、今後は一方で生徒の親を、もう一方で教員を通して行われるかのようである。つまり、子どもの学校での運命を親に結びつけることや、教員にこの争点に関心を持たせ、かれらを養成することが望ましいと考えられている（Glasman 1992b）。

この政治的主意主義は、学校をめぐる需要と供給の自由化の高まりという背景の中に位置づけられる（学区制の緩和、私立学校利用の「平凡化」、学校の広報戦略、選択授業や選別クラスの提供など）。これは一部の親の戦略を活発化し、さらにより広くは学校への圧力を強めるといった結果をもたらす。だが、このような親に対する「開放」は、ある種の能力や資源を前提としている。つまりそれらを持ち合わせることによって、親は学校が提供するものへの平等を獲得し、パートナーの役割を担うことができる。そしてかれらは、その対価として承認や敬意のしるしを受けることができる。これは暗黙のうちに、アクターの自律性と合理性を求めている（Masson 1999）。学校は親のイニシアティブをとる能力や「選択」感覚、もしくは交渉する姿勢に働きかける。だが、このように期待される互酬性は、観察された実践やダイナミックスとは非常に対照的なものであった。実際、これはセグレゲーションのプロセスを強めるか（Van Zanten 2001, Felouzis, Liot & Perroton 2005）、親を代表し、集合的にその関心を表明しにくくさせるか（Dutercq 1995; Gombert 2008）、もしくは学校から最も隔たった庶民階層や移民の親が直面する困難を持続させることになる

（Montandon & Perrenoud 1987; Thin 1998; Périer 2005）。

2. 問題提起と調査

そもそも本章の問題関心は、学校における不平等や不公平感情、さらに親の尊厳の侵害を分析することにあった。そのため効果的でも公正でもない親と学校の協力について検証した。数年前から、学校における、そして学校それ自体の正義の原則や基準に関する研究が発展してきた（Meuret 1999; Dubet 2004; Duru-Bellat & Meuret 2009）。しかしながら、これらの研究は主として、生徒や教員の視点から、学習のずれや、進路ならびに学校での成功をめぐる不平等について考察することに関心を向けてきた。親と学校との関係は「声」を届かせる難しさに特徴づけられる（Payet & Laforgue 2008）。だが、親の視点については、こうした学校との非対称的な関係や、そこからときおり生じる不公平感情に言及する場合、ごくまれにしか扱われてこなかった。パートナー間の交流の規則は、アクターの実践のなかで制定され、変化する。われわれの仮説によれば、それは言明された目的とは反対に、両者を遠ざけることや、一部の庶民階層ならびに移民の親の資格を剝奪するという結果を生む。すなわち学校による施策や学校が求める作法、学校からの期待、これらの規範的プリズムを通して、規範に適わない親はその教育役割において、もしくは親自身の価値について否定的に捉えられ、評価される。それゆえ、特に協力関係への参加に必要な、配慮や敬意（権利関係）、そして自負（個人の価値や自尊心）を守るための承認が争点となる（Honneth 2007）。

本章での分析に用いるデータは2008年から2010年の3年間にわたって行われた長期的な調査に基づくものである。調査はフランス東部の困難都市地域（Zone urbaine sensible, ZUS）で行った。この地区は「教育的成功プログラム」（都市政策）の対象となっており、特に家族と学校の関係改善に軸が置かれていた。

調査は、30名の庶民階層や移民家族の親（またCM2［小学5年生］、そして中学校第6級［中学1年、日本では小学6年生にあたる年齢］の子ども）に対して個別インタビューの形式で実施された。家族のサンプルは「新しい」庶民階層

(Périer 2010) に共通の特徴を有している。すなわち移民出自の多様性（東ヨーロッパ、南西アジア、アフリカ・サブサハラ地方など）、社会経済的状況の脆弱性や不安定性、そして多くの親が抱えるフランス語習得の困難（面談の際には子どもや近親者、友人、隣人に仲介を依頼しなければならないという障碍）といった特徴を持つ。さらに数回にわたってインデプス・インタビュー調査も実施した（合計53名）。インフォーマントとの交流や信頼関係の構築によって、多かれ少なかれ明示的で、その表現自体が争点となるような不公平の兆しを把握することができた。実際、個人が感じとった不平等や主観的な苦悩は不公平という言葉では語られていない。それはむしろ自分たちにスティグマを与えるものとして味わった敬意や考慮の欠如という観点から表現されていた。このような経験は、人びとが拒否する不平等関係や道徳的判断に由来するため不公平と形容できる（Renault 2004）。この意味で本章の分析は、生の声で表現された不公平という意識を集められた資料から経験的に描くのではなく、親があるときにそれを受け入れられないと判断した過程を分析し、明らかにするものである。

3. パートナーシップの規範とその言外の含み

親と学校のパートナーシップ・モデルの発展は、学校のアクターが当事者にとって利益や意義があると想定する関係や対話の様式を求めるものである。理想的には、親の助けを借りながら、子どもが生徒としての役割に順応し、「成功する」ことが重要とされている。そのために親は手はずを整え、生徒の親として承認されるような「良い振る舞い」の作法を取り入れなければならない。実際に、親は学校が求める参加モデルに従って「支持者」として振る舞うように促される。そこでは「一緒に」行動することや、共に作り上げること、もしくは共に教育することが求められている。しかしかれらは同様に「助手」（家で子どもの宿題を手伝うなど）として振る舞ったり、教員から呼び出された際には、その求めに応じて「頼みの綱」となることもある。同様に、最後の典型例として、引っ込みすぎる、寡黙すぎる、もしくは不在として評価される親は「[義務の] 不履行」や「[責任の] 放棄」として考えられることもある。自発的な参加を求める限り、親と学校の（親対学校でもありえる？）パートナーシップは、親によって不平等に適応され、逆説的な効果を持つ措置でしかない。同様の原則から、親と学校の暗黙の契約における規則やそれを獲得するために求められる条件の問題が生じる。パートナーシップの「ブラックボックス」を開けるということは、庶民階層の家族と学校の関係の非対称性や、最も適合していない親の資格剝奪、さらにこれらの親に対するスティグマ化のリスクを明らかにすることになる。

事実、親と学校の関係をめぐる規範として設けられたパートナーシップ・モデルは、親の子どもの学校生活への寄与を評価する手段となった。さらに、親との関係の質は教員が自分たちの仕事を行う環境について下す評価から生じる。言い換えれば、家族が生徒の親としての役割を引き受ける（もしくは引き受けない）方法は生徒の、そして副次的に教員や学校の困難と成功の分析装置としての役割を果たす。ところが、回帰的検証は、パートナーシップが発達するのは、それがあまり必要ではないように思われる場所であり、必要だと思われる場所、すなわち庶民地区、特に優先教育地域においてパートナーシップに欠陥があったり、さらにそれが不在であることがより頻繁に見られることを明らかにしている。非常に多くの場合、中産・上流階級の親は、実際、自分たちに与えられた機会や権利を問題なく独占し、参加に関する制度的な提案を手に入れ、喜んでその好機の先に立つ。反対に、他の親は子どもの学校教育に身を投じることを躊躇う。かれらは、それが自分たちに関わることなのかどうか、どのように行動するのかを知らない。そして無知と無力が入り交じった学校との関係が自分たちの姿勢や言語によって露呈してしまうリスクを懸念している。

4. 正当性の争点

それゆえ、学校という世界やその文化に馴染んでいない親は、自分には学校に介入することやそれに対して反論すること、また何かしらの要求をすることの正統性が欠けていると考えている。アイデンティティや経歴から自分たちが社会的に無価値であるとして「文化的な恥」を感じるだけでなく、かれらはなによりも「学校的な恥」を抱いている。「学校的な恥」とは親自身が生徒として、しばしば挫折を経験した過去に根付いたもので、学校での知識や教授方法、また学校の機能に関する規範を熟知していないことに起因する。それは学校から象徴的に支配された地位を特徴づけるものである。教員との関係は不平等なものであり、親は教員に問い合わせることを恐れる。そして自分たちの要求や論拠を聞いてもらえないのではないかと危惧し、そのため発言したり介入することを躊躇する。かれらは学校から二重の命令を受けている。学校はその活動を支えるために親の表現行為や参加を期待している。しかし同時に親は非常に不平等な形態や条件で行動しなければならず、その許容範囲は限定的である。庶民階層や移民のなかでも最も所有していない親は、この制度化されたレトリックに見合った能力や手段を持ち合わせていない。そのため、かれらは教員に対する個人的な信頼という姿勢、ときには委託という姿勢と、完全に剝奪されないよう行使し続けるある種の警戒や猜疑心の間で引き裂かれながら、学校と距離をおき続けている。

実際、親が承認された形でパートナーシップに参加する際に求められる対話や関係の規範は、少数者によってのみ占有されたものである。だが親が不在であるとき、「不平等な当事者」［学校］はそれを気にもとめない（Dutercq 1995）。パートナーの地位に達することは、学校との相互行為の「使用方法」と規則の理解ならびにそれへの適応を意味する。1年の中でいつ面談があるのだろうか？　どれくらいの頻度で？　誰に対して、そして何について？　これほどまでの疑問が未解決にされたままに、むしろ親の自由な判断に任されている。場所や時間、約束に関する実践様式は、多かれ少なかれ学校の規範や文化に関する重要な暗黙の了解なのである。そしてそれが交流の制約ならびに条件となっている。だがこうした様式は、親の時間や都合とほとんど釣り合わないこともある（移動手段に関する困難やシフトワークなど）。さらに庶民階層の多くの親が、自分たちで自由に計画し予定を立てるといった合理的な時間配分を行うことができない。これらの親は日常的な不測の事態や混沌とした生活の中で繰り返し起こる緊急事態により、会議や約束のために先を読んで計画する手段を奪われている。

他方で、教員は自分たちが対話者［親］の時間を自由に使おうとし、さらに親が自分たちは学校で正統でないと判断するような社会関係を結ぼうとする。どのように教員からの要求の必要性を確かめ、自分たちのイメージを損なわないようヘマをせずにそれを実行するのだろうか？　言語の習得は同様に求められる能力のひとつである。すなわち言語を習得することで、親は交流の条件を保証する言葉や形式を用いて自分の考えを述べることができる。そして、それによりかれらは耳を貸してもらい、教員の目から正統だと評価してもらえる。現に［庶民階層で］用いられている規範からあまりにもかけ離れたその話し方は、気取らずに「率直に話す」ことを良しとする親には疑念を与える。ある母親は小学校に通う娘の教員との最初の面談を長い間、繰り延べにしていた。「私たちには私たちの言葉があります」といいながら。

5.「不可視」の親

別の言い方をすれば、家族と学校の制度化された関係形態は、親の一部分のみを対象とするものである。それは他の親の犠牲の上に成り立つ。後者は対話の提案に答えられないだけではない。学校が理解や期待、承認するものを鑑みると、かれらは撤退している、もしくは「常軌を逸している」と評価される。なぜなら、支配的な規範によってパートナーシップが規定される場合、学校での困難に関して、距離や不在が親の関心や責任の欠如として解釈されるおそれがあるからである。このような交流が生まれない空間には、学校の規範的圧力や判断基準に服従する家族が堪え忍ぶ、意見の対立が潜んでいる。このプロセスの中で、失敗は「放棄」と形容される親に負わされる。そして、不和から抜け出したり、対立を解決するために必要となる規則が欠如しているため、親は表現や論拠、要求の手段を奪われることになる。

他方で、庶民階層の親が、公的に発言することはほとんどない。なぜならかれらはそのような訓練をまったく受けていないからである。中産層や上流層の親は、この種の介入に慣れており、場合によってはアソシエーションがその役割を引き継いでいる。意見の対立や不和はひそかに、もしくは「舞台裏で」より頻繁に存続している。しかしこれらが、交流やそれに付随した規制の対象となることはない。この非対称的な関係の中で、［親の］不在は［学校による］批判の標的となる。

だが同時に、本当の意味での協議や代替案なしで評価を与えたり、決定を下す「パートナー」の姿勢は［親の側からは］恣意的であると判断される。親は自分たちの声を届けるのに骨を折る。だがかれらは学校の支配を受けており、そこでは学校のみが呼び出したり、処罰する権限を持っている。親はそのため、学校から果たすよう自分たちに求められていることは、自分たちには通じていないにもかかわらず、その責任を負わされるようなことであると考える傾向にある。

このようなパートナーシップは、本質的に中産・上流階級の人びとが制定し、かれらの間で共有される作法や規範の尺度に基づいて展開されている。そのため、これはすべての親を対象とするものではない。パートナーシップは自己呈示や学校教育への関与、相互作用のシステムへの参加といった、はっきりと定められた様式を前提としている。家族の資源や個人の資質は不平等に分配されており、介入のロジックも社会的に異なるものである。それゆえ、対話の様式や承認の条件は、現実にはこれらとはほとんど相容れず、態度の多様性というものが生じる。その両端には、一方で、学校により慣れ親しんだ親に特有の「個人主義的消費主義」がある（Dutercq 2001）。もう一方には、庶民階層や移民の家族の間でより頻繁に観察される、不在や沈黙がある。この種の姿勢は著しく異なる理由から生じる。

まず最初に、多くの場合、学校に対する親の不安がある。一般的に不安は、教員のまなざしや評価に立ち向かう「恐怖」という言葉で表現される。これは結局のところ、文化的資源や［学校に］適した言語を持ち合わせていない人びとと学校の象徴的な支配関係を表現するものでしかない。学校や教職員への委託は、「不可視」な親の位置づけを明らかにする２つめの方法である。教職員は親から有能であると、少なくとも自分よりも有能であると評価される。親は実際、教育の専門家に対して信頼を示す。そのためこの意味での要求がなされない限り、介入しないことが規範になる。３番目の理由は子どもの学習上の困難や態度の問題が絶えない親に付きまとう諦め、さらには宿命論である。かれらは物事の流れを変えることはできないと思っており、子どもの学校でのトラブルの原因が、子どもの「性格」にあるとする。この種の解釈は、親が「善意」を示す以上、学校での評価を相対化させ、子どもの名誉を回復することになる。教員を問題とする批判はより希有である。それは、学校に対して批判するためのいかなる正統的な素地も親が持ち合わせていないだけに、なおさらである。

最後に、最も引っ込んだ（と思われている）親による学校への投資の形態やそこに与えられる意味は、まったく承認も理解もされていないようである。これらの親の多くにとって、子どもの学校教育への寄与は、きわめて微細でほとんど可視的ではない手段で行われる。だが、その方法や、自分たちにとっての意味が認識されたり理解されないというリスクもある。庶民階層の親の学校への投資は支配階級の人びとが実践する、公的にも社会的にも評価される分野（会議への参加、学校の教職員との面談の依頼、役員会やクラス会への参加）よりも、象徴的な満足感を与える分野（遠足の付添い、備品設置の手伝いなど）において行われる。他の親は、学校と結ぶ関係の中で学校に関する利益や、象徴的な利益を引き出している。しかし、最も可視的でなく、学校的な意味で最も積極的に参加しないような親は、批難を重く浴びせられ、被支配の立場に置かれることによって固有の不利益を被っている。他方で、抜け目がなく、策略的な親は自分たちの発言や「要求」を考慮に入れてもらうことができる。そしてそれを通じて、他の親には認められないものを得る。1つの例として、これこれのクラスにおける子どもの配置がある。ある母親（無職）は彼女が「参加した」というい くつかの会議のあとで、このように証言する。

私は気づきました、あの中にいた何人かの人たちは、自分が……だとは思っていないんです。私はそういう人が好きではありません。かれらは自分たちがそうだと少し思いすぎています。これらの親はいつも自分たちの内輪にいます。かれらはいつも一緒です。教師のなかに友達がいたりします。先生たちは差別をしています。かれらはクラスの子どもたちを変えることができました。

保つべき「良い距離」は不確かなものであるため、一部の親は決して、もしくはほとんど学校の敷居をまたがない。他の親は教員と口頭でのやり取りはせず、二の足を踏む様子を見せたり、自分たちの存在を知らせるだけである。ある母親は、教員との交流についての質問にこのように答えた。「学校の出口でときおり。しかし話はしません。必ずしも話をするとは限りません。[教員を]見かけて、以上です」。教員が率先して親に会おうとするときも、関係はインフォーマルな方法で、不明瞭な形をとる。そして最も「可視的」な制度的舞台から少し引っ込んだところで試行錯誤しながらそれは進められる。

6. 不公平の経験

距離や不在が放棄という疑いを抱かせるとき、その対象となった親は自分たちが受ける損害の影響を緩和しようとする態度をとる。他のアクターが権利を要求したり、戦略的に行動しようとするのに対し、これらの親はたいていの場合、学校からのまなざしや評価から逃れ、自分自身、さらに近親者の尊厳やイメージを守ろうとする。親は交流が何よりも自分たちの信頼を失墜させるという疑念を持っている。そのため、かれらの防御的な姿勢は、こうした非常に不平等だと感じられる関係からの逃避方法となる。なぜなら恵まれないか、象徴的に脅威をはらんだ状況では、自分たちの特権や役割、自尊心を守ることは、自分たちが置かれた状況を忘却させるものだからである。隠蔽は「信用を失う事情のあるもの」の戦略である（Goffman 1986）。すなわち、密かに学校から距離をとることは、家族にとって自分たちに関する情報を管理する方法や、学校が私的空間まで干渉してくることを制限する方法となる。撤退の戦術は、「弱者」の抵抗という性質を帯びている。特にそれは学校が課す権力に対して（期限を延ばすというように）時間をめぐって用いられる。これは「面目を保つ」方法に相当するもので、個人がアイデンティティの資源をほとんど持ち合わせていないときにますます必要とされる。親の学校からの逃避や沈黙はこのようにかれらの怠慢や無関心を示すものではない。それはかれらが被っている支配を明らかにするものである。教員と親の対立が明らかに不在であることは正確には一方の他方に対する、この場合には学校の家族に対する支配関係へ注意を促すものである（Boltanski & Thévenot 2001: p. 58）。

だが庶民階層や移民の家族は、生徒の進路や成功に不平等が存在することを認識する一方で、それでもなお学校が最も恵まれない人びと、特に自分たちの子どもに対する保護や公正、より正確には、権利や機会を保証してくれることを期待している（Dubet 2002）。デュルケムは、集合意識の衰退や契約関係の発達が不平等を耐えがたいものにし、そのため複合的な社会で個人が信仰よりも公正を必要とするようになったことに気づいていなかっただろうか（Durkheim 1986）。この争点は、学校が他のすべての制度のように象徴的に市民共同体（Schnapper 1996）の利益となるように差異を乗り越える機能を持ち、そのため学校から地位や敬意の形式的平等を期待する権利があると親が信じていればいるほど明確になる。しかしながら、すべての不公平感情は、必ずしも実際に差別的な扱いを実証するような要因に基づいているわけではない。なぜならそれは同様に、かれらが見返りに再分配や承認から受け取るものに比べて、親がどのように自分たちの寄与を評価するのかにもよるからである。交流におけるバランスは主観的に認識されるものである。そしてこの争点が、双方の間での不和や意見の対立の原因となり得る（Kellerhals, Coenen-Huther & Modak 1988）。こうして公平や不公平の認識は社会的に異なるのであり、不公平経験はその結果として作り上げられる（Renault 2004）。同様に、公平の原則はあらゆる社会空間において同一ではなく（Boltanski & Thénenot 1991）、ある社会生活の空間で正統だとされるものが、他の空間では必ずしもそうだとは限らない（Walzer 2005）。結果として、公平もしくは不公平なものについて判断を下す基準の多様性は、共有された一般的に影響力を持つ定義へと至る可能性を狭めることになる。

7. どのような親の承認か？

庶民階層の家族と学校の関係性は前もって定められた合意に基づくものではない。交流においては、文化的な不一致や不均衡が早い段階で明らかになる。学校によって作られ、課せられた「生徒の親」という規範を通して、最も規範に適っていない親は理解され、評価される。地位の不平等や共通言語の不在は、支配的なモデルからかけ離れている人びとの資格剝奪へと導く。言い換えれば、かれらは自分たちがそうだとは承認されず、さらに自分たちでは振り払えない否定的なラベリング（「不履行」「放棄」）に苦しんでいる。だが、不公平感情は何よりも承認の欠如から育まれる（Honneth 2007）。承認とは、他者に対する配慮や権利、自負に訴えるものである。争点はそのため、必ずしも学校の世界や文化と示し合わせがあるわけではない「本当の」親に向けて学校が開かれることにある。さまざまな公正の原則が学校と親、特に最も可視的ではない親も含んだ両者による相互の承認の観点から提起されている。

家族と学校を公平に結びつける政治の一般原則は、あらゆる人びとの利益やそれぞれの貢献が承認されることを目指すものである。結果として、親の表現方法や参加方法の複数性、すなわち学校への投資や自分たちの役割であったり子どもの「利益」を解釈する異なった方法を前提とする。この原則は、それぞれにとって公正な貢献とされるものについて規定しようとするため、多くの曖昧さを抱えている。どのように交流の境界を引き、どのように行われた（行われない）ことの責任を、当事者のそれぞれに帰するのだろうか。制度や就学について想定された平等の規範は、［子どもを］援助したり、［学校に］「声」を届ける能力が低く、また自分たちに対して差別的な扱いがなされているという感情を抱いていたり、さらに無力感から沈黙し続ける人びとの資格剝奪という効果をもつ。それはかれらが行うことや、かれら自身を無力化するプロセスを助長することになる（Glasman 2008）。このような正統性の否認は警戒、さらに不信を生むことになり、教育や学校という争点に関する親の同等の自尊心という倫理的原則を疑問に付す。なぜなら、すべての親は自分たちが「与える」ことや自分たちが受け取ることを一様に評価しようとはせず、現実に当事者それぞれの貢献の判断はさまざまな公正の規範に基づいているからである。確かに、公正や不公正であることのある程度の合意は、計画や行動を調整するために必要である（Rawls 2005）。しかし公平の原則は行動と参照される規範の間ではなく、行為者とその貢献を釣合わせようとするものである。

２つめの公正の原則は学校での親の地位や権利の平等に関わる条件である。その実行に対しては少なくとも２つの要求がある。第１は役割期待や親と学校の関係様式を明らかにすることである。実際、非常に多くの場合、実践される対話様式はわかりづらく、全員がそれを解読できるわけではない。そのため事情に通じた親がもっぱら、すべての親に対してなされる学校に関与するための場を充実させようとする試みから最良の利益を得ている（会議への参加、面談の要求、発言、情報へのアクセスなど）。反対に学校に最も慣れ親しんでいない親には限られた行動の余地しかなく、かれらの「やる気」は疑われることになる。この意味で、学校教育は「舞台裏」で作動している。たとえば進路の交渉などは、生徒の間に差をつける基準やその論拠に関する細かな理解を必要とする（Masson 1999）。

しかし、『遺産相続者たち』の筆者らがその有名な著書の結論で書いたように、「現実的な合理性へのそれぞれの進歩は［…］公平の方向での進歩であろう」（Bourdieu & Passeron 1964: 114）。別の言い方をすれば、物事を明確にすることが、民主化の（十分ではないけれども必要な）条件である。ここでは家族と学校のパートナーシップに関して特に論じているが、この争点は両者の関係の形態やその様式の根底で前提とされていることを明らかにするものである。そしてそのことは、学校を最も多くの人びとに近づきやすく、理解しやすいものとする。学校が行うことやその方法、目的、そして教員が親に期待していることを示すことは、それぞれの役割や責任の所在を明確にする方法である。それにより特に過ちを相互に否定することや、親が教員に責任を負わせたり、その逆に教員が親に責任を負わせることを避けることができる。交流の規範を明確にすることによって、非難すべき依存関係がみられる中で、距離をとる親やそのように判断される親が直面する、阻害要因やブレーキを取り除くことができる。

2つ目の要求は、親がもつ自分たちの権利に関する知識の平等や、その使用をめぐる平等という幻想を断ち切ることである。これらの平等は親による要求やかれらの日常的な態度のなかでは確認できない。なぜならそこでは少数の親しか戦略的な選択や決定を下すことができないからである。それは、学校でのメリトクラシーのみでは実現できないことを修正するような、機会の分配的平等との類推によって考察できる（Dubet 2004）。すなわち、パートナーシップへのアクセスをめぐる公平の政治は、その背景や状況、人口の特殊性に配慮した「分配的」提供を必要とする。学校との協力関係において想定された平等と同様に、供給へのアクセスという自由主義的ロジックへの親の自由な投資は、現実的に、すでに最も有利な資質のある人びとに最も利益があるようだ。だが調査は、学校が提唱する関係様式を多様化させようとする主意主義的行為は家族の関与に関して、最も学校から離れた親により顕著な効果をもって作用することを明らかにしている（Kherroubi 2008）。実際、前段階で親との信頼関係や見解の相互性を確立することによって、結果としてその状況を避けられるとはいかないまでも、和らげることができたと残念がる証言には事欠かない。この種の観察は、すべての家族、特に最も学校から離れた家族に実践的・象徴的なアクセスを解放できるように、紐帯の形態やそれを支えるものを変えることを提案している。目的は、学年度中の処罰や呼び出しが繰り返されないように、学校で生じる支障や苦境を予防できる制度的条件を作ること以外の何ものでもない。

第3の原則は「差異」と呼ばれるもので、ロールズの正義論から直接的に着想を得ている。それは言明された公正の原則を補完するものであり、その行為が「埋め合わせること」を目指すときもふくめて、差異を考慮に入れることが恵まれない親を不利にしないよう注意を払うものである（Rawls 2005）。この見地では、補償もしくは賠償の政治は、逆説的にある種の親のハンディキャップを固定化させることになる。フランスにおける優先教育の例が示すように、「より所有してない人びとにより多くを与える」という「積極的差別」が同様に、［学校の］回避や逃避といった戦略の対象となったり、セグレゲーションやゲットー化の連鎖を促すような区域や学校を結果的に指定することになる。差異を扱うことは、「受益者」にかれらが望まないような否定的イメージやハンディキャップをまとわせ、スティグマ化の効果を生み出す。ある集団との同一視（たとえばエスニシティに基づいた集団との同一視）は、このプロセスの1つの側面である。それは恵まれない地区の庶民的な学校における家族と学校の仲介という措置に関する分析が明らかにしていることである。この種のイニシアティブは学校と異なった関係を持つ移民出身の家族をスティグマ化してしまう（Bouveau, Cousin & Favre 1999）。

支援活動（親の役割に関する支援措置）は適合という、より漠然とした要求に通じている。管理という意味により近い（Neyrand 2011）。だが、差異の中で親を認めることは、「かれらに対して」もしくは「その代わりに」行動しようとする介入を正統化するような不足や欠如に焦点を当てることを意味しない。それはいわゆる差別のない個人化の過程とは、最も所有する人びとに利益をもたらすものや、その利点が最も恵まれない人びとに役立つ（もしくは害する）

余地をもたらす方法を特定することである。

このようにパートナーシップの暗礁は二重になろう。一方で、市民の平等主義的政治形態のもとで「抽象的な」親を構築しようとする普遍主義的個人主義の試みがある。それは親のアイデンティティの基盤にある差異を無視することであり、この平等主義は自由競争や市場のゲームを増長させる危険がある。他方で、親を差異化するものに配慮した個別主義的個人主義があるが、その意図が積極的であろうと、何かしらの差別を生じさせうる。公平な、もしくは効果的な関係の空間とはこのため、すべての親に学校との交流の変化は、〔親の〕立場を向上させようとするもので、なんら現在の状況をさらに悪化させるものではないと保証する能力の中に位置づけられる。

8. おわりに

学校に対する不公平感情は、パートナーシップにおける不平等や自分たちの投資に対してなされる評価を通して、一部の親によって生きられる。これは一方で近代社会の理想である平等の幻想と、もう一方で個人的・社会的な運命を決定する上で学校がますます重きを持つようになっていることとの関係でしか理解できない。生徒、そして親に認められる新しい地位や権利は学校をめぐる公平の問題領域を広げるのと同時に、最も弱いアクターの評価を低めたり、自己を過小評価させたり、さらに軽蔑するといった影響を増大させる。同時につい最近まで認められていたような、学校や社会における不平等は、今後、有効性は不確かであるが、補償の政治の源泉となる。だがそれを推進する「善意」とはかけ離れて、親と学校を近づけようとする政治は逆説的に、それが庶民階層や移民の親に対する資格剝奪やスティグマ化の影響を伴いうる。すなわち、親は学校に、権利の平等や自身の尊厳を補償することを期待している。そこにはまた学校が生みだす、そして学校が訂正すべき不公平への関心がある。よく見られる苦悩の形態は、親が自分たちの経験を語ることのできないことや、「不可視の地位」に置かれること、さらに、自分たちに責任を負わせるような地位に親を陥れる制度的ロジックと折り合いをつけられないことのなかに潜んでいる。このような過程は支配関係の再生産を強化するばかりである（Renault

2008)。

学校と家族が協力することの最終目的が、親の参加を通して生徒の、とりわけ最も所有していない生徒の学校での機会を改善することだとすると、進められる政治や行為がもつ効果は不確かであり、［親を学校に］接近させる目標は不公平を作り出すことになる。この不公平は緩和されるか、取り除かれなくてはならない。学校への投資という期待に答えるに相応しい資源を所有していない親の発言を再評価することを通して、対話、特にその個人的な、また集合的な価値や行動能力を承認することが争点として提起される。このため、問題はもはや規則に従うために、もしくは学校が課し、弱者がそれによって支配され評価されるような役割規範に適応するために、親がどのように妥協するのかを問うのではない（Payet & Lafourgue 2008)。むしろこうした規則や役割規範を修正したり、新たに他の形態で考案し、それを認めさせる可能性にある。

参考文献

Boltanski, L. & Thévenot, L., (1991), *De la justification*. Paris: Gallimard. 三浦直希訳（2007),『正当化の理論――偉大さのエコノミー』新曜社．

Bourdieu, P., & Passeron, J.-C., (1964), *Les héritiers*. Paris: Editions de minuit. 石井洋二郎監訳（1997),『遺産相続者たち』藤原書店.

Bouveau, P., Cousin, O. & Favre, J., (1999), *L'école face aux parents*. Paris: ESF.

Certeau de, M. (1990), *L'invention du quotidien. 1. Arts de faire*. Paris: Folio. 山田登世子訳（1987),『日常的実践のポイエティーク』国土社.

Dubet, F., (2002), *Le déclin de l'institution*. Paris: Seuil.

———, (2004), *L'école des chances. Qu'est-ce qu'une école juste ?* Paris: Seuil.

———, (2009), « Conflits de justice à l'école et au-delà ». *in* M. Duru-Bellat, & D. Meuret (dir.), *Les sentiments de justice à et sur l'école*, pp. 44-55. Bruxelles: De Boeck Université.

Duru-Bellat, M. & Meuret, D., (2009), *Les sentiments de justice à et sur l'école*. Bruxelles: De Boeck.

Durkheim, E., (1986), [1ère édition 1893], *De la division du travail social*. Paris: PUF. 田原音和訳（2005),『社会分業論』（復刻版）青木書店.

Dutercq, Y., (1995), « Une partie inégale. Les interventions publiques des parents d'élèves ». *Politix*, n° 31, pp. 124-135.

———, (2001), « Les parents d'élèves: entre absence et consommation ». *Revue française de pédagogie*, n° 134, pp. 111-121.

Durning, P., (1995), *Education familiale. Acteurs processus, enjeux.* Paris: PUF.
Felouzis, G., Liot, F. & Perroton, J., (2005), *L'apartheid scolaire.* Paris: Seuil.
Glasman, D., (1992a), *L'école réinventée ? Le partenariat dans les zones d'éducation prioritaires.* Paris: L'Harmattan.
———, (1992b), « "Parents" ou "familles": critique d'un vocabulaire générique ». *Revue française de pédagogie,* n° 100, pp. 19–33.
Glasman, D., (2008), « L'institution scolaire et les parents de milieux populaires: habilitation ou disqualification ? » *in* J.-P. Payet. & al. (dir.), *La voix des acteurs faibles,* pp. 107–119. Rennes: PUR.
Goffman, E., (1986), *Stigmate.* Paris, Editions de minuit. 石黒毅訳 (2001),『スティグマの社会学』(改訂版) せりか書房.
Gombert P., (2008), *L'école et ses stratèges.* Rennes: PUR.
Honneth, A., (2007), *La lutte pour la reconnaissance.* Paris: Cerf. 山本啓・直江清隆訳 (2014),『承認をめぐる闘争』法政大学出版局 (増補版).
Kellerhals, J., Coenen-Huther, J. & Modak, M., (1988), *Figures de l'équité. La construction des normes de justice dans les groupes.* Paris: PUF.
Kherroubi, M. (dir.), (2008), *Les parents dans l'école.* Paris: Erès.
Lyotard, J.-F., (1983), *Le différend.* Paris: Editions de Minuit. 陸井四郎ほか訳 (1989)『文の抗争』法政大学出版局.
Masson, P., (1999), *Les coulisses d'un lycée ordinaire.* Paris: PUF.
Meuret, D., (dir), (1999), *La justice du système éducatif.* Bruxelles: De Boeck Université.
Montandon, C. & Perrenoud, P., (1987), *Entre parents et enseignants: un dialogue impossible ?* Berne: Peter Lang.
Neyrand, G., (2011), *Soutenir et contrôler les parents,* Toulouse: Erès.
Payet, J.-P. & Laforgue, D., (2008), « Qu'est-ce qu'un acteur faible ? » *in* J.-P. Payet & al. (dir.), *La voix des acteurs faibles,* pp. 9–25. Rennes: PUR.
Périer, P., (2005), *Ecole et familles populaires. Sociologie d'un différend.* Rennes: PUR.
———, (2010), *L'ordre scolaire négocié. Parents, élèves, professeurs dans les contextes difficiles.* Rennes: PUR.
Prost, A., (1997), *Education, société et politiques.* Paris: Points histoire [本書第5章]
Rawls, J., (2005), *Théorie de la justice.* Paris: Points. 川本隆史・福間聡・神島裕子訳 (2010),『正義論』紀伊國屋書店.
Renault, E., (2004), *L'expérience de l'injustice.* Paris: La découverte.
———, (2008), *Souffrances sociales.* Paris: La découverte.
———, (2009), « Théorie de la reconnaissance et sociologie de l'injustice ». *in*

Y. Guillaud & J. Widmer. (dir.), *Le juste et l'injuste*, pp. 51-75. Paris: L'Harmattan.
Schnapper, D., (1996), *La communauté des citoyens*. Paris: Gallimard. 中嶋洋平訳（2015）『市民の共同体』法政大学出版局 .
Singly de, F., (2005), *L'individualisme est un humanisme*. Paris: Editions de l'Aube.
Thin, D., (1998), *Quartiers populaires. L'école et les familles*. Paris: PUF.
Walzer, M., (2005), *Sphères de justice*. Paris: Seuil. 山口晃訳（1999）『正義の領分——多元性と平等の擁護』而立書房 .
Zanten van, A., (2001), *L'école de la périphérie*. Paris: PUF.

（村上　一基 訳）

第11章

フランス・パリ郊外におけるムスリム移民家族の教育実践
—社会統合とアイデンティティ[1]—

村上　一基

1. はじめに

フランスにおいて、1980年代以降、都市部郊外の庶民地区[2]は失業、犯罪、移民、人種差別や「都市暴力」といった社会的困難が集積した「困難地区(quartiers sensibles)」として、セグレゲーションやゲットー化などと関連した主要な社会問題のひとつをなしてきた。このフランスの「郊外問題」において、家族や親は、子どもの犯罪や不登校に関して教育関係者や政治家などからその責任の欠如を問われ、「教育放棄」と批難されるなど問題視されてきた(Mucchielli 2000; Avenel 2007; Mohammed 2007, 2008)。なかでもムスリム移民家族は，大家族やひとり親家族（特にシングルマザー)、一夫多妻といった家族構造，さらに親のフランス語能力や文化背景の違いから、とりわけ問題視されてきた。

地域レベルでも家族や親は重要な争点とされ、アソシエーションや自治体による教育活動の介入対象とされてきた。こうした活動は、グループ・ディスカッションや学校と家族の橋渡しをする「仲介活動」(Delcroix 1996; 伊藤 2000; 園部 2003 ほか）などを通して、親を子どもの就学により能動的に関与させることを目的に行われている。

しかし、このように「批判」もしくは「介入」の対象とされてきた庶民地区の親は、どのように子どもを育てようとしているのだろうか。本章ではパリ郊外の庶民地区における経験的調査をもとに、一般的にその批判の矛先を向けられてきたムスリム住民、特に思春期の子どもを持つ移民の家庭教育をかれらの言説から考察する[3)]。そして、ムスリムの親が子どもの社会統合に関心を持ちつつも、学校との教育様式の違いや地区の社会環境への懸念といった教育上の困難を抱えていること、その一方で家庭内における文化や宗教の伝達など子どもにアイデンティティを与えることを重視し、そこで積極的な役割を果たそうとしていることを明らかにする。

先行研究は主として、若者——特に16歳から30歳までの移民第二世代以降の男性——の失業や差別、また非行・犯罪の問題に関心を寄せてきた。本章が論じる教育に関しては、学校と労働市場の連続性という社会統合ならびに排除への関心から、学校教育の問題——学業失敗や早期離学、成績評価、進路決定、学校選択、差別など——が主に議論されている（Van Zanten 2001; Beaud 2002; Kokoreff 2003; Lapeyronnie 2008; Kepel 2012 ほか）。また移民家族の教育に関する代表的な研究として、ゼルールによるアルジェリア系移民に関する研究があげられる。彼女は家族の移住経路と教育戦略が子どもの学業成績に重要な作用を持つことを明らかにした（Zéroulou 1988）。だがそこでの関心も子どもの社会統合の問題にあり、学校における子どもの成功（大学進学など）に専ら着目し分析がなされている。

しかし、移民の家庭教育は、先行研究が扱ってきたような学校教育の問題に還元しては理解できない。筆者が行った調査から明らかになったこととして、人びとは教育の道徳的側面により重きを置いていることがある。かれらの教育上の関心事を理解するためには、学校教育の側面だけでなく、文化や宗教、アイデンティティなどより広義の意味で教育を捉え、考察しなければならない。

失業や差別などの問題に直面した移民第二世代以降の若者が、「個人化の進展」（Bauman 2001; Beck and Beck-Gernsheim 2002）のなかで、個人主義的選択の結果としてイスラームに拠り所を求めることは多くの研究が明らかにしている（Gaspard et Khosrokhavar 1995; 梶田 2005: 131-132; Kakpo 2007 ほか）。だがトリバラによると、「脱世俗化」の傾向が1980年代以降に生まれたムスリムに見られ、この動きは家族における宗教の伝達の高まりと一対になっているという（Tribalat 2013: 144）。すなわち1985年から1990年生まれの約半数が宗教教育に重要性を与える家庭で育てられ、さらに親が2人ともムスリムであり、宗教に重要性を与えている家庭の90%以上において子どもがイスラームを保持し続けている（Tribalat 2013: 160-162）。

それでは若者が宗教というアイデンティティを選択することは、出身国の伝統を維持しようとする親世代の文脈から完全に切り離されたものといえるだろうか。移民家族における文化・宗教的ルーツの模索は単なる親による伝統の維持として捉えられるだろうか。むしろ家族は若者の拠り所のひとつとして、かれらの選択にも少なからず影響を与えているのではないだろうか。

以下では、本章で用いるデータについて説明した後（第2節）、ムスリム移民の抱える教育問題を学校教育と子どもの交友関係の2つの側面から論じる（第3節）。第4節では、家庭教育とアイデンティティの関係を文化や宗教の伝承に着目し明らかにする。最後に第5節でまとめとして、第二世代以降の若者のアイデンティティを本章の知見との関係から論じたい。

2. 研究方法

1）調査概要

本章では、2010年10月から2013年3月まで、パリ南部郊外のスフィンクス地区（仮名）で行った調査結果を用いる。調査では、中学生以上の子どもを持つ親（30名）、高齢者や子どもを持たない成人（11名）、地区で育った若者（17歳から30歳・29名）、中学校の教職員（12名）、そして教育の分野で活動するアソシエーションや自治体の職員（10名）の計92名に話をうかがった[4)]。また、住民の生きられた経験を理解するために民族誌調査も行った。インタビューは1時間から4時間（平均1時間半）、地区や家族、学校といったテーマをもとに半構造化の形式で実施した。調査は地区全体の教育問題や住民間の関係性を考察するために、ムスリムに限らないすべての出自の住民を対象としている。インタビューした30名の親のうち22名がアルジェリア、モロッコ、セネガル、マリ、ガンビア、ガボン、コモロ、パキスタンなどの出自を持つムスリムであり、そのうち5名はフランスで生まれた第二世代・第三世代である。

庶民地区の移民の家庭教育を考えていく際に、性別役割分業について言及する必要がある。インタビューを行った30名のうち母親が20名、父親が10名であった。このジェンダー不均等は地区の大半の家族において主な教育の担い手が女性であることを直接的に反映している。地区に住む移住女性の多くは、移住先の社会で子どもを「正しく」育てることを最も重要な使命としている。彼女たちが働きに出ている場合も生計を立てるために、仕方なく働いているのであり、子育てのために母親が家にいることが理想と考えられていた。

また学校での会議などに参加する親の大半が女性であり、地域社会における「親」を支援するための活動でも、母親がその主な対象とされている[5]。筆者がインタビュー協力者を探すために、地域のアソシエーションや学校に仲介を依頼した際も、「母親のみ」をその対象として捉えられてしまうことがあった。父親が教育に関わらないことが問題としてあげられるとしても、地域で活動するアクターも自分たちが対象とする家族では女性が教育の主たる担い手であるという暗黙の認識を持っていた。

2) 調査地

パリから南に30分ほどいった郊外にあるスフィンクス地区は、1965年に開発が決定された5つのニュータウンのひとつで、その建設は1974年から1980年に遡る。建設当初は中産階級の人びとが郊外での新しい生活を求めて引っ越してきたが、かれらは徐々に戸建て住宅に移り住み、代わりに労働者階級、特にマグレブ諸国や西アフリカ諸国などの外国出身者が住民の大半を占めるようになった。地区の人口は2006年時点で10,034人で、そのうち46%が25歳以下（全国平均31.2%）、34%（11%）が移民、24%（5.5%）が外国籍住民である。ひとり親世帯は23.2%（12.8%）で、6人以上の世帯は12%（1.9%）を数える。1999年時点の失業率は19%（12.8%）で、15歳から24歳のそれは30.3%（25.6%）である。

スフィンクス地区は都市政策（politique de la ville）の対象地域として、困難都市地域（ZUS）[6]に指定され、都市再開発（rénovation urbaine）も積極的に行われている。地区の中学校は優先教育地域（ZEP）[7]に指定される。また地区は暴力や非行、ドラッグなど若者の問題を90年代から抱えている。これらの問題はメディアでも取り上げられており、スフィンクス地区は全国的に知られた、スティグマ化された地区である。住民はこうしたメディアによって作られたイメージに、それに同意するにせよ、それを否定するにせよ、必ずといっていいほど言及していた。

最後に、地区にはフランス国籍の有無にかかわらず、移民を背景に持つ住民が集住している。フランスではエスニックな出自に関する統計調査が禁じられているため、住民のエスニックな構成を正確に把握することはできない。しかし、住民の国籍だけでも60を数え、前述したムスリム以外の出身地としてはレバノン、ベトナム、ラオス、トーゴ、カメルーンなどがあげられる。

3. ムスリム移民家族の抱える教育問題：学校教育と地区の影響

1) ムスリム移民と学校教育

先行研究では庶民地区の学校の問題、特に移民系家族がかかえる問題として、家族と学校の対立関係を論じてきた。すなわち、学校教職員からの親に対する教育責任の放棄という批判と、学校が自分たちを突き放すような、そして人種主義的な制度であるとして住民が抱く不公平な感情や批判である（Van Zanten 2001; Kokoreff 2003; Périer 2005; Lapeyronnie 2008; Kepel 2012 ほか）。しかし、筆者が行ったスフィンクス地区の調査では、このような対立関係はほとんど見られなかった。

調査を行った地区では一般的に住民は地域の学校を敬い、教員の教育実践を評価していた。校内暴力や学業成績、さらに地区に対するイメージから中学校は外部から否定的に捉えられている。それに対して中学校の意欲的な教育実践は、親ならびに地域のアクターからは非常に好意的に受け入れられていた[8]。批判がなされることがあっても、その対象となるのはフランス社会の教育システムなど構造上の問題であった。将来やりたいことが定まらない段階で子どもが進路を決めなくてはならないことや困難を抱えた子どもがそのまま進級してしまうことなどがそれらの批判の一部としてあげられる。コモロ出身[9]のHS（55歳、6人の父親）は地域の中学校を「他の中学校と同じです。成功した子どもが多くいます。どうして私の子どもたちもそうではないといえるのでしょうか」と語る一方で、学校のシステムについて下記のように批判していた。

「もし子どもが中学校で成功できないとしたら、それはかれらが小学校から十分な基礎を持っていなかったからでしょう。私は先生ではないですが、親です。自分の子どもたちを見ています。私は子どもたちがあまり勉強ができないといっているのではありません。ただ、十分に中学校へ進学する準備ができていないこともあると思っています。[…] 多くの子どもが中学校で失敗するということはおかしなことです。いかなる子どもも中学校に［小学校までの］困難を引きずるべきではありません。」

HSのように多くの親は、自分たちの地域でも成功した子どもがいることを述べ、公立学校における機会の均等を信じていた。そして、公共交通を利用するような遠距離通学を避け、子どもを近所の学校に送ることを選択していた。中学校の教員も親の困難を認識しており、「教育放棄」という言説を否定し、どのように親を支援し、学校教育に関わらせればいいのかという問題意識をもっていた。しかし、とりわけ移民家族と学校の間には、文化背景の違いからくる相互の不理解や「文化的な距離」がみられた。

筆者がインタビューしたすべての親は、学校での成功を子どもの将来のために必要不可欠なものとして捉えていた。だがこうした認識にもかかわらず、庶民地区において親は積極的に、特に学校の教職員が求めるような形で子どもの学校教育に関わってはいなかった[10)]。すなわち大半の親が子どもの学校教育への関与が重要であると語るとしても、親が学校に出向くことは呼び出しがあった場合に限られるなど、実際にそれが積極的になされることは少ない。ここには戦略的に子どもの学校教育を考え、関与するための参照枠組みや基準の欠如がみてとれる。自分たちの学歴や能力の問題から、地区に住む親、特に移民を背景に持つ親が、学校での授業内容や進路決定について批判することは希である。子どもに対しても、進路やその後の就職先などについて具体的なアドバイスをすることは少なく、子どもの進路を正確に把握していない場合も多々みられた。学校教育については「いけるところまで進学して欲しい」「最低でも高校は出て欲しい」と子どもに期待する親が多く、種類は問わず免状を獲得し、自分たちよりも「良い仕事」につくことが「成功」だと捉えられていた。たとえば、あるモロッコ系の母親はすでに成人した6人の子どもが全員「成功」していると考えていたが、そのうち大学に進学したのはひとりのみでその他は職業課程などに進んでいた。

親の多くは知育は学校の領分であり、家族では徳育を与えることが大事であると家族と学校の間の教育上の分業を強調していた。そして、学校への批判の矛先は、教員の権威の欠如に向けられる。たとえば、学校の教職員が子どもと「友達」のように接することへの批判や、反対に子どもが欠席した際には必ず学校から電話がかかってくることなど、学校が子どもをしっかりと管理していることについての評価がみられた。

2）家族と学校の間の文化的距離

ラペイロニーが指摘したように（Lapeyronnie 2008: 244）、こうした家族と学校の間の距離という問題の背景には、文化資本の欠如に加えて、移民家族と公立学校それぞれの教育モデルの違いがある。学校が子どもとの対話や子どもの自律性を重視するフランスの中産階級的な教育モデルを示すのに対し、地区に住む親の教育はガンズの表現にならうならば「人格志向教育」(Gans 1962=2006: 105-112）であり、その権威主義に特徴付けられる。そこでの教育上の優先事項は大人や家族、制度といった権威への子どもの服従である。調査ではどの親も「敬意（respect）」を中心としたモラルを教えることが家庭教育の最も重要な側面だと考えており、自分たちの評価は子どもの振る舞いであったり、子どもが親やそれ以外の大人に対して示す「敬意」に基づいてなされていた。

先行研究は、この教育モデルの相違や家族と学校の不調和を、社会階級の違いから論じてきた（Van Zanten 2001; Lapeyronnie 2008; Déchaux 2012）。確かに筆者が行った調査でも「敬意」や「服従」を重視するムスリム以外の親もいた。だが、ムスリムの親が自分たちの教育をどのように解釈しているのかをみると、出身国の文化や宗教をその教育原理の説明に用いていることがわかる。かれらにとっての「敬意」の概念はイスラームの教義に基づくものである。イスラームでは親に対して親切に振る舞い、親に従うことがアッラーへの崇拝となり、成就につながると考えられている。クルアーンの17章23節[11)]をはじめとするいくつかの節は、神への崇拝に次いで親に対して敬意をもって接し、従うことを重要な価値観と説いている。そして子どもにイスラームを教え、正しい道に導き、教育を与えることが親の重要な責任とされる。そのためムスリム家庭では、教育の理想を出身国の文化・宗教に求め、それに従って子どもを育てようとする明確な意志が見られた。また親としての責任やその権威の正当性はイスラームによって与えられていた。

移住を経験した親は、フランス社会では出身国と異なる価値観で教育を実践しなければならないという問題も抱えていた。たとえば、アフリカでは教育は拡大家族や同じ村の大人すべての関心事であったのに対して、フランスではこうした他の大人の支援は期待できず、親は「ひとり」で子どもの教育に向き合わなければならない。またフランスでは体罰が行使できないことも、頻繁に話題にのぼる主題のひとつであった。特に移民である親は、フランスの教育は放任主義的すぎると感じていた。

> 「私は1980年代に生まれた子ども、フランスで生まれた子どもはきちんと育っていないと気づきました。なぜなら親は子どもを自由にしているから。フランスでは、私たちは何もできません。ここには法律があるんです。子どもを叩いてはいけないし、汚い言葉を使ってもいけない。子どもはここでは王様なんです。もし何か言ったら、ソーシャルワーカーを呼ばれます。長女はここでの文化を学んでしまって、それは私の困難のひとつでした。[フランスとアフリカでは] 同じ振る舞い方じゃないんです。[…] 彼女は私に話しかけるとき、目を見てきます。でもアフリカではそれは失礼なことなんです。」(KO、6人の母親、ガボン、56歳)

自分たちが「教育放棄」と批判されるのと対照的に、かれらはフランス社会の教育方法を「自由放任主義的」であると批判し、若者が引き起こす問題をそれに起因するものだと考えていた。KOのように子どもが目上の人と話す際に目を見ることや多くの質問を投げかけることなど、子どもがフランス社会で求められ学ぶ振る舞いが「非礼」や「自由すぎる」と感じている親もいる。このように移民である親は、学校が体現するフランス社会の規範や価値とのギャップに直面していた。そしてそこでは子どもの教育は主にどのように子どもを管理するのかという側面から考えられていた。

3）地区における子どもの交友関係と家族の結束

子どもの交友関係は地区で子どもを育てる親の重要な懸念事項であり、インタビューで最も強調された主題のひとつであった。地域社会において若者（特に移民第二世代以降の男性）の存在は非常に可視的である。建物の入り口や広場などに若者が夜遅くまでたまり、小さな悪ふざけからバイクでの暴走行為、ドラッグ、他の地区との抗争など、スフィンクス地区は若者の問題を抱えている。フランスの「郊外問題」に関する先行研究が明らかにしてきたように（Kokoreff 2003; Beaud et Masclet 2006 ほか）、若者同士の関係やそこで共有される振る舞い、下位文化、アイデンティティなどによりストリートが学校や家庭とは異なった形で子どもたちを「社会化」することがスフィンクス地区でも強く見られる。

親は地区で生活する中で、こうした若者の問題に直面し、ほかの若者に影響されて自分の子どもが非行・犯罪などに関わってしまわないかと不安を抱く。地区の社交性の影響は主に男子に強く影響を及ぼすことから、親は特に息子たちに対して注意を向ける。だがそれだけでなく、安全面など地区の社会環境から放課後は外に出ないよう言いつける親は多く、外出の機会が学校と家の往復に限られる子どもも男女問わず少なくない。また子どもが外で遊ぶ際には必ず自分たちが付き添ったり、家から見える場所で遊ぶように言いつけたりすることもある。

特に移民を背景に持つ親は出身社会では村の他の大人も子どもを「監視」していたのに対し、フランス社会ではこうした共同体的な教育が不在であることから、なおさら子どもを自分たちで管理する必要性を感じている。

> 「アフリカでは大きな家に住んでいます。それに外にいても安全です。もし子どもたちが外にいたとしても。ここでは子どもたちが外にいると、危険がたくさんあります。アフリカではみんなが知り合いの村です。まったく異なる環境なのです。ここでは子どもたちを監視しなければなりません。アフリカでは子どもはここよりも遅くに帰ってくることができます。向こうはより安全だし、太陽が出ている時間は長いし、みんなが知り合いだし、何かが起こるなんていう心配はしなくていいのです」（MG、5人の父親、

セネガル、43歳）

地域の学習支援教室や余暇活動などの利用についても、学校での学習上の支援を求めるだけでなく、放課後やバカンス中に子どもが地区の悪影響を受けることを回避させる目的で利用している親は多い（村上 2013）。また反対に、地域の子どもたちが集まることから、こうした地域の施設を避けたがる親や子どももいる。

さらに学区制により、学校は地区の社会的・文化的特徴を反映し、それを強めることもある。「中学校の環境はよくありません、それは生徒のせいです。先生たちはいいんですが、問題は生徒です」（ZA、3人の母親、アルジェリア、48歳）。地区の学校、特に中学校は、教育内容よりも学校内での生徒の問題から批判され、少年非行といった地区の問題と結びつけられて考えられている。このように、地区で子どもを育てる親の抱く最も重要な懸念のひとつとして、地域社会での子どもの交友関係や、友達グループのもたらす悪影響がある。かれらは子どもを「下降型同化（downward assimilations）」（Portes and Rumbaut 2001=2014）に至らしめる「都市の下位文化」の影響に不安を覚えている。そして、こうした境遇のなか、どのように親の役割を果たすのかは、かれらの深刻な関心事であった。

バルーは子どもへの地区の影響に対して親が見せる姿勢を、3つのタイプにわけて説明した。つまり、その影響の否認、主に学校選択を通したリスク回避、そしてリスクを回避したいと思いつつも、自分たちの無力を認めることである（Barou 2007）。調査ではこれらに加えて、「家族の価値を高めることによるリスクの回避」が見られた。つまり地区の影響に対して不安を抱いた親は、そこでの社交性から距離をとり、家族の価値を高めることで子どもをその影響から保護しようとする。

「子どもの交友関係に注意しなければなりません。誰と付き合っているのかを。きちんとした教育を受けていたとしても、教育されていない人たちと付き合ってしまえば、それは良くないことです。家族が子どもをきちんと囲っていることが大事です。私たちはとてもとても家族的です。それは

文化的なものです。文化的です。でも私は家族と一緒にいることが好きということもあります」(MG)

「私は地区にあまり満足していません。多くの子どもが外にいて、親は子どもを外出させたままにしています。子どもたちはすぐに他の子どもの影響を受けます。[…] 子どもたちは地区に住んでいますが、自由に外に出ることはありません。子どもが外にいるのは、親が放任しているからです。私は子どもを自由に外には出しませんし、誰とでも遊ばせるわけではありません。後になって、かれらが不良になったり、非行に走ってしまうのが怖いのです。」(DJ、5人の母親、アルジェリア、41歳)

こうして「地区の若者」の振る舞いは「他の」家族・親の影響に帰される。地区での若者の喧噪騒ぎや悪態、敬意の欠如など、すべては家族の教育と結びつけられ、若者のみならず親の問題として扱われる。いくら注意を払っていても、子どもが外でたむろしたり、非行・犯罪に関わってしまうこと、さらに同じ家庭で育ってもきょうだいで異なった態度を見せることもある。子どもが家と外とでは異なる態度や振る舞いをすることは頻繁に見られる。さらにマスクレの研究では、[同じ出自(アルジェリア)の]「尊敬に値する家族」の子どもが外でたむろしていることが増加しいくつかの家族が脆弱性を感じていることが明らかにされていた(Masclet 2002)。地区で子どもを育てる親は自分たちの家族も何らかの問題を抱えるリスクを常に持っていることを認識しており、だからこそ地区において家族という私的空間のみが保護された空間であり、頼れるのは自分の家族だけだと考えている。

他の地区における調査で指摘されてきたように(Villechaise 1997; Villechaise-Dupont 2000; Avenel 2006)、家族は地区の住民にとって唯一の拠り所であり、自己の尊厳を与える場である。そして何より子どもの教育においては保護された空間となる。地区で子どもを育てる親は他の家族とは違い自分たちの家族や子どもは「問題がない」ということをはっきりと表明し、家族と地区の間に明確な境界線を引こうとする。そして家族生活の価値を高めて、他者と距離をとることで子どもたちや家族を外部の有害な影響から守ろうとする。かれらが家族の結束を高める際に依拠するのが、伝統的な家族の価値や文化である。

4. 家庭教育とアイデンティティ

今日、郊外の庶民地区には異なる文化背景を持つ人びとが共存しており、エスニックな出自や宗教（特にイスラーム）は地域における社会関係の重要な構成要素のひとつである[12)]。「アラブ人」「アフリカ人」「アルジェリア人」「マリ人」「トルコ人」「インド人」などの表現は日常的に用いられ、エスニックな出自はそれぞれの共通点ならびに差異のひとつとして認識されていた。「隣人はトーゴ人です」といったように人びとを識別する際にそれぞれの民族出自が用いられることは非常に頻繁にある。それは移住を経験した世代だけでなく、フランスで生まれ、地区で育った世代にも当てはまり、若者も親の出身国とフランスの二重のメンバーシップを主張していた。

移民の家族内部では、家族成員それぞれの社会的軌跡によって、フランス社会への統合は異なったプロセスを見せる。これら異なる統合プロセスいずれにおいても、出身国とフランス社会の２つの文化は対立するものではなく、その社会関係や家族空間において、各個人がそれぞれの諸要素を識別し、受け入れ、結びつけ、また拒絶しようとする（Zehraoui 1996: 241）。家族内で二言語使用をはじめ複数の文化が同時に実践されることは頻繁にみられ、親は子どものフランス社会への統合と家族内におけるアイデンティティ伝達のバランスを模索していた。

前述の教育概念の違いからくる問題にもかかわらず、すべての親は自分たちが出身国と同じ方法で子どもを育てることができないことを認識しており、そうすることを望んでもいない。ほとんどの親が、フランスと出身国の教育スタイルそれぞれの良い部分を組み合わせて、子どもを育てようとしていた。具体的には、かれらは子どもを学校を通して社会的に統合させ、家庭内では出身国の伝統的価値や規範を伝え、維持しようとする。つまり子どもの教育の目的はフランス社会での「成功」と、出身文化の維持という２つのベクトルを同時に持っている。これまで見てきたとおり、学校教育や子どもの交友関係に対して親は受動的かつ防御的な方法を見せるに対し、家庭内で積極的になされるのが出身国の文化や宗教の伝達である。

「子どもの教育において、敬意と学校、この2つが最も重要なものです。価値を与え、宗教を教えること、それが基本です。かれらはフランス人ですけど、2つの文化を持っています。フランス人であって、アルジェリア人でもあるんです。宗教の価値はとても重要です。」(DJ)

DJはスフィンクスのマグレブ系の母親を代表する事例である。地区中心部の社会住宅に住む彼女は1991年に家族再結合でフランスにやって来た。彼女の夫は飲食店で働いていたが、インタビュー当時（2012年3月）は失業中であった。彼女には5人の子どもがおり、長男はパリの大学に通い、ほかに地区の学校に通う中学生の次男と小学生の長女と三男、そして1歳になる四男がいた。彼女は自分たちの子どもは外に自由に出ることなく、長男が学校で「騒ぐ」子どもであった以外は他の家族と比べて問題はないと捉えていた。DJは子どもがフランス社会で成功していくためにかれらとはフランス語で話すようにしているが、同時にアルジェリアの文化やイスラームについても教えている。インタビューでは、彼女は文化を伝えることの重要性を何度も話してくれた。彼女にとって、文化という概念の中にはイスラームが含まれる。「私は神の前で子どもたちの責任を負っているのです」。彼女は話の中で、イスラームを参照することが多く、筆者にもアラビア語やイスラームの作法などをインタビューの最中や、日常的に接する際に教えてくれた。また、子どもたちはクルアーン学校に毎週水曜日の午後に通っていた。DJは子どもにルーツを教えることの必要性を常に意識している。彼女にとって、子どものフランス社会への統合とアルジェリア文化の伝達は共存しうるものであり、後者は前者を補完し、それを支えるものだという。

家庭内で文化や宗教を伝えることは、子どもに家族のつながりを保持させるためやアイデンティティを与えるために行われている。さらに言語に関しては、出身国に赴く際に子どもが親戚をはじめとする現地の人びとと通訳などを介さずに直接話すことを期待している場合が多い。かれらは出身国の家族との関係を重視しており、子どもにも自分たちのルーツを伝えようとする意志を持っていた。

「出身国に帰ることは重要です。子どもたちは2つの文化を持っています。かれらはここで生まれました。しかし家族を知ることも大事です。祖母は向こうにいるし、祖父もそうです。かれらは向こうにいます。どのようにして父親と母親がここにいるのかを知らなくてはいけません。」(AS、6人の母親、セネガル、50歳)

「家ではアラビア語を話します。子どもたちは理解できるし、返事をすることができますが、少し大変です。それは言語を伝承するためです。モロッコにいる祖母に会ったときに、かれらが理解できるように。フランス語を話せない叔父と話せるように。また宗教を知るためでもあります。クルアーンはアラビア語で書かれています。アラビア語を理解しなければなりません。それはかれらのためなのです」(GB、2人の母親、モロッコ、42歳)

MGは民間住宅に住む5人の子どもの父親であり、生まれつき目が見えない。彼は12歳の時に学校教育と目の定期的な処置を受けるためにセネガルからフランスにやって来た。MGは財務局で働き職業的に安定しているが、出身国の文化の保持については地区のその他のセネガル系家族と共通の特徴を持つ。彼は自分たちの家族をセネガルとフランスの二重の文化からなるとみている。そして彼のいう価値は彼の国(セネガル)の文化とイスラームに根ざしており、イスラームが家族生活や教育を導く原理であるという。彼は子どもたちとは、フランス語とソニンケ語を話すが、セネガルで出会い、後にフランスにやって来た彼の妻はソニンケ語しか話せず、地域のアソシエーションでフランス語を学んでいる。 MGは子どもたちにも国を知ってもらいたいと思っており、暑い夏を避け、冬の間にセネガルに旅行できるよう、小学校の教員と冬休みを一週間多めにとるための交渉をしたことがあるという。

バカンスを長くとって帰国しようという意向はMGに特有のものではない。たとえばコモロ出身のOS(45歳)は12月に家族全員で帰国するために、小学校に通う子どもが一週間多めに休暇を取れるよう学校や市役所に交渉したとい

図 11-1 ラマダン月に行われる地域の食事会に集まる住民たち（筆者撮影）

う。彼は、子どもを出身国に連れて行くことで、祖父母をはじめとする親戚に会わせるだけでなく、フランスにいる自分たちが恵まれた環境にいるということを教え、子どもに勉強などに対する意欲を起こさせたかったという。

子どもたちにルーツを教え、アイデンティティを与えることは必ずしも移住を経験した親だけに見られるものではない。HW（31歳）はスフィンクス地区で育ち、販売業の仕事と並行して2008年から2014年まで副市長を務めていた。彼女が育った家族は、スフィンクスではよく知られたマリ出身の大家族のひとつで、12人の子どもがいた。現在、HW自身も母親となり、今でもスフィンクス地区の社会住宅に住んでいる。彼女は地区で育った女性を代表する事例である。「私たちは2つの文化の間を生きています。家では私たちの母語を話します。マリに行ったときには、マリの言葉を話す必要があります。自分の子どもたちにもこの2つの文化を教えています。私はそれを誇りに思っているからです」。フランスで育ち、フランスの学校に通い、フランスで働いている彼女も、親の出身国であるマリの文化を子どもに伝えようとしており、ルーツを与えることが重要であると考えていた。

SJ（34歳）もスフィンクス地区で育ち、今は3人の子どもの母親になった。彼女はインタビュー当時、子育てと並行して会計士として働いていた。SJは両親の離婚により隣の地区に引っ越したが、自らの結婚後、社会住宅の空きがあったことからスフィンクス地区で再度暮らすようになった。彼女はモロッコ出身の父親と「フランス系」の母親のもとに生まれ、現在はセネガル出身の男性と結婚している。彼女は子どもの学校教育に積極的に関与する重要性を認識している。また地区の子どもたちと一緒に過ごしても子ども同士で高め合うことができないと考えており、小学生の子どもを将来的に地域の中学校に送ることを懸念し、学区外の学校に子どもを送ることを希望している。もしそれが叶わない場合は成績が良い生徒が集まるラテン語などの選択科目を取ることも考慮に入れているという[13)]。彼女は自分が子どもの頃はムスリムの父親もキリスト教徒の母親も宗教を実践することはなく、宗教教育もほとんど受けてこなかったという。また当時はフランス文化が生活の中心にあると考えていた。しかし彼女は今はむしろ自分がモロッコ人であると感じ、文化や宗教に関心を抱いている。そして自分の子どもにもイスラームを伝承することが重要であると考えており、モスクのクルアーン学校にも通わせている。自分がこうした教育を受けてこなかった分、子どもたちが宗教を学んでいることに喜びを感じているそうだ。宗教は生活の枠組みを与え、物事の限度を示すものであり、家族の生活の重要な要素となっているという。

HW や SJ のような移民第二世代以降の親は、移住してきた世代とは異なり、学校システムを少なからず理解しており、より積極的に学校教育に関与しようとしていた。なかには SJ のように地域の学校を避けるための戦略をとろうとする親も少なからず見られる。その一方で中学校や高校を出てからすぐに働きはじめた第二世代以降の親もおり、学校が自分たちとは異なった世界だと考える人びともいる。こうした移民第二世代の困難は親世代と異なり言語上の困難などの移民出自に由来するものではなく、学歴や階層によるものであろう。しかし、イスラームの価値の伝達や親の出身国とのつながりについては、多くの第二世代以降の家族にも同様に見られた。さらに第一世代よりも意識的に宗教に価値を見出そうとする第二世代以降の親もいる。

このように、庶民地区に住むムスリム移民にとって、文化ならびに宗教は家庭教育の基礎をなすものであった。家庭内の宗教実践で最もよく行われているものは、ラマダン月の断食の実践やハラール食品の選択であり、1日5回の礼拝も多くの家庭で実践されていた。だがかれらは子どもの教育に関して、何らかの「コミュニティ」のサポートを求めることはない。文化や宗教の伝達は移住先社会で「エスニック・コミュニティ」を作ることを目的とするものではなく、それぞれの家族が家庭内で伝え、実践するためのものであった。ここでルーツの伝達は、伝統の維持に限られない意味を持つ。親はフランス社会と出身国、2つの教育モデルのバランスをとることで、家族の結束を強め、その価値を高めようとしていた。このことは、自分たちの尊厳を守るのと同時に、子どもたちが社会統合の過程で直面するであろう排除や差別も含めた、外部の危険から家族を保護し、「個人化」に晒された人びとに拠り所を与えるものでもある。

5. おわりに

本章ではパリ郊外の庶民地区におけるムスリム住民の家庭教育を、かれらの言説から考察した。今日、子どもの教育は、庶民地区の住民にとっても最も重要な関心事のひとつである。学歴競争が高まり、さらに「学歴インフレ」（Duru-Bellat 2006=2008）が問題となるなか、親は子どもの学校教育への「投資」に対する絶えざる評価に曝されている（Singly 2007: 96）。移民もその例外ではない。移民家族の間でも高等教育への進学は一般化し、あらゆる家族で学校教育への動員は見られる（Attias-Donfut et Wolff 2009: 215）。

こうしたなか、郊外の庶民地区で子どもを育てる親——特に移民である母親——にとって、子どもの学校での成功、そして社会的な統合は自らの移住先社会での「成功」の証しとなり、子どものみならず自分たちへの社会的承認を与えるものとなる。だが、かれらが子どもの学校教育に積極的に関わることは少なく、学業上の目標やその達成状況について具体的に語られることも少なかった。本章で論じたように、積極的に行われているのはむしろ家族において文化・宗教を維持し、ルーツを伝えることであった。このことを通して親は文化的な承認を獲得できる。

だが、親がしばしば強調するのは、「子どもにイスラームを強制しているわけではない」ということである。かれらは最終的にムスリムとして生きることを選択するのは子どもたちであると考えている。たとえば、HS は「私は子どもたちにイスラームを課しています。しかし、成人になったときに、かれらが自分たちの望むことができないわけではありません。成人になったときにかれらは自分たちで決めるのです。イスラームがよくない宗教だと判断すれば、それは尊重します」と確認していた。

若者の経験に目を向けるならば、若者たちもイスラームを実践する家庭で育ち、親から教えられた価値観を語るなど、少なからず家庭教育の影響を受けていた。第二世代以降の若者は親の出身国や宗教（イスラーム）、フランス社会、そして自分の育った地区に対してなどさまざまなアイデンティティをもつ。それぞれのアイデンティティは対立するものではなく、共存しうるもので、そのなかでも自らの出身地区やイスラームに対して強いアイデンティティがみられる（村上 2015）。たとえば、若者は必ずといっていいほど、「私はムスリムです」「私はアルジェリア人です」というように、自分たちの親の出身国もしくは宗教（ムスリム）で自己定義しようとしていた。

そして若者は家族を最も重要なアイデンティティの拠り所とし、イスラームの教義にあるように親に対して「敬意」を示すことを重視していた。多くの若者が自分たちは親の出身国の文化、イスラームの文化に根ざした教育を受けてきたと語る。たとえばHWの妹であるDA（25歳、女性）は親の教育で最も重要だったことのひとつにイスラームがあると語る。彼女はマリの文化にはイスラームの強い影響があり、母親から常に「あなたは二重の文化を持っている」と教えられてきたという。またアルジェリア出身のFT（19歳、男性）は、「ムスリムとして育てられました」と語り、もし自分にも子どもができた場合には親と同じようにイスラームを教えたいと望んでいた。

カクポ（Kakpo 2007）の研究に見られるように、学業失敗をはじめとする学校での挫折や排除、差別を経験した若者には出身国の伝統文化に結びついた親の世代のイスラームではなく、クルアーンの解釈にのみ基づいたより「純粋」なイスラームを追究しようとするものもいる。社会的排除や差別などに直面した人びとにとって、イスラームなどにアイデンティティを求めることは「オルタナティブな統合」（Kokoreff et Lapeyronnie 2013: 37）となり、それは拠り所を与え、自尊心を保たせる機能を持つ。だがこうした若者は「ゼロ」からイスラームを発見したのではない。ムスリム移民出身の若者のアイデンティティは、フランス社会でのかれらが置かれた地位に加え（Lagrange 2014)、家族や地域社会における影響、ときには社会的圧力などによって構築されている。すなわちムスリム移民家族で育った若者は、イスラームに根ざした家庭教育を受け、それを家族のつながりとして保持するか、もしくは伝統とは異なる文脈において自らのアイデンティティとして探求している。

このようにムスリム移民の家庭教育の実践は、伝統的な家族形態の移住先社会での維持には還元できない。サングリーは第2の近代での自己アイデンティティ探求のプロセス（Bauman 2001=2008: 192-210）における家族の役割に着目した。彼によると、個人は自己同一化する系譜を自分自身で選択するが、その中で家族のルーツの探求は個人の脆弱なアイデンティティを支えるひとつの方法となるという（Singly 2007: 78-79)。本章で論じてきたムスリム家族におけるルーツの維持は、このアイデンティティ模索のプロセスに相当するものであり、親がアイデンティティを支える役割を積極的に担っていることを示している。この意味で、ムスリム移民の家族はその教育原理やジェンダー役割など伝統的な家族形態を保ち続ける一方で、個人の拠り所として「第2の近代家族」の機能のひとつをみせるものである。

注

1）本章は村上（2014）を大幅に加筆・修正したものである。

2）本章では、地区（quartier）という言葉を、行政上の地理的区分としての側面を持つ一方で、それとは必ずしも一致しない住民の生きられた現実や、外部からの、そして内部における「イメージ」、さらに住民の帰属意識によって構築されたより主観的に捉えられるものを示すのに用いる。なお、Quartier populaire の訳語には「労働者階級地区」「庶民地区」「大衆地区」などをあてることができる。ここでは他章に合わせ、「庶民地区」という表現を用いる。

3）本章では、ストリート・カルチャーが影響を及ぼしはじめ（Beaud et Masclet 2006: 840)、また進路選択が家族に重要な課題として現れ、さらに学業失敗などの問題が生じはじめることから（Simon 2003: 1102)、中学校に通う子ども（主に 11 ～ 15 歳）を持つ親の問題をとりあげる。

4）便宜的にインタビューで最も話題としてあげられたテーマによってインフォーマントを分類したが、アソシエーション・自治体職員の中にも地区に住む親や若者がおり、親になって自らが育った地区で子どもを育てている若者もいる。

5）庶民地区の女性は多くの社会的困難を抱える一方で（ONZUS 2012: 229-253)、地域社会での市民活動においてはその中心的な対象であると同時に、重要なアクターでもある（村上 2012; Femmes du Blanc-Mesnil et Bouamama 2013)。

6）困難都市地域（ZUS）とは、1996年に制定された都市政策上のカテゴリーであり、25歳以下の若者や外国籍住民の割合の高さ、高失業率、犯罪、学業失敗など社会的困難が集中した社会住宅地区を示すのに用いられる。2009年時点で全国で450万人がZUSで暮らしている（ONZUS 2012)。

7）優先教育地域（ZEP）とは、社会・経済的に恵まれず、中退率や留年率が高い区域に、多くの予算や人員を重点配分する1982年に制定された施策である。

8）筆者がパリ北部郊外で行った調査では、学校は地域のアクターからより否定的に捉えられていた。なかには小学校の教職員やアソシエーションのスタッフから、学区外の中学校に通うことを勧められたという親もいた。学校の評価は、それぞれの教員の教育実践や地域社会との関係性によって異なる。しかしながらどの地区でも親の多くは地域の公立学校において自分たちの子どもが成功できることを信じていた。

9）本章では、インタビュー協力者の出身国（ないしは親の出身国）を記載するが、これは必ずしも現在の国籍に関する情報ではなく、フランス国籍を取得した場合もある。

10）少数ではあるが、子どもの学校教育に積極的に関与し、学校に頻繁に連絡を取る親もいる。そうした親は保護者会のメンバーになり、保護者代表として学校の会議に参加することも多い。また、直接的に子どもを援助することができなくても、友人や他の家族成員、社会センターやアソシエーションに支援を求める親もいる（Van Zanten 2001: 161; Singly 2007: 97; 村上 2013)。

11）「主は、おまえたちが神以外の者を崇めてはならない、と命じたもうた。もし両親の片方、または両方とも、おまえのもとで老齢に達したならば、やさしくしてやれ。けっして両親にたいして舌打ちしてはならない。声を荒げてはならない。ねんごろな言葉で話しかけよ」（藤本他訳『コーランI』中央公論社 2002)。

12）今日の地区の生活を特徴づけ、その中心となっているもののひとつにイスラームがある（Kepel 2012ほか)。たとえば、ラマダンの月は地区の雰囲気が大きく変わる。日中は閑散とし、多くの商店で特別に「アラブ菓子」（gâteaux orientaux）が販売され、レストランやカフェは日が沈むまでシャッターを下ろしている。ラマダン月以外でも、日常的に金曜日の午後は礼拝服を着た人びとが行き交うし、アソシエーションや地区センターの活動、地区のイベントでも必ずハラール食が提供される。

イードの時期に催されたアソシエーションのパーティ（筆者撮影）

13）ただし、SJがこうした戦略を考える一方で、スフィンクスの中学校にはギリシア語やラテン語などの選択科目はなく、第二外国語も調査時点ではスペイン語しか選択肢がなかった。

参考文献

Attias-Donfut, Claudine et François-Charles Wolff, (2009), *Le destin des enfants d'immigrés: un désenchaînement des générations*. Édition Stock.

Avenel, Cyprien, (2006), « La famille ambivalente dans la ville inégale: le statut du lien familial dans les 'quartiers sensibles', » *Informations sociales*, n° 130, pp. 120–127.

Avenel, Cyprien, (2007), *Sociologie des « quartiers sensibles »*. Armand Colin.

Barou, Jacques, (2007), « De la difficulté d'élever ses enfants dans un quartier sensible: lutter contre l'impuissance, » *Informations sociales*, n° 141, pp. 52–64.

Bauman, Zygmunt, (2001), *The individualized society*. 澤井敦・菅野博史・鈴木智之（訳）(2008),『個人化社会』青弓社.

Beaud, Stéphane, (2002), *80% au bac... et après ?: les enfants de la démocratisation scolaire*. La Découverte.

Beaud, Stéphane et Masclet, Olivier, (2006), « Des "marcheurs" de 1983 aux "émeutiers" de 2005: deux générations sociales d'enfants d'immigrés, » *Annales: Histoire, Sciences sociales*, n° 61(4), pp. 809–843.

Beck, Ulrich and Beck-Gernsheim, Elisabeth, (2002), *Individualization: institutionalized individualism and its social and political consequences*. SAGE.

Déchaux, Jean-Hugues, (2012), « Registres et exercices de l'autorité dans la famille, » Hammouche, Abdelhafid ed. *Respect!: Autorité et rapports de génération dans les banlieues*. Édition La passe du vent, pp. 55–77.

Delcroix, Catherine, (1996), « Rôles joués par les médiatrices socio-culturelles au sein du développement local et urbain, » *Espaces et société*, n° 84, pp. 153-175.

Duru-Bellat, Marie, (2006), *L'inflation scolaire : les désillusions de la méritocratie*. Édition du Seuil. 林昌宏訳（2008）『フランスの学歴インフレと格差社会——能力主義という幻想』明石書店.

Femmes du Blanc-Mesnil et Saïd Bouamama, (2013), *Femmes des quartiers populaires : En résistance contre les discriminations*, Paris : Le temps des cerises.

伊藤るり（2000),「90年代フランスにおける移民統合政策と〈女性仲介者〉——地域の中で試されるフランス型統合」平成10-11年度 文部省科学研究費補助金研究成果報告書 研究代表者 宮島喬『ヨーロッパ統合下の西欧諸国の移民と移民政策の調査研究』, pp. 143-159.

Gans, Herbert J., (1962), *The urban villagers : group and class in the life of Italian-Americans*. 松本康訳（2006),『都市の村人たち——イタリア系アメリカ人の階級文化と都市再開発』ハーベスト社.

Gaspard, Françoise et Khosrokhavar, Farhad, (1995), *Le foulard et la République*. La Découverte.

梶田孝道（2005),「EUにおける人の国際移動——移民とイスラームを中心として」梶田孝道編『新・国際社会学』名古屋大学出版会, pp. 114-136.

Kakpo, Nathalie, (2007), *L'islam, un recours pour les jeunes*. Presses de la Fondation nationale des sciences politiques.

Kepel, Gilles, (2012), *Banlieue de la République : société, politique et religion à Clichy-sous-Bois et Montfermeil*. Gallimard.

Kokoreff, Michel, (2003), *La force des quartiers : de la délinquance à l'engagement politique*. Payot.

———, et Lapeyronnie Didier, (2013), *Refaire la cité : l'avenir des banlieues*, Édition du Seuil.

Lagrange, Hugues, (2010), *Le déni des cultures*. Édition du Seuil.

———, (2014), « Le renouveau religieux des immigrés et de leurs descendants en France », *Revue française de sociologie*, n° 55(2), pp. 201-244.

Lapeyronnie, Didier, (2008), *Ghetto urbain : ségrégation, violence, pauvreté en France aujourd'hui*. Robert Laffont.

Mohammed, Marwan (2007), « Entre école, famille et quartier : l'émergence des bandes de jeunes », *Urbanisme*, n° 356, pp. 55-61.

———, (2008), « Déprise éducative des familles : discours et perceptions des jeunes en bande », *Recherches et Prévisions*, n° 93, pp. 17-27.

Mucchielli, Laurent, (2000), « La "démission parentale" en question : un bilan des recherches », *Questions pénales*, n° XIII(4), pp. 1-4.

村上一基（2012),「地域を支える女性たちの力——移住家族と学校をつなぐアソシエーション」『Migrant's ネットワーク』2012 年 6 月号，pp. 14-15.
————，(2013)「フランス郊外における家族・学校・地区をめぐる学習支援教室——子どもと親に向けた地域での教育活動」『Sociology Today』20, pp. 40-52.
————，(2014)「フランス・パリ郊外の大衆地区におけるムスリム移民の家庭教育——学校教育、地区、文化・宗教の伝達に着目して」『年報社会学論集』27, pp. 184-195.
————，(2015)「フランス移民第二世代のアイデンティティと教育」宮島喬・佐藤成基・小ヶ谷千穂編『国際社会学』有斐閣.
ONZUS, (2012), *Observatoire national des zones urbaines sensibles Rapport 2012*. Secrétariat général du Comité interministériel des villes.
Périer, Pierre, (2005), *École et familles populaires: sociologie d'un différend*, Presses universitaires de Rennes.
Portes, Alejandro and Rumbaut, Rubén G., (2001), *Legacies: the story of the immigrant second generation*. Russell Sage Foundation. 村井忠政ほか訳（2014),『現代アメリカ移民第二世代の研究——移民排斥と同化主義に代わる「第三の道」』明石書店.
Simon, Patrick, (2003), « France and the unknown second generation: preliminary results on social mobility, » *International Migration Review*, n° 37(4), pp. 1091-1119.
Singly, François de, (2007), *Sociologie de la famille contemporaine*. Armand Colin.
園部裕子（2003)「公的・私的空間の媒介としてのアフリカ系女性移住者による団体活動——パリ郊外 A 団体の事例から」『年報社会学論集』16, pp. 65-77.
Tribalat, Michèle, (2013), *Assimilation: la fin du modèle français*. Édition du Toucan.
Van Zanten, Agnès, (2001), *L'école de la périphérie: scolarité et ségrégation en banlieue*. Presses universitaires de France.
Villechaise, Agnès, (1997), « La banlieue sans qualités: absence d'identité collective dans les grands ensembles, » *Revue française de sociologie*, n° 38, pp. 351-374.
Villechaise-Dupont, Agnès, (2000), *Amère banlieue: les gens des grands ensembles*. Grasset, Le Monde.
Zehraoui, Ahsène, (1996), « Processus différentiels d'intégration au sein des familles algériennes en France », *Revue française de sociologie*, n° 37, pp. 237-261.
Zéroulou, Zaïhia, (1988), « La réussite scolaire des enfants d'immigrés: l'apport d'une approche en termes de mobilisation », *Revue française de sociologie*, n° 29, pp. 447-470.

第12章

郊外における「書く行為」とステレオタイプ

—若者と文化表現としての「書く」実践を手がかりに—

森　千香子

1. はじめに

2005年秋に起きた「郊外暴動」から10年が経過した。この出来事についてはフランスでも数々の考察が行われてきた。社会学の領域に限ってみると、暴動の直後に書かれた文献が事件の背景や原因に光をあてようと試みていたのに対し（Wacquant 2006, Mauger 2006, Mucchielli, Le Goaziou 2007, Kokoreff 2008）、近年では暴動後に郊外で起きた変化について問うものが少なくない（Marlière 2011, Kepel 2012, Kokoreff, Lapeyronnie 2013, Beaud, Guimard 2014）。

筆者もこのような観点から郊外について考察を重ねてきた（森 2006; 2009: Mori 2010; 2012）。そして基本的には「暴動以後もフランス郊外をとりまく社会経済的構造はほぼ変わっていない」との立場をとる。それは2015年11月の同時多発襲撃事件がおきた今も大きく変わらない。「変化」したのは郊外の構造自体というよりも、むしろ郊外という「場」やそこで暮らす「庶民階層（classes populaires）[1)]」の人びとに対する社会の「まなざし」の変化だと考える。

社会学者のステファン・ボーは、近年フランス郊外で生じた変化の一つに「郊外に住む若者」——大半が労働者階級で旧植民地出身のエスニック・マイノリティの若者——に対する「軽蔑」をあげている。より正確に言うと、軽蔑自体は以前からフランス社会に存在していたが、そのような軽蔑が昔よりも「遠慮なく」「堂々と」「名指しで」「声高に」表現されるようになった、と指摘している[2]。本章はこのようなボーの見解を共有し、郊外の庶民階層の若者に関する偏見やステレオタイプが、2005年の暴動以降の10年間で様々な要因を背景として強化された、という仮説を出発点とする。だがそうだとすれば、そのようなステレオタイプとは具体的にどのようなものなのか。それは当事者である庶民階層の若者にどのような影響を及ぼしているのか。また、ステレオタイプを乗り越えるにはどのような取り組みが必要になり、どのような課題や困難が存在するのか。

以上の問題意識を背景に、本章は「郊外の若者（jeunes de banlieue）」とよばれる庶民階層でエスニック・マイノリティの若者に関するステレオタイプを検討し、そのなかでも若者の「書く行為（actes d'écriture）」に関わるステレオタイプをとりあげ、その特徴と機能、影響の分析をめざす。まずステレオタイプの基本構造についてリップマンやマセの議論を参照しながら整理し、その問題点と克服のための課題を示す（2節）。次に「郊外の若者」に関するステレオタイプの事例として「書く行為」に関する言説を紹介し、その影響や歴史的背景を検討する（3節）。その上で、以上のような「通説」に反して、郊外では「書く行為」が学校内外の多様な領域で存在していることを示し、実態とステレオタイプの乖離を明らかにする（4節）。最後に、このような作業をステレオタイプの克服に結びつける可能性について若干の考察を加える（5節）。

以上の考察を通して、本章は「郊外の若者」のステレオタイプを批判的に再検討すると同時に、本書の共通課題である「庶民階層の子どもに対する学校教育のどこに問題があるのか」という問いを、教育学の先行研究とは少し異なる角度から考えることをめざす。ステレオタイプは社会のあらゆる領域に存在し、教育者もそれから完全に自由になることはない。したがって庶民階層の子どもや若者についてのステレオタイプと距離をとり、克服する可能性を探る作業は、教育の現場に関わる者にとっても無関係ではないと思われる[3]。

2. ステレオタイプの基本構造

1）ステレオタイプとその問題点

初めに、本章で中心的位置を占めるステレオタイプ（英 stereotypes ／仏

stéréotypes）の概念を整理する。この単語はもともと活版印刷の鉛版を指していたが、1922年にウォルター・リップマンが『世論』のなかで用いたのを契機に「一定の社会現象や集団などに対する単純化された固定的な概念やイメージ」という意味で、社会学や心理学の領域でも用いられるようになった。

リップマンは、人間が生まれた時から文化や社会に取り巻かれ、その規定を受けるなかで、「（ものごとを）見てから定義しないで、定義してから見る」ように方向付けられていることに留意した。そしてそうである以上、ステレオタイプは社会において「ある程度不可避」だと考えた。また、ステレオタイプは偏見や差別などに転化して問題を引き起こすリスクがある一方、集団内に共通の認知や行動を定着させる機能もあり、その側面は社会の安定に寄与する、と一定の評価もしていた[4)]（リップマン 1922）。

たしかにステレオタイプというとネガティブな感情を伴うものを想起しがちだが、ポジティブな感情を伴ったステレオタイプも存在する。また言語学者の細川英雄も指摘するように、そもそも絶対的に中立的な認識が社会に存在しない以上、ステレオタイプを完全に排除することは不可能である（細川 2002）。以上をふまえて本章で問題にするのはステレオタイプ全般ではなく、ステレオタイプが差別や排除に結びつく場合に限定する。

ステレオタイプは実際にどのような問題を引き起こすのか。社会学者の野村一夫は、ステレオタイプが偏見や差別と結びついて引き起こす問題として、個人間や集団間、あるいは個人と集団の間のコミュニケーションを歪め、人間を固定観念に縛りつけ、非反省的な社会認識や自己認識に陥らせてしまうことや、根拠のない予言（＝偏見、ステレオタイプ）を人々が信じて行動することによって予言が現実化するというマートンの「予言の自己成就」が起きること（「移民の子どもはどうせ非行に走るだろう」といったステレオタイプや偏見に晒された子どもが、そのような差別が原因で就職できず、職が見つからないために最終的に盗みを働くなど、非行に走るようになる）などを指摘している（野村 1998）。

このように差別につながるステレオタイプは、本章が問題にする「郊外の若者」についてもたしかに存在し、看過できない影響を及ぼしている。重要なのは、こうしたステレオタイプを可視化させ、その影響を考察すると同時に、そのようなステレオタイプの克服の可能性を探ることであろう。

2）ステレオタイプ克服の困難：ステレオタイプの複雑な構造

しかし、ステレオタイプの克服は容易な作業ではない。ステレオタイプが社会に遍在していることに加え、ステレオタイプ自体が実に多様で、複雑な形をとるからだ。ステレオタイプの構造の複雑さや把握の困難については、社会学者のエリック・マセがフランスの現状にもとづきながら重要な指摘を行っているので、以下で簡単に紹介したい。

マセは、フランスの「人種やエスニシティをめぐるステレオタイプ（stéréotypes ethno-raciaux）」に注目する。そのようなステレオタイプは個人が「人種化／エスニック化（racialisation/ethnicisation）」される過程や、人種化・エスニック化が及ぼす影響を考える上できわめて興味深い。このような関心から、マセはフランスの「非白人マイノリティ」がテレビでどう表象されているのかを調べ、それを「ステレオタイプ」という視座から再検討した（Macé 2007: 75）。

マセによれば、ステレオタイプとはある集団が他者に対して「（その他者の）呼び名を決定する／あるイメージに矮小化する／アイデンティティを押し付ける」権力を所持している、という非対称な関係性から生まれ、そのような表象が自然化された状態（Saïd 1980; Memmi 1972）を指す。ステレオタイプには支配層の視点――この視点は支配層だけでなく社会全体で「自明視」される――を正当化する働きだけでなく、逆にそれを揺るがす働きもある。以上の理由から、ステレオタイプが存在し、またそれが存続していることを確認するだけでなく、それらが現代社会でどう再編成されているのかを考察することが大切だ、とマセは指摘する（Macé 2007: 76-77）。

こうして従来のステレオタイプを補完する４つのステレオタイプのカテゴリー――それぞれが異なった機能を担う――が提示される。「ポジティブ／ネガティブステレオタイプ（stéréotypes positifs/négatifs）」、「ステレオタイプのない状態（non-stéréotypes）」、「カウンター・ステレオタイプ（contre-stéréotypes）」、「アンチ・ステレオタイプ（anti-stéréotypes）」である（Macé 2007: 78）。

１つめは、一般に想起されるステレオタイプのことである。「ムスリムは女性に抑圧的」「郊外の若者は不良少年」（Guénif-Souilamas, Macé 2004）などのネガティブなものもあれば、「アラブ女性には美人が多い」といった「ポジティブ」なものもある。だが、いずれも非反省的で変容しにくい認識である点で、同じカテゴリーに分類される。

2つめは、その名の通り「ステレオタイプの存在しない状態」を指す。テレビで「非白人」がただ画面に現れること（単なる通行人として、何らかの「語り」に方向付けられることなく「非白人」が存在する状況）がそれに該当する。マセによれば、フランスのテレビ業界では「人種・エスニシティへの多様性」への配慮が以前に比べて高まり、そうした状況下でノン・ステレオタイプの「非白人」表象が増加傾向にある（Macé 2007: 79）。

しかしマセが重視するのは、次にあげる第3と第4のステレオタイプである。これらはスチュアート・ホールによる「ニュー・エスニシティズ」の議論を参照しながら形成されている（ホール 1998）。以下でその内容をくわしくみる。「カウンター・ステレオタイプ」は既存のステレオタイプ（第一のステレオタイプ）を機械的に全否定する表象である。たとえば2007～12年に司法大臣を務めたラシダ・ダチ（Rachida Dati）は、フランスに存在するムスリム移民女性のステレオタイプ（「家庭での女性の地位の低さに甘んじている」「自己主張できない」「西洋社会に敵対的」など）と自分がいかにかけ離れているかを徹底的に強調し、自分には「ムスリム女性」としてステレオタイプ化されるような差異は一切なく、「普通の白人フランス人と全く変わりない」ことを常にアピールしてきた。

マセは、このようなカウンター・ステレオタイプが（ある特定のマイノリティについての）既存のステレオタイプにどのような影響を及ぼしているのかに注目する。そして、ムスリム家庭で育ったものの、自らのエスニックな差異を否定し、マジョリティへの完全同化を強調するカウンター・ステレオタイプの表象は、既存のムスリム女性のステレオタイプ（「西洋社会になじめず、伝統文化に縛られた女性」など）を無効化したり、克服するどころか、かえって既存のステレオタイプを逆説的に強化する効果のあることを指摘している（Macé 2007: 81）[5)]。

それに対し、第4のアンチ・ステレオタイプは（他者の）ポジティブな側面を強調するものでも（ポジティブステレオタイプ）、ステレオタイプを全否定するもの（カウンター・ステレオタイプ）でもない。それは社会に定着し、自明とされてきたステレオタイプを可視化させ、同時にマジョリティである「白人」が暗黙裡に規範とする構造も可視化させる。具体的な可視化の方法としては、ステレオタイプを正面から批判するといった直接的な形で行われることもあれば、ユーモアやフィクションを通して間接的に行われることもある。いずれにせよ、マイノリティが「人種化／エスニック化」される過程と実態を問題化し、そのような固定的な表象を揺るがし、転覆をもくろむものである（*ibid*: 82)。

具体例として、マセはカリブ海にあるフランス領出身の黒人サッカー選手リリアン・チュラムが、雑誌の取材に対して次のように述べたことに注目する。

> 「私は黒人ではありません。少なくとも皆さんが私を黒人だと考えるような意味で、自分を黒人だと感じることはありません。唯一、自分のルーツであるカリブ海の歴史に思いをはせ、先祖が奴隷であったことを考える時のみ、自分の「黒人性」を感じることはありますが、自分の意思でそのように考える時以外、私は黒人ではないのです（*ibid*: 83)」。

このようなアンチ・ステレオタイプの形成こそが、ステレオタイプの克服において決定的に重要だとマセは指摘する。

3.「郊外の若者」のステレオタイプと「書く行為」

1)「書く」行為をめぐるステレオタイプ

このようなステレオタイプの多様性をふまえつつ、以下では「郊外の若者」のステレオタイプについて検討したい。1980年代以降、移民の集住する郊外の団地地域の状況が社会問題化し、それにつれて「郊外の若者」をめぐる言説が大量に生産されてきた。これらの若者は、時代の情勢に応じて「失業」「治安悪化」「テロリズム」「性暴力」など、常にネガティブなイメージと結びつけられ、ステレオタイプ化されてきた[6]（Guénif-Souilamas, Macé 2004[7]；森 2006; 2009)。

本章では数々の「郊外の若者」をめぐるステレオタイプのなかでも、若者たちの「書く行為」に関するステレオタイプをとりあげる。以下で見るように、

「書き言葉」は古代より常に社会における支配層と被支配層の境界線を規定してきた。植民地支配下においても「書き言葉」は入植者の原住民に対する優位を象徴するものとして位置づけられてきた（Goody 1994）。そして現代フランスにおける「主流社会」と「移民・マイノリティ」の間にある権力関係にも、「書く行為」に内在する権力性が大きな影響を及ぼしている、というのが筆者の仮説である。

郊外の若者の書く行為をめぐっては、具体的に2種類のステレオタイプが存在する。1つめは「郊外の若者は書かない（les jeunes de banlieue n'écrivent pas）」というものである。1980年代以降、「郊外の若者」は非行との関係からだけではなく、その固有の文化実践にも注目が集まり、彼らの音楽、ダンス、スポーツ、アート、映像表現など多岐にわたる実践が「郊外文化（cultures des banlieues）」として論じられてきた。そして政府による支援政策の対象にもなったほどだった（Bachmann, Basier 1985; Hatzfeld 2006）。ところが「郊外の文化実践」が注目され、とりあげられてきた一方で、若者の「書く行為」について言及されることはほぼ皆無だった（Mori 2012: 70-71）。

2つめは「郊外の若者は書けない（les jeunes de banlieue ne savent pas écrire）」というものである。前者が「書く行為」の「不在」を問題化するのに対し、2つめのステレオタイプは「書く能力」を問題にする。郊外の若者の「書く行為」をとりあげた先行研究は存在するが、そのほぼ全てが教育分野に限定されており、しかも大半は若者の「書く行為」を「困難」「不安定性」「能力の不在」「不十分」「非識字」といった角度から捉えたものだった。そして、このような現状に対して教員はどのように「闘うべきか」を論じたものだった。つまり若者の「書く能力の欠如」、つまり「非識字（illettrisme）」という視点からの研究であった。

このように郊外の若者の書く行為は「存在しない」、あるいは「能力がない」と判断されてきた。言い換えれば、郊外の若者による「書く行為」は学校教育という枠組みに（のみ）位置づけられて、（能力の欠如という観点からのみ）議論されてきたと言える（*ibid*: 72-73）。

2）郊外の「話し言葉」への注目とその効果

郊外の若者の「書く行為」に関するステレオタイプがある一方、彼らの「話し方」「話し言葉」——言語運用能力のもう1つの重要な側面——についてもステレオタイプが存在する。「話し言葉」のステレオタイプと「書き言葉」のステレオタイプは深く関わっているので、以下で簡単に説明する。

ボーとギシャールは、郊外の若者たちのフランス語には独特のイントネーションや訛りがあり、特にそのスラングがメディアで嘲笑されたり、就職差別の原因にもなってきたことを指摘したが（Beaud, Guimard 2014）、その一方で彼らの話し言葉がポジティブな形で注目されることがあるのも事実である。1990年代半ばから「郊外語」辞典が何冊も刊行され、言語学の研究対象にもなり、研究成果が刊行されたり（Lepoutre 1995, Goudailler 1997）、学術誌で「郊外語」の特集が組まれたりした。また2003年のアブデラティフ・ケシッシュ監督による映画「身をかわして（L'esquive）[8]」のように、「郊外語」を多用して注目される映画も出てきた。

本章との関連で重要なのは、次の点である。「郊外語」の表象はそれ自体はポジティブな評価を伴っていた（「郊外の若者言葉は創造性にあふれている」など）。しかし「郊外の話し言葉」ばかりに注目し、褒めることで、結果的に「郊外の若者の話し言葉はおもしろいけれど、彼らは「書く」のは苦手／あるいは書かない」というもう一つの表象を暗に強化したという点である。郊外の若者の「話し言葉」を賞賛することが、結果的に書き言葉をめぐる既存のステレオタイプを補完、強化するものとして機能したのである。「書かない／書けない」けれども、話し言葉はおもしろい、という見方である（Mori 2012: 74）。

3）ステレオタイプの物象化と問題点

このように郊外の若者は「書かない／書けない」というステレオタイプが社会に定着し、自明視されてきた。問題は、ステレオタイプが強化されることで、ステレオタイプが「自然化／物象化」されてしまい、本質化されてしまうことである。たとえば、移民の子どもの学業達成の困難を階級によって説明する代わりに、「勉強ができないのは、移民の子どもの性質に起因する」と考えられてしまう。郊外の若者の書く行為に関しても、このようなステレオタイプの自然化・物象化が進んでいる。その一例として、郊外の学校で働くあるフランス語教師の言葉を引用する。

> 生徒にとって、一般のフランス語は外国語であり、翻訳を必要とするのです。「どうせ、自分は文学には向いていない。家に本なんかないし、自分にとっては別世界の話だ……」生徒たちはこう言って、スラングのゲットーに自ら閉じこもっていきます。私の教師としての役目は、生徒たちが自ら学ぶ可能性を放棄しないようにすることなのです。私はこのような生徒たちの本質と闘い、郊外の掟と闘っているのです[9)]。

ここでは「自分は文学には向いていない」「(フランス語を) 書きたくない」という生徒の言葉が取りあげられているが、問題はそれが「彼ら」、つまり郊外の若者の「本質」だと述べられ、郊外の若者の「書く能力」が本質主義的に理解されている点であり、しかもそれが教師によるものだという点である。このような発言は筆者も調査のなかで繰り返し耳にしたものであり、教師の間に一定程度広がっている見解ではないか、と推察できる。もちろん、教育現場の全員がそう言っているわけではない。だが郊外の若者に関するネガティブなステレオタイプが用いられるとき、「学校教育 (における彼らのパフォーマンス)」が根拠にされることが多いのも事実である。なかでも教育の基本となる言語運用能力、特に「書く行為」は実に頻繁に引き合いにだされる。その点で、この「書く行為」をめぐるステレオタイプは看過できないもと思われる。

4) ステレオタイプの歴史性

ここまで郊外の若者の「書く行為」をめぐるステレオタイプを見てきたが、問題の背景を探るため、以下では問題の歴史性に光をあてたい。人類学者のジャック・グッディは「話し言葉」と「書き言葉」の境界線が歴史的に構築され、各々の表象が対比の関係を成してきたことを明らかにした。「書き言葉」は「理性」「落ち着き・静観さ」「文明」などの概念と結びつけられたのに対し、話し言葉は「自然」「攻撃的」「野蛮」などの概念と結びつけられてきた。重要なのは、このような書き言葉と話し言葉の境界線が「彼ら」と「私たち」を区別する役割を歴史において象徴的に果たしてきたことである。そして支配者が被支配者に権力を行使し、支配することの正当化に用いられてきたことである(Goody 1994)。

以上のグッディの議論にならい、郊外の若者の書く行為をめぐる表象を構成する歴史的要素として、以下では3つの要素をとりあげる。1つめは階級性である。今日、庶民階層の移民が集住する郊外は、19世紀後半から労働者街として発達してきたが、そこには既に「書き言葉」を介した権力関係が郊外住民と(パリの)主流社会との間に存在していた。社会学者のクロード・フォセ=ポリアックは、フランスで義務教育が導入された際に、労働者が就学して書き言葉を身につけることで従来の社会序列が転覆されるのではないかと支配層が恐れ、その結果としてブルジョワ向けの教育とは差異化された労働者向けの教育として「職業訓練教育(enseignement professionnel)」が形成されたことを指摘した(Fossé-Poliak 1991)。ここにも、階級間の権力関係に「書き言葉の習得」が重要な役割を担っていたことがうかがえる。

2つめの要素に植民地主義がある。フランソワーズ・ロートムは学校教育でアルジェリア植民地支配の歴史がどう教えられてきたのかを分析し、「原住民」が常に「貧しい農民で、字が読めない者」と表象され、書き言葉を持たないことが「原住民」のステレオタイプを構成してきたことを明らかにした[10)]。植民地支配下では「入植者」と「原住民」が識字者・非識字者の図式で描かれ、「書き言葉を持たない=文明をもたない」とみなされた。こうして「原住民」の支配は「文明化」のもとに正当化されたのである(Lantheaume 2007)。

3つめの要素は、このような「被植民者 colonisé =非識字者 illettré」という図式が第二次大戦後に増加した移民にも継続的に適用されたことである。移民=「非識字者」という認識が定着した背景には、高度成長期に動員された移民の多くが農村部出身の非識字層だったこともたしかに影響しているが、より問題なのは、移民の定住がすすみ、子ども世代がフランスで教育を受けるようになった現在でも「移民=非識字」のステレオタイプが強固に残存している点である。

5）当事者に内面化されるステレオタイプ

3節1項でみたように、郊外の学校では、成績の悪い子どもが「非識字者」というタームで語られることがよくある。ところが、成績のよい子に対しても「非識字者の移民の子どもであるのに、よい成績を収めた」というようなレッテルがはられることがしばし見受けられる（Mori 2010: 82-84）。

このように移民は「非識字者」、あるいは「書き言葉から遠い人びと」であるというステレオタイプは今でも存在する。このようなステレオタイプは単に差別的であるだけでなく、当事者にも深く内面化され、それが問題を一層深刻にしている。ポール・ウィリスは『ハマータウンの野郎ども』のなかで、労働者階級の若者をめぐるステレオタイプが当事者に内面化され、それが書き言葉を学ぶ場である学校への反抗的な態度をうながし、反学校文化の形成につながっていると指摘したが（Willis 1977）、同じ問題はフランスの郊外の若者にも指摘できる。筆者の調査においても、郊外団地にすむ男子の間では「読書は女のやること」というステレオタイプが強固に存在し、このような集団的圧力の下、読書が好きな子どもでも一定年齢に達するとからかわれることを恐れて「読書」や「図書館に行くこと」がむずかしくなり、隠れて本を読んだり、あるいは読むことを断念するといった事例も確認された（Mori 2010）。

郊外の若者が読書や書き言葉に対して向ける「敵意」については、教育関係者、言語学者、社会学者など多くの人びとが指摘してきた。2005年暴動の際にもイル・ド・フランス地方で13の図書館が若者の攻撃の対象になり、セーヌ・サン・ドニ県のラ・クールヌーヴの図書館では放火により8,000冊が焼失、22,000冊が激しい損傷を受けた。ただ重要なのはこのような「敵意」を本質化し、所与のものとして捉えることではない。むしろ郊外の若者に常に向けられる「書き言葉」のステレオタイプを当事者である若者が深く内面化していることに留意し、それとあわせて考えることが必要である。ブルデューは社会学の役割の1つとして、社会現象や問題が形成された過程を可視化させ、再歴史化することだと述べたが（Bourdieu 1980b）、郊外の若者と書き言葉の関係を再歴史化する作業も郊外の若者への理解を深める上で不可欠である。その作業を行うことなしに、郊外を「書かない（non-écriture）」あるいは「書けない（sous-écriture）」人間の空間と表象することは、「郊外の若者」への差別を正当化し、かつ隠蔽することにつながるだろう。

4. 文化実践としての「書く行為」の発見：ステレオタイプ脱構築の課題

このように郊外の若者の「書く行為」に関しては強固なステレオタイプが存在し、それが当事者に看過できない影響を及ぼしている。以下ではこの問題をより広い展望から再検討するため、郊外の若者の「書く行為」を学校教育とは異なる角度から考察する。

具体的には「書く行為」を「学校教育に必要な（中心的な）ツール／スキル」として規範的に捉えるのではなく、表現手段として捉え直す。「書く行為」を学校の枠組みに限定するのではなく、その外部に存在する多様な実践も考慮して検討する試みは、社会学者ベルナール・ライールによる庶民階層の日常生活における「書くこと」の実践に関する研究（Lahire 1993）、クリスチーヌ・バレ＝ド＝ミニアックらによる中学生の学外活動に関する研究（Barré-de-Miniac, Cros, Ruiz, 1997）などで論じられてきたが、このようなアプローチの研究は、学校教育における「書く行為」の先行研究の量と比べると、比較にならないほど少ない。

本章はライールやバレ＝ド＝ミニアックらと同じアプローチを「郊外の若者」の書く行為の検討に用いた。こうして「書く行為」を学校教育の規範的まなざしから解放し、表現手段と位置づけ直すと、これまで「書き言葉の不毛の地」と見なされてきた郊外にも「書く行為」が様々なレベルで存在することが見えてきた。紙幅の関係上、その全容をここで示すことはできないが、主要な実践の概要を以下で示したい。

1つめは、文章教室（ateliers d'écriture）における実践である。これは1980年代より郊外自治体の一部で行われてきたもので[11]、作家などを講師に招き、参加者に文章を書かせるという主旨の活動である。会場は市の施設やNPOの施設のほか、学校内で行われることもある。一見、学校教育と近いようにみえるが、目標を「規範の習得」ではなく「表現」に重点をおいている点で学校教育内の「書く実践」とは決定的に意味が異なる。筆者が調査を行ったセーヌ・サン・ドニ県では、2005年の暴動後に「若者に暴力ではなく言葉を通して怒

Le Monde du 93

Une bande de jeunes du «neuf-trois» refait «Le Monde»

Editorial

Rapports médias -banlieues, du constat aux initiatives

Amorce de dialogue entre jeunes et forces de l'ordre

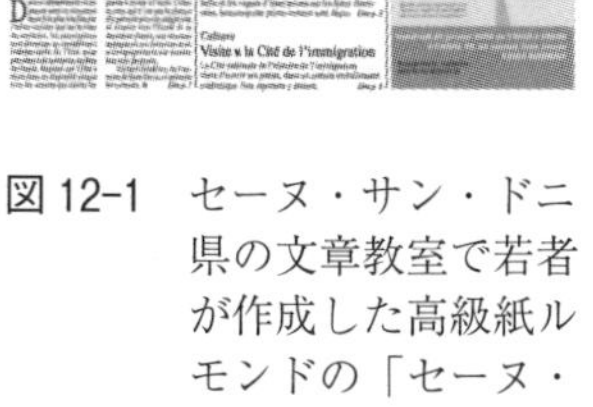

Quand l'associatif combat l'échec scolaire

Economie

Reportage

Environnement

Le 93 et ses espèces rares

Politique

Primo-votants, sept mois après

Culture

Visite à la Cité de l'immigration

Premières Rencontres pour la Vie Associative

L'étude
Le film
Le débat

図 12-1　セーヌ・サン・ドニ県の文章教室で若者が作成した高級紙ルモンドの「セーヌ・サン・ドニ県版」

図 12-2　文章教室の様子

@Aide aux devoirs à Aasco (Saint-Ouen).

りを表現させる」目的で、県内に70あまりの「オーサー・イン・レジデンス」が開設され、文章教室の数が大幅に増加した（Mori 2010: 127-134）[12]。

2つめは音楽・口承表現の内部に組み込まれた「書く行為」である。そもそも筆者がこのような問題に関心をもったのは、郊外の若者によるラップの実践に注目し、その活動・実践を調査する過程での「気づき」があったからだった。一般にラップは「即興」のイメージが強いが、実はかなり周到な準備が行われ、しかも事前に「書かれて」いることを発見した。また当事者の若者も、ラップの実践を「歌う」ではなく「書く」と定義するケースが多かった。こうしてラップが単なるオーラルの実践ではなく、「書く行為」でもあることを理解した（Mori 2012）。2000年代以降、ラップに続いて人気を集めるようになった「スラム」とよばれるオーラルポエトリーにも同様の結果がみられた。このように一見「口承表現」と見なされる実践にも「書く行為」が重要な位置を占めている。

3つめはアートの実践に組み込まれた「書く行為」である。1990年代から郊外の若者の間で支持されてきたヒップホップの一部門にグラフィティとタグの実践がある。これらは従来「スプレーアート」という「絵画」の一領域として捉えられてきた。しかし実践する若者に対するインタビューを通して、当事者が自分の実践を「文字を書く行為」と捉えていること、しかもなかには自らを「ストリートの書道家」として位置づける者が多いことが明らかになった(Mori 2010)。

四つめは文芸創作としての「書く行為」である。2005年の暴動の前からファイザ・ゲーヌをはじめとする郊外団地出身の若者による小説が刊行されてはいたが、暴動後にその数は大きく増加した。2007年にはパリ郊外の若手作家10名が集まって「フランスを作るのは誰か?」というNGOを結成し、郊外をテーマにした共著の刊行とともに、新たな郊外作家の輩出をサポートする目的で、文章教室や文学賞の設置といった活動を行った。これらの作家は「文学不毛の地」と見なされがちな郊外の出身であるため、そのようにステレオタイプ化されがちで、せっかく小説を出版しても「水準に達していない作品」「本当は自分で書いていない/書けるはずがない」などネガティブに評価され、苦労を経験することが多い。だが、音楽やスポーツ界で活躍する人はいても、作家はほとんどいないという「郊外」において、地元出身の若者が作家として活動することは、既存のステレオタイプを揺るがし、新たなイメージを生み出すことに大きく寄与すると思われる。

5. 結びにかえて:「書く行為」をめぐるアンチステレオタイプ形成の地平

本章では、郊外の若者は「書かない/書けない」というステレオタイプがフランス社会に定着しており、そのことがもたらす複数の社会的帰結について考察した。それは「若者=書けない=非識字=野蛮=文明化されていない」といった差別意識の根茎を涵養すると同時に、当事者にも「自分たちは文学に向いていない」などとステレオタイプを内面化させ、学校文化への反抗や敵視を引き起こしている。このようなステレオタイプは、本書のテーマである庶民階層の学校教育にも影を落としていると思われる。

だがその一方で「書く行為」を学校教育の枠組みに限定して規範的に捉える従来のアプローチと袂を分かち、「文化表現」として学校外の実践に目を向けると、多様な「書く行為」が若者によって営まれていることも明らかになった。これまで「書かない／書けない」空間として表象されてきた郊外に実は多様な「書く行為」が存在することの発見は、「書かない／書けない」の表象が現実というよりもステレオタイプであることを可視化させ、若者の固定的な表象を揺るがすという「アンチステレオタイプ」の形成を促すものだと考える。

同時に、「書く行為」は植民地支配期からフランスの権力関係の境界線を規定するものとして機能し、そのステレオタイプは今でも実に強固である。その転覆は容易ではなく、絶え間なくアンチステレオタイプを作り出して働きかけ続けることが求められるだろう。その点で、4節でみたような「書く行為」の実践者たちは、このようなアンチ・ステレオタイプを形成する主要なアクターとなりうるだろうか。それとも、自らのエスニックな差異を全否定し、「外見以外はフランス人と全く同じ」と同化を強調することでカウンター・ステレオタイプを形成し、既存のステレオタイプをかえって強化するという陥穽に落ちるのか。この問いについては、今後の課題として考察を重ねていきたい。

注

1）フランスでよく使用される « classes populaires » の訳語には「民衆階級」「庶民階級」、あるいはイギリスの « working class » にほぼ対応するという判断に基づいて「労働者階級」などが用いられることもある。しかし本稿では、本書の編者の使用する表現にあわせ「庶民階層」という訳語を用いる。

2）ステファン・ボー「サッカー・郊外・ネーション――フランスのスポーツと人種・階級問題」一橋大学・国際交流セミナー講演、2014年11月28日。

3）本章の考察は筆者が2003年1月～2009年12月までにパリ郊外で継続した現地調査のデータに基づいている。

4）リップマンはステレオタイプの特徴として、1. 過度に単純化されていること、2. 不確かな情報や客観的根拠の薄弱な知識に基づき誇張され、しばしばゆがめられた粗略な一般化ないしカテゴリー化であること、3. 好悪、善悪、正邪、優劣などといった強力な感情を伴っていること、4. 人種差別や性差別といった偏見に転化しやすいこと、5. 偏見や誤認・誤解を生むが、同時に社会的に共有される感情・認知・思考・行動様式を型にはめることで社会の統合と安定にも寄与していること、6. 新たな証拠や経験に出会っても、容易に変容しにくいこと、の六点をあげている。

5）社会学者のディディエ・ファッサンは「法の前にすべての市民は平等」を謳うフランスでは、従来移民・マイノリティに対する政策は「統合政策」に特化していたが、1990年代末よりヨーロッパの反差別政策の影響下で「反差別政策」が構想されるようになったことを指摘した（Fassin 2002）。マセは、このような変化のなかで「カウンター・ステレオタイプ」が形成され、一定の役割を担うようになったと指摘する。具体的には、従来型のカラーブラインド統合モデルの下では、差別に対する無関心から非白人マイノリティは周縁化されていたが、非白人に対する差別が問題化されるようになると、今度はあらゆるエスニシティを否定し、差別の存在自体も否定するような「カウンター・ステレオタイプ」の表象が表れたという（Macé 2007）。

6）ブルデューが既に1970年代に指摘したように、「若者」という言葉はきわめて曖昧である。この言葉は、年少者を「まだ若い」と退けるために政治的に用いられてきた歴史をもつ（Bourdieu, P. « La jeunesse n'est qu'un mot ». Entretien avec Anne-Marie Métailié en 1978, in *Questions de sociologie*, Éditions de Minuit, 1984.）実際、今日「郊外の若者」と名指される者には40才を超えるものも少なくない。その点でもブルデューの指摘は現在の郊外の状況を考察する上で、重要な示唆を与えてくれる。詳しくは、森千香子「若者——概念の誕生と発展」『現代フランス社会を知るための62章』明石書店、2010年。

7）たとえば社会学者のナシラ・ゲニフ＝スイラマはマセとの共著で、2000年代以降、郊外の若い男性のステレオタイプとして「若いアラブ人＝野蛮＝レイプ魔＝輪姦常習犯」のイメージが多用されるようになったと指摘している（Guénif-Souilamas, Macé 2004）。

8）在仏チュニジア移民のアブデラティフ・ケシッシュ監督による2003年公開の作品。パリ郊外の団地の高校生が、学校でマリヴォーの戯曲を演じることになり、そこから様々なハプニングが生じるというコメディ。作品中で主人公をはじめとする登場人物が使う「郊外の若者言葉」が特に話題をよび、その評価をめぐる論争にまで発展した。

9）« Entretien avec Abdellatif Keichiche et Cécile Ladjali », *Télérama* n° 2817 du 10 janvier 2004.

10）同様のステレオタイプは、植民地支配をテーマにした映画や文学作品でも繰り返し用いられている。2006年に公開された話題になったラシッド・ブシャレブの「原住民たち（Les indigènes）」でも主人公のサイードが全く同じように描かれている。

11）中でも作家フランソワ・ボン（François Bon）がラ・クールヌーヴの4,000戸団地で1980年代から行ってきた活動は知られており、その一部は『灰色の血』という名の論集として出版されている（*Sang gris, un atelier* d'écriture *à La Courneuve*, 1991).

12) 文章教室は元来創作を行うタイプのものに限られていたが、近年は新聞をはじめとするジャーナリズムの実践や、映像制作のための台本制作などを目的とした、新しいタイプの文章教室も増加している。

参考文献

Bachmann, C., Basier, L., (1985), « Le smurf comme mobilisation symbolique », *Langage et société*, 34.

Beaud, S., Guimard Ph., (2014), *Affreux, riches et méchants ? Un autre regard sur les Bleus*, La Découverte.

———, (2011), *Traîtres à la nation ? Un autre regard sur la grève des Bleus en Afrique du Sud*, Paris: La Découverte.

Beaud, S., Amrani, Y., (2004), *Pays de malheur !: un jeune de cité écrit à un sociologue*, La Découverte.

Beaud, S. Pialoux, M., (2003), *Violences urbaines, violence sociale: genèse des nouvelles classes dangereuses*, Paris: Fayard.

Barré-de-Miniac, C., Cros, F. et Ruiz, J., (1997), *Les collégiens et l'écriture. Des attentes familiales aux exigences scolaires*, INRP-ESF éditeur.

Bourdieu, P., (1979), *La distinction. Critique sociale du jugement,* Minuit. (石井洋二郎訳 (1990),『ディスクタンクシオンⅠ、Ⅱ』藤原書店.)

———, (1980 a), *Le sens pratique*, Minuit, coll. « Le sens commun ». (今村仁司ほか訳 (2001),『実践感覚 1, 2』みすず書房.)

———, (1980 b), *Questions de sociologie*, Minuit, coll. « Documents ». (田原音和監訳 (1991),『社会学の社会学』藤原書店.)

Fassin D., (2002), « L'invention française de la discrimination », *Revue française de science politique*, 2002/4 (Vol. 52), pp. 403-423.

Fossé-Poliak C., (1991), « L'accès dérogatoire à l'enseignement supérieur » *Revue française de sociologie*, no. 32-4.

Goody J., (1994), *Entre l'oralité et l'écriture*, PUF.

Goudailler J-P., (1997), *Comment tu tchatches! Dictionnaire du français contemporain des cités*, Maisonneuve et Larose.

Ghio, B., (2010), « Littérature populaire et urgence littéraire: le cas du rap français », Trans. *Revue de littérature générale et comparée*, no. 9.

Guénif-Souilamas N., Macé E., (2004), *Les féministes et le garçon arabe*, Editions de l'Aube.

Harzoune, M., (2001), « Littérature: les chausse-trapes de l'intégration », *Hommes et Migrations*, n° 1231.

ホール・S., (1998),「ニュー・エスニシティズ」『現代思想スチュアート・ホール』青土社，pp. 80–89.
Hatzfeld, M., (2006), *La culture des cités, une énergie positive*, Autrement.
細川英雄（2002),「日本語教育におけるステレオタイプと集団類型認識」『早稲田大学日本語教育研究』1 号.
Kepel G., (2012), *Banlieue de la République: Société, politique et religion à Clichy-sous-Bois et Montfermeil*, Gallimard.
Kokoreff M., (2008), *Sociologie des émeutes*, Payot.
Kokoreff M., Lapeyronnie D., (2013), *Refaire la cité: L'avenir des banlieues*, Seuil.
Lahire B., (1993), *Culture écrite et inégalités scolaires: Sociologie de l'échec scolaire à l'école primaire*, PUL
Lantheaume F., (2007), « L'enseignement des histoires de l'immigration et de la colonisation », *Diversité. Ville, Ecole, Intégration*, n° 149.
Lepoutre, D., (1995), *Cœur de banlieue. Codes, rites et langages*, Odile Jacob.
リップマン・W, (1987),『世論（上）』岩波書店.
Macé, E., (2007), « Des « minorités visibles » aux néostéréotypes », *Journal des anthropologues*, Hors-série,（URL: http://jda.revues.org/2967、最終確認 2015 年 6 月 26 日）
Marlière E., (2011), « Emeutes urbaines, sentiments d'injustice, mobilisations associatives », SociologieS（http://sociologies.revues.org/3521、最終確認 2015 年 6 月 27 日）
Mauger G., (2006) *L'émeute de novembre 2005. Une révolte protopolitique*, Le Croquant.
Memmi A., (1972), *Portrait du colonisé, suivi de Les Canadiens français sont-ils des colonisés ?*, L'Étincelle (nouvelle édition québécoise, revue et corrigée), Montréal.
Mucchielli L., Le Goaziou V. (dir.), 2007, *Quand les Banlieues brûlent ... Retour sur les émeutes de novembre 2005*, La Découverte.
森千香子,（2006),「暴徒は誰か」『前夜』、7 号、影書房.
———（2009),「郊外コミュニティにおける『移民』の社会的排除と参加」宮島喬編『移民の社会的統合と排除――問われるフランス的平等』、東京大学出版会.
Mori, C., (2010), « Visibilisation et stigmatisation des « cultures de banlieue » en France »、『ヨーロッパ研究センター報』16 号、南山大学ヨーロッパ研究センター.
——— (2012), « L'archipel invisible. L'écriture dans les "cultures de banlieue" », *Hommes & Migrations*, n° 1297.
野村一夫,（1998),『社会学感覚』文化書房博文社.

Said E., (1980), *L'Orientalisme. L'Orient créé par l'Occident,* [*Orientalism,* 1978], traduction de Catherine Malamoud, préface de Tzvetan Todorov, Le Seuil. (今沢紀子訳 (1993),『オリエンタリズム (上下巻)』平凡社.)

Wacquant, L., (2006), *Parias urbains. Ghetto, banlieues, État.* La Découverte. (森千香子・菊池恵介訳 (2008)『貧困という監獄――グローバル化と刑罰国家の到来』新曜社.)

Willis, P., (1977), *Learning to Labour. How working class kids get working class jobs,* Aldershot, Gower. (熊沢誠・山田潤訳 (1996),『ハマータウンの野郎ども』筑摩書房.)

Zegnani, S., (2004), « Le rap comme activité scripturale: l'émergence d'un groupe illégitime de lettrés », *Langages et société,* no. 110.

第13章

新自由主義時代における生活困難層の教育的再生産戦略についての分析
―P. ブルデューの〈資本〉と〈戦略〉の視点から―

小澤　浩明

1. 問題設定

1) 日本型大衆社会と生活困難層の教育における競争

本章は、北日本にある低所得者層が集住する大規模公営住宅における住民へのインタビュー調査の分析である[1)]。この調査の分析を通じて、新自由主義政策によって困難が深められている生活困難層の生活と教育実態を明らかにする。とりわけ、P. ブルデューの〈経済資本－文化資本〉と〈再生産戦略〉概念を援用して、生活困難層の教育的再生産戦略の分析をおこなう。

約20年前にも同じ公営住宅で調査をおこなっている（以下「前回調査」と呼ぶ）[2)]。両調査の時代背景を比較すると、前回調査は多くの国民が企業社会への参入をめぐる激しい競争に巻き起こまれた「日本型大衆社会」（後藤 2001）の時代であった。ここで「日本型」大衆社会と呼ぶのは、フランスなどヨーロッパ諸国の大衆社会が「福祉国家」型大衆社会であったのに対して、日本社会が日本型雇用を特徴とする「企業社会」型大衆社会であることを強調するためである。それは企業社会での有利な位置の獲得をめぐる、子どもと家族を巻き込む激しい「教育における競争」を生むことになった。

しかし、1990年代後半からの「構造改革」と呼ばれる新自由主義政策によって、日本型大衆社会の構造も変化しつつある。すなわち、日本型雇用が崩壊させられ、非正規雇用やワーキングプアが増大することで、一定割合の国民が大衆社会の外側に排除される事態になりはじめている。後藤（2001）は、こうした状況を日本型大衆社会の「再収縮」と特徴づけている。教育における競争においても、私立小・中学受験など小さい頃からの受験競争に乗ることのできる豊かな階層がいる一方で、義務教育期間の給食費を含む教育費を工面するのにも苦労するような競争から排除された層がいるという階層の二極化の下で、主体的な競争の意味づけが異なる「階層化した競争」（小澤 2004）状況を呈している。日本型大衆社会は、福祉国家型大衆社会と違い、元来から社会保障の脆弱さを特徴としたために、日本型雇用の解体に伴う労働市場からの排除は単なる格差の拡大にとどまらず、ただちに「貧困」に直結する危険性を孕む。事実、日本の「子どもの相対的貧困率」が、フランスと比べて失業率が相対的に低いにもかかわらず、2012 年現在で 16.3% にも及んでいるのは日本型大衆社会における社会保障の脆弱さに起因している[3)]。また、日本の母子家庭の 8 割が就労しているにもかかわらず、5 割以上が貧困線以下の収入に留まるのは、規制なき労働市場が生んでいるワーキングプア問題がここに集中して現れているためである。

ところで、20 年前の前回調査において明らかになったことは、生活困難層においても教育・進学期待は低くなく、日本型大衆社会の競争過程には巻き込まれていたが、にもかかわらず、結果的には企業主義社会の競争秩序から「排除」され、周辺化される傾向にあったということである。つまり、1990 年代前半までの日本型大衆社会では、生活困難層も教育における競争過程へいったんは「包摂」されるが、実質的には「排除」されるメカニズムが作動していたといえよう。

2)「再生産的な闘争」としての競争：ブルデュー社会学からの示唆

こうした競争の「包摂－排除」過程を P. ブルデューの「競争」論を援用して考察しておこう。ブルデューは、「競争」を「階級闘争の特殊形式」として、また「再生産的な闘争」として認識する。すなわち、ブルデューによれば、「競争というこの階級闘争の特殊形式は、被支配階級の人々が支配者たちによって提示された賭金＝争点を受けいれるとき、否応なく押しつけられてしまう形である。それは相手を組み込む闘争であり、また最初にハンディキャップがあるという点では再生産的な闘争である」(Bourdieu 1979: 185=1989: 255, 258) とされる。

さらに、競争は階級間の象徴闘争を挫折させることになるという。なぜならば、競争は被支配者による「支配者たちの目標に対する同意」(ibid: 185=255) というある種の「支配」を受容した状態によって起こるからだ。したがって、「諸階級間の象徴闘争が象徴闘争として姿を現し組織されてゆく可能性をまったくもたず、競争としての闘争という形をとるべく運命づけられて」(ibid: 280=387) いる。つまり、序列の承認などの「正統性の押しつけは競争を通して実現される」(ibid: 183=253) ことになるのだ。

こうしたブルデューの階級論的競争分析からすれば、日本型大衆社会における教育における競争の「包摂－排除」過程は、企業社会でのいい位置の獲得をめざすという点において、まさに「支配者たちの目標に対する同意」を含む典型的な「再生産的闘争」であったといえよう。逆にいえば、支配に対抗する「象徴闘争」の契機はほとんどみられなかったことになる。生活困難層においてさえも競争に巻き込まれていたという事態は、この競争の「包摂－排除」メカニズムの強さを示していたといえよう[4]。

3) 分析の課題・方法・構成

本章の目的は、20 年後の新規調査を分析することによって、いまみたような新自由主義による社会変動が「生活困難層」の生活と子どもの教育実態にどのような変化を与えているかを考察することにある。とくに教育における競争に関して、新規調査においてどのような変化が見られたのかを分析したい。方法論的には、P. ブルデューの〈経済資本－文化資本〉と〈再生産戦略〉概念を援用することによって、各階層の家族がどのような教育的再生産戦略をもっているのかを分析する。

P. ブルデューによれば、〈再生産戦略〉とは、資本と階級的位置の維持や上昇を目指すハビトゥスによって生み出される、意識的・無意識的な行為であると定義されている[5]。また、この再生産戦略は、①家族の再生産すべき資本（文化資本と経済資本）の量と構造、②再生産手段システムの構造（労働市場の状態、学校制度の状態など）の間に成り立つ関係によって規定される。つまり、以下のように公式化できる。

再生産戦略＝家族の資本の量と構造＋再生産手段システムの構造

したがって、右辺の項のいずれかに変化を生むような社会変動がおこった場合、従来の再生産に何らかの変化、すなわち、「再生産戦略システムの組み換え」が起こることになる。本章では、この再生産戦略概念を援用することで、生活困難層が新自由主義政策による社会変動をどのように生き抜いていこうとしているのかを分析することになる。

本論の構成は以下の通りである。まず調査地の概要と特徴を明らかにする（2節）。次に、インタビュー対象者を〈経済資本と文化資本〉の視点から安定層と生活困難層に分類し、さらに生活困難層をいくつかの世帯類型に分類し、それぞれの世帯の特徴を明らかにする（3節）。具体的には、世帯ごとの①収入状況、②正規・非正規雇用や不安定就労の状況、③健康問題について指摘する。次に、低所得による子どもの教育への影響や親の子どもの進学期待を分析する（4節）。とくに〈再生産戦略〉という視点から親のもつ子どもの進学期待を検討し、家族の再生産戦略を3つの類型に分類する。これらの家族の再生産戦略の中に「再生産闘争」に留まらない「象徴闘争」への萌芽がみられるのかを検証したい。

2. 調査地の概要と特徴、および新規調査で明らかになったこと

1）調査地の概要と特徴

調査地は北日本の中核都市B市にある。中核都市ではあるが、有効求人倍率は高い地域ではない。かつてはB市の周辺には炭鉱があり、調査対象者の保護者がかつて炭鉱で働いていたケースが新規調査においてもみられた。調査地であるB市のA地区にある大規模公営団地（以下、「A団地」と呼ぶ）は、B市の中心から電車12分、その後バスで15分程度の場所にある。A団地は150棟（5,500戸）ほどの低所得者向けの集合団地とその周りを囲むように点在する

2,000戸余りの一戸建住宅からなる。集合団地の入居条件は、月額所得が16万以下であり、年収で200万以下の世帯層になる。前回調査と比べた調査地の特徴は以下の3点である[6)]。

第1の特徴は人口減少である。前回調査では人口2万6,000であったものの、現在では1万8,000人（8500世帯）と計画人口の6割弱になっている。第2の特徴は少子高齢化の進行である。A地区の15歳未満人口は12%、65歳以上の人口は33%と日本全体の人口比（15歳未満22%、65歳以上人口10%）と比べ、少子高齢化が進行している。

第3の特徴は貧困化の進行である。A地区の生活保護受給者の割合は世帯で11.8%（B市4.2%、全国2.4%）、人員では9.1%（B市2.8%、全国1.2%）となっている。前回調査時では、A地区の生活保護率は2.8%（B市2.0%、全国 1%程度）であり、貧困がより深刻化している。A地区で生活保護を受給する母子世帯は2.2%で、B市の5.7倍、全国の17.5倍にあたる。前回調査では学齢期の子どものいる57世帯の中20世帯（35.1%）がひとり親世帯であり、今回調査でもランダムサンプリングされた200世帯の内､二人親家庭が101世帯（50.5%）、母子世帯が92世帯（46.0%）、父子世帯が7世帯（3.5%）となっており、この団地にひとり親家庭が相対的に集中していることがわかる。ちなみにB市の就学援助率は16%で、全国平均程度である。

2）新規調査で明らかになったこと

新規調査の分析では、66世帯（成功率35.5%）にインタビューをおこなった。内訳は両親世帯34世帯、ひとり親家庭32世帯であった。団地の住民および子育ての特徴は、20年前と比べて、以下のような変化があった（長谷川編 2014）。

①競争社会は継続しているものの、相対的に競争へのコミットメントを弱めている層が出現している（「競争コミットメント型」から「貧困の文化類似型」へ）。

②地域のコミュニケーションは前回調査に比べさらに低下し、「うわさ階層構造」にみられた「うわさ」は消滅する傾向にある（コミュニケーションの機能不全として「うわさ」からコミュニケーションそれ自体の消滅状態へ）。

③公営住宅が一軒家購入のための家賃節約としての利用から低所得層のセーフティーネットとしての機能へ変化している（団地のスプリングボートからセーフティーネット化へ）。また、団地での人間関係よりも親族ネットワークを資源として生活している。

④教師が子どもと家族の生活実態を認識できない状態から、子どもの実態認識（家庭の教育力の低さ、親の教育への関心の低さ、経済的困難、基本的生活習慣や学力不足の困難を捉える一方で、素朴で素直な子どもたちという認識）はあるものの、それが認識的ちぐはぐさをもち、また自分たちとは断絶した存在だと考えている（「ヴェール一重」認識から「リベラルな他者化」認識へ」）。

3.〈経済資本－文化資本〉の視点による生活困難層の分析

1)〈経済資本〉による世帯の階層分類

インタビュー対象世帯を〈経済資本〉の量から7つの類型に階層分類する[7]。「ワーキングプア世帯」、「経済的不安定世帯」、「生活保護世帯」、「傷病・障碍者世帯」、「引揚世帯」、「安定世帯」、「不明」の7つである。「ワーキングプア世帯」は収入が生活保護の最低生活費以下の世帯、「経済的不安定世帯」は収入が最低生活費の1.4倍を下回る場合、あるいは就学援助の受給が確認されている世帯である。

この階層分類によって、66世帯（内ひとり親家庭32世帯）を分類したのが表13-1である。1・ワーキングプア世帯が20世帯（同上11世帯）、2・経済的不安定世帯が10世帯（同上7世帯）、3・生活保護世帯が13世帯（同上11世帯）、4・傷病・障碍者世帯が3世帯（同上2世帯）、5・引揚世帯が1世帯（同上0世帯）、6・安定世帯が14世帯（同上0世帯）、7・不明が5世帯（同上1世帯）となった（以下、本章で世帯階層を示しつつケースに言及する場合、世帯階層の数字（1～7）＋ケース番号で示す。たとえば、ワーキングプア世帯のB72の場合は、1-B72と表示する）。

本章では、「7・不明」を除く1～5の世帯に分類された61世帯の内、47世帯（77%）を何らかの生活上の困難を抱えた「生活困難層」、それ以外の14世

表 13-1　世帯階層表

		総世帯数合計	両親世帯	ひとり親世帯
生活困難層（47 世帯）	1・ワーキングプア世帯	20	9	11
	2・経済的不安定世帯	10	3	7
	3・生活保護世帯	13	2	11
	4・傷病・障碍者世帯	3	1	2
	5・引揚世帯	1	1	0
安定層（14 世帯）	6・安定世帯	14	14	0
	7・不明	5	4	1
	合計	66	34	32
	パーセント	100%	51.5%	48.4%

帯（23%）を相対的に収入が安定している「安定層」として定義する[8)]。

母子世帯は 48.4%、生活保護世帯は 21.3% であった。調査対象地のある A 地区の生活保護率は 11.8%、ひとり親家庭率は約 8％と比べると、いずれもかなり高い割合となっている。

2）〈文化資本〉による世帯の階層分類

次に、〈文化資本〉の量からそれぞれの世帯の特徴を把握する。ここでは〈文化資本〉の指標として、制度化された文化資本である「学歴」を用いる[9)]。学歴別の世帯構成は以下の表 13-2 の通りである。

全体として、高校卒が 41 世帯（63%）と一番多いことがわかる。生活困難層（不明を除く 46 世帯中）では 58.7%、安定層が 64.3% となっている。中卒・高校中退は生活困難層のみに 9 世帯（19.6%）で、安定層にはいない（ただし、6-B12 は夫が高校中退、妻高校卒である）。専門・短大・大学卒は生活困難層には 10 世帯（21.7%）、安定層には 5 世帯（35.7%）だった。いずれの階層にも高校卒が一番多いが、生活困難層には高卒資格をもたない世帯（19.6%）があり、逆に安定層には専門卒以上も 5 ケース（35.7%）があるので、両階層には若干の学歴の差（= 文化資本の差）がみとめられる。

表 13-2　世帯階層別学歴

	世帯類型	中卒	高校中退	高卒	専門・短大	大卒	不明
生活困難層（47 世帯）	1・ワーキングプア世帯		2	12	3	2	1
	2・経済的不安定世帯	2	2	4	1	1	
	3・生活保護世帯	1	1	9	1	1	
	4・傷病・障碍者世帯	1		2			
	5・引揚世帯				1		
安定層（14 世帯）	6・安定世帯			9	4	1	
	7・不明			5			
	合計	4	5	41	10	5	1

＊夫の学歴と妻の学歴の高い方で示した。夫の学歴がわからない時は妻の学歴で示した。

3) 〈経済資本－文化資本〉の視点からみた世帯階層

以下では、まとまった数のインタビューができた、①安定世帯、②経済的不安定世帯、③ワーキングプア、④生活保護世帯の 4 つの世帯階層のみをとりあげて分析する。対象者は、学歴不明の 1 ケース（1-B135）を除く、56 世帯（内ひとり親家族 28 世帯）となる。この 56 世帯を〈経済資本〉と〈文化資本〉の総量によって分類したのが表 13-3 である[10)]。尚、「社会軌道＝生い立ち」において困難があったケースには、世帯番号に下線を引いた[11)]。

それぞれの象限の特徴をみると、第Ⅰ象限は文化資本、経済資本の量がともに相対的に多い世帯で 14 ケース。すべてが安定世帯となっている。第Ⅱ象限は経済資本が多く、文化資本が少ない世帯だが、ケースはない。第Ⅲ象限は文化資本と経済資本の量がともに少ない世帯で 8 ケースある。いずれも学歴が中卒か高校中退である。その内訳は経済的不安定世帯が 4 世帯、ワーキングプア世帯が 2 世帯、生活保護世帯が 2 世帯となっている。第Ⅳ象限は、文化資本が多く、経済資本が少ない世帯で 35 ケースあり、その内訳は経済的不安定世帯が 6 世帯、ワーキングプア世帯が 17 世帯、生活保護世帯が 11 世帯となっている。

4) 世帯階層の特徴とケース紹介

それぞれの世帯階層の特徴と代表的なケースを紹介しておこう[12)]。

表 13-3 〈経済資本〉と〈文化資本〉からみた世帯類型

経済資本＋（上）／経済資本－（下）　文化資本－（左）／文化資本＋（右）

	中卒	高校中退	高卒	専門	短大	大卒	
経済資本＋			B12（妻・夫高校中退), B26, B32, B41, B45, B47, B87, B90, B189	B03, B44, B164	B196	B43	安定世帯 14
経済資本－	B146, B163	B33, B65	B17, B39, B119（妻・夫中卒), B188	B160		B76	経済的不安定世帯 10
		B49, B115	B02, B24, B34, B36, B72（妻), B89（妻), B100, B109, B124（妻・夫高校中退), B131, B183, B194	B91, B173, B193		B103, B137（妻）	ワーキングプア世帯 19
	B169	B09	B07, B51, B58, B69, B77, B84, B102（妻), B121, B168		B81	B67	生活保護世帯 13

＊夫の学歴と妻の学歴の高い方で示した。夫の学歴がわからないときは妻の学歴で示した。
＊＊黒字：両親家庭、▒：母子家庭、□：父子家庭
＊＊＊下線：生い立ちにおいて困難あり
＊ 1-B135（母子家庭）学歴不明のため除外

	第Ⅰ象限	第Ⅲ象限	第Ⅳ象限	合計
安定世帯	14	0	0	14
経済的不安定	0	4（3)	6 （3)	10 （6)
ワーキングプア	0	2（1)	17（10)	19（11)
生活保護	0	2（2)	11 （9)	13（11)
合計	14（0)	8（6)	34（22)	56（28)

＊（　）内はひとり親家庭
＊＊　ワーキングプア世帯の学歴不明の１ケース（1-B135）は除いた。

①ワーキングプア世帯：19ケース（+学歴不明1ケース）

ワークングプア世帯の特徴は、低収入に起因する生活困難を抱えていることにある。手当を含めた平均世帯収入は219万円である。雇用形態は6割以上がパート・アルバイト、契約社員などの非正規雇用および無職である。この不安定雇用こそがワーキングプアになる要因である。また、5割以上がひとり親家庭であり、全家庭がパート・アルバイト、契約社員などの非正規雇用および無職である。子どもに塾や習い事に行かせる余裕がなく、高校進学は私立高校ではなく公立高校への進学を切に願うケースが多い（子どもの教育については表13-4参照）。

学歴は高卒が一番多く6割で、高校中退が2ケースあるものの、専門・短大・大学も5ケースあり、学歴が低いわけではない（学歴については表13-3参照）。親の平均年齢は39歳、子どもの平均年齢は11歳で、経済的不安定世帯より若い。両親世帯9ケースのうち、共働きは3ケース（1-B89、1-B103, 1-B183）のみと少ない。子どもが小さいので家にいるケースが多いということだろうか。身体を壊している、あるいは壊しそうなケースは9ケース（45%）だった。以下、母子家庭で身体を壊しそうなケースを紹介しよう。

〈身体を壊しそうなケース　B34：母子家庭、高卒、母34歳、長男14歳の2人家族、非正規雇用〉

約10年前に離婚。現在、母（本人）は工場でパートをしている。収入は10万円ほど。ボーナスは年2回ある。社会保険もあるので、普通のパートよりは悪くないが、暇になると休まされたりするし、有給もない。子どもは高校まで行かせるのが経済的にはぎりぎりの状態。1時間から1時間半の残業が1ヵ月も続く時があり、体力的にはとてもつらい。自分の身体が動くうちは自分でやりたいので、生活保護は受給していない。

ワーキングプア世帯のなかには、医療費が高額なために医者に行けないというケースがあった（1-B89, 1-B135）。医療制度の不備が垣間見える。

②経済的不安定世帯：10 ケース

経済的不安定世帯も、基本的には低所得世帯である。平均世帯年収は 270 万円、ひとり親家庭は 7 割にもなり（母子家庭 5 ケース、父子家庭 2 ケース）、ワーキングプア世帯より多い。正規雇用が 7 割、非正規雇用が 3 割と正規雇用の方が多く、それがワーキングプア世帯より相対的に多い収入をもたらしている。非正規雇用の 3 ケースはいずれもひとり親家庭であるが、うち 2 ケース（2-B65, 2-B163）のひとり親家庭は子どもが成人して働いているために、最低生活費を上回っている状態である。残り 1 ケース（2-B33）の父子家庭は、建設現場で働いており、冬季の失業保険を入れて最低生活費をぎりぎり上回った収入しかなく、子どもの進学に関して金銭的な不安を感じている。両親世帯の 3 ケースのうち 2 ケースは共働きである。親の平均年齢は 49 歳、子どもの平均年齢は 16 歳であり、ワーキングプア層より親の平均年齢は 10 歳ほど高く、子どもの年齢も 5 歳ほど高い。学歴は高卒が 4 ケース、高校中退が 2 ケース、中卒が 2 ケース、専門・短大・大学 2 ケースとばらつきが大きい。きつい労働や生活で身体を壊しているケースが 8 割もあるのが特徴である。

〈B33：父子家庭、定時制高校中退、建設業。長男・小学校 5 年生〉

父（本人）は 46 歳　東京の羽田生まれ。ずっと運送屋の仕事をしてきたが、現在の会社の前社長を頼って B 市に来た。妻とは 12 ～ 13 年前に建設現場で出会う。1 ～ 2 年後に長男が生まれるが、4 年ほど一緒に暮らして離婚。年齢差や仕事が忙しすぎて、家庭を顧みなかったのが原因かもしれないと本人は分析している。昨年、内臓の不調で入院。病気になると暮らしていけなくなるので、その点が怖い。子どもは小学校 5 年生。毎朝、義理のおばあちゃんの家で朝食のお弁当を食べて学校に行っている。学校を楽しんでいる様子。友達を作るのが楽しいみたいだ。最近は「大学に行っていいの？」と将来のことを聞いてきたりする。基本は本人の意思だが、ただ金銭的に行かせてあげられるのか不安。現在、就学援助を申請中である。

③生活保護世帯：13 ケース

生活保護世帯は、2 ケースを除きすべて母子家庭である。親の平均年齢は 42

歳。子どもの平均年齢は12歳である。生い立ちにおいて、DV、親の自殺、離婚、生活保護受給などの困難を重ねているケースが半数以上でみられる（表13-3の世帯番号の下線で「生い立ちにおける困難」を示した）。

しかし、学歴は中卒と高校中退の2ケースだけで、それ以外は高卒9ケース、専門・短大・大学卒2ケースとけっして学歴が低いわけではない。母子家庭になってからの長年の無理がたたり身体を壊しているケースが多く（約85%）、経済的不安定世帯よりも高い数値となっている。無理して働き続けて身体を壊した結果、生活保護を受給したという経緯がうかがえる。

〈ダブルワークで身体壊す　B121：母子家庭、高卒、母36歳と高1長男の2人家族〉

母（本人）は高校卒業後、温泉の仲居として働く。長男が生まれてすぐに別離。子どもを産んでからうつ病になる。子どもを24時間保育に預けて、ダブルワークをする。朝5時から夜2時まで働く生活で無理がたたり、てんかんになってしまう。うつ病のため、人が大勢いるところがダメで、学校の父母参観などには参加できない。子どもの性格は明るく、盛り上げ役タイプ。しかし、部活の先生とソリが合わなくて、最近、退部した。高校卒業後は働いて欲しく、大学進学については考えたことはない。自分の両親も本人が小さい時に離婚、母は生活保護を受給していた。現在、本人は福祉作業所で働いている。体力が落ちているので、正社員として働くのは難しそうである。

ところで、生活保護のスティグマ性、ケースワーカーの対応の酷さ、生活保護の利用率や捕捉率の低さ（日本の利用率1.5%、補足率15.3%、フランスの利用率9.8%、補足率90%）などの生活保護制度の問題点がワーキングプア状態を回避させず、結局は身体を壊すまで頑張り通させるという過酷な状況を生んでいる（3-B121）。ワーキングプア世帯と経済的不安定世帯にも、かつて生活保護を受給した経験をもつ世帯がそれぞれ2ケースずつ（1-B24, 1-B91, 2-B65, 2-B163）あるが、その一方で「自分の身体が動くうちは自分でやりたい」、「這ってでも仕事をしたい」など、生活保護を受給したくないことを頑なに表明するケースもあった（1-B34, 1-B49, 1-B135, 2-B146）。かつては生活保護を受給していたが現在は受給していない経済的不安定世帯の2-B65は、「生保受給を勧められるが、それなら雑草を食べた方がいい」と拒否感を露わにしている。近年、推し進められている生活保護生活費の切り下げ、生活保護バッシング、生活保護法の改悪は、生保受給拒否の状況にさらに拍車をかけることになるだろう。

④安定世帯：14ケース

安定世帯はすべて両親世帯である。学歴もすべてが高校卒以上であり、専門・短大・大学も5ケース（35.7%）あり、他世帯と比較して相対的に学歴が高い。親の平均年齢37歳、子どもの平均年齢8歳と、平均年齢はワーキングプア世帯と近い。自営の1ケースを除くすべてのケースが正規雇用であり、平均年収は340万（推計した額面で439万）である。正規雇用であることが、生活困難層と比べ相対的に安定した収入を確保している。ただし、「児童のいる世帯」の全国平均収入697.3万円よりはだいぶ低く、子どもが進学する年齢になると家計はきつい状況になることを予測せざるを得ない。それでも学資保険をかけている世帯が5ケースあり、子どもの進学を想定して、家計をやりくりする余裕がある。妻が仕事をもっている世帯が1ケース、パートをしている世帯が7ケースあり、半数以上が働いて家計を支えている。

また、半数近くの世帯がA団地についてあまり環境がよくないと思っている傾向にあり（「母子世帯が多いので、治安が悪い」（6-B32）「長く住むところではない、治安が悪い」（6-B41）、「貧富の差」（6-B43）、「施設が古くて狭い点は不便、高齢者も多い」（6-B45）、「変な人がいる」（6-B87）、「子どもにさせるような姿でない子がいて付き合いたくない」（6-B90）、「治安が悪い」（6-B189）「スラム街みたい」（6-B196））、近い将来この団地を出て自分の家を持ちたいと考えているケースが半数近くある（6-B03, 6-B32, 6-B41, 6-B47, 6-B90, 6-B196）。安定世帯はあまり長くこの団地に住んでいたいと考えていないようだ。身体を壊しているケースは2ケースと少ない。

〈B32：安定世帯、正規雇用、父33歳、母28歳、長男0歳の3人家族〉

両親とも高校卒業後に働く。夫は会社員。社会保険や福利厚生もきっちりしているいい会社。給料は社会保険などを引かれて、手取りで22～23万円程度。

社会人野球を続けている。妻は保育士になりたくて短大進学を希望していたが、親に行かせてもらえなかった。結婚後パートをしていたが、妊娠がわかり現在、専業主婦。子どもは自分で手をかけて育てたいが、入れるなら幼稚園を希望している。子どもの将来は、妻は高卒でいいと思っているが、夫は子どもが大学に行きたいと言うなら行かせたいという。この団地は母子家庭が多いので、治安が悪いと考えており、5年後、早ければ2～3年後に自宅を購入したい。

今みてきたように、それぞれの世帯階層によって雇用形態や生活状況が異なっていることがわかる。それは全般的にみて直接的には経済資本に規定されたものであるものの、文化資本による影響もみられた。

4. 〈経済資本－文化資本〉からみた家族における教育的再生産戦略

〈経済資本と文化資本〉の量から「家族における教育的再生産戦略」について分析しよう。具体的には、①子どもの教育・進学への経済的影響、②親による子どもの進学期待について分析する。

1) 子どもの教育・進学への経済的影響

子どもの教育・進学への経済的影響をみておこう。表13-4は低収入に起因する子どもの教育・進学に対する影響とみられる項目をカウントしたものである（のべ件数）。

世帯階層分類じたいに就学援助受給の有無を用いたため当然の結果であるが、就学援助を受けているケース が生活困難層で7ケース（申請中の1ケースを含む）、安定層で1ケース（ただし夫の転職に伴う一時的措置であり、現在の収入は安定している）と相対的に生活困難層に多いことがわかる。ちなみに調査対象地のB市では、就学援助は生活保護の1.1倍、額面収入が2人家族で約266万円以下、3人家族で約327万円以下、4人家族では約357万円以下（手取り換算にすると、それぞれ約171万円、216万円、235万円と推計できる）で受給でき、小学校と中学校を合わせて、16%が受給している。

また、「塾や習い事に行かせたいがその余裕がない」と回答したケースが生

表 13-4　低収入に起因する子どもの教育・進学への影響

	生活困難層			安定層
	ワーキングプア世帯	経済的不安定世帯	生活保護世帯	安定世帯
①就学援助を受けている／いた	3	3		1
②制服代が出せない			1	
③塾、習い事に行かせる余裕ない	4	2	1	
④公立高校への進学を望む	3	2	1	2
⑤進学に関して金銭的に不安	2	1	1	
⑥進学の断念・制限・変更	3	2		
⑦学費保険がかけられない	1			1
（cf. 学資保険をかけている）	1			5
⑧母子貸付を返済できない		1		
⑨銀行から進学資金を借りた				1
⑩奨学金を利用している／いた	4	1	1	1
⑪授業料免除を受けている	1	1	1	
小計	22	13	6	6
合計	41（26）			6

＊＊合計からは、⑦cf. の件数は除いた。また合計の（　）はひとり親家庭の数である。

活困難層で 7 ケースあった。学資保険をかけている世帯が安定層で 5 ケースある一方で、学資保険をかけたいができないと回答したケースが生活困難層で 1 ケース、安定層で 1 ケースあった。進学に関しての分析は後述するが、「公立高校へ進学して欲しい」と回答したケースが生活困難層で 6 ケース、安定層で 2 ケースあった。「進学に関して金銭的に不安」と回答した世帯が、生活困難層のみに 4 ケースあった。進学の断念・制限・変更をせざるを得ない世帯も生活困難層のみに 5 ケースあった。

専門学校進学を断念したケース（2-B119）を紹介しておこう。金銭的理由から専門学校進学を断念した 19 歳の長女本人のインタビューである。インタビュー中に進学を断念の話題になると泣き出してしまった。現在はスーパーのレジ打ちのパートをしている。

〈進学を断念したケース：B119 経済的不安定世帯の長女、スーパーのレジ打ちのパート、19 歳〉

――　ちなみに、大学に行きたいなあとか、そういうのはありましたか。

B119　（進学したいという気持ちが）めちゃくちゃありました。だって、だってじゃなくて、本当は、卒業して、専門行きたいな、て。行くって決めてたんですけどね。

［中略］

――　そういう希望を持っていたということもあって、それをいろんな事情からあきらめざるを得なかったときはどういう思いで。自分なりに切り替えなくちゃいけないっていう大変さがあったと思うんだけど。

B119　まぁー最初は。んー。えーなんだろ。最初はやっぱ悲しかった。でも、ヤバい。泣きそう（泣く）。

表13-4の「のべ件数」の合計をみると、生活困難層が41件、安定層が6件あり、低収入に起因する子どもの教育・進学へマイナスの影響が生活困難層に集中していることがよくわかる。また、ひとり親家庭の「のべ件数」の合計は26件にもなる。

このようにみると、「経済資本が文化資本の獲得を規定」するというもっともプリミティブな規定性が浮き彫りになる。日本では義務教育費でさえ実際には無償ではないために、生活困難層にとっては小中学校に通う場合でも経済的にきつい状態となることはまれではない[13)]。さらに義務教育後の教育費の私費負担（とくに私立高校や大学）が大きいことが子どもの進学にも大きな影響を与えている。

2）〈経済資本－文化資本〉の視点からみる親の進学期待

表13-5は、〈経済資本〉と〈文化資本〉の世帯階層表に、親の進学期待（現に子どもが進学している学校段階を含む場合がある）を重ねた表である。

表13-5の合計から進学希望が、大学進学までは33.9%、専門・短大は18.6%で、高校進学が30.4%となっており、大学進学希望が全国平均の50%に届かないものの、それでも大学進学希望が一番多いということを確認しておく必要があろう。

象限別にみてみると、〈文化資本＋経済資本＋〉の第Ⅰ象限では、大学進学が一番多く42.9%となっている。対照的に、〈文化資本－経済資本－〉の第Ⅲ

表 13-5　〈経済資本〉と〈文化資本〉の世帯階層別親の進学期待

経済資本＋（上）／経済資本－（下）　文化資本－（左）／文化資本＋（右）

	中卒	高校中退	高卒	専門	短大	大卒
安定世帯 14			B12(夫高校中退), B26, B32, B41, B45, B47, B87(本人次第), B90, B189(未定)	B03, B44, B164	B196	B43
経済的不安定世帯 10	*B146*, *B163*	*B33*(本人次第), *B65*(不明)	B17, *B39*, B119 (夫中卒), *B188*	*B160*		B76
ワーキングプア世帯 19	*B49*, B115		*B02*, *B24*, *B34*, *B36*, *B72*, B89, *B100*, *B109*, B124 (夫高校中退), *B131*, B183, *B194*(本人次第)	*B91*, B173, B193		B103, B137
生活保護世帯 13	*B169*	*B09*	*B07*(不明), *B51*, *B58*(不明), *B69*, *B77*, *B84*, B102, *B121*, *B168*	*B81*		*B67*

＊夫の学歴と妻の学歴の高い方で示した。夫の学歴がわからないときは妻の学歴で示した。
＊＊（網掛け）：大学　（四角）：専門・短大　（角丸）：高校　黒字＋下線：手に職・資格志向
　黒字のみ：本人次第、および未定、不明は表に理由明記
＊＊＊＊（網掛け）・（四角）・（角丸）＋下線：進学期待あるが、手に職・資格志向
＊＊＊＊斜体：ひとり親家庭

象限は、大学進学希望が１ケースあるものの、残りすべてが高校まで（62.5%）となっている。〈文化資本＋経済資本－〉の第Ⅳ象限では、大学進学の 35.3% が一番多いが、その数は第Ｉ象限にはおよばない。また、「手に職・資格志向」が 32.4% と多くなっていることに注目しておきたい。総じていえば、文化資本と経済資本の合力が子どもの進学期待を規定していることがわかる[14)]。以下、経済資本と文化資本の影響をそれぞれ分けて分析する。

表 13-6　世帯階層別子どもの進学期待

	安定世帯 14	経済的不安定世帯 10	ワーキングプア世帯 19	生活保護世帯 13
大学進学	6（42.9%）	5（50%）	5（26.3%）	3（23%）
専門・短大	3（21.4%）	1（10%）	5（26.3%）	0
高校進学	1（ 7.1%）	1（10%）	7（36.8%）	8（61.5%）
手に職・資格	3（21.4%）	2（20%）	8（42.1%）	1（12.4%）

＊表示：実数／パーセント
＊＊手に職・資格は他の進学期待と重なってカウントしている場合がある

表 13-6 は、経済資本の視点から分類された世帯階層別の子どもの進学期待である。全般的に、子どもの進学期待は経済資本の量に影響されていることがわかる。安定世帯では大学進学が 42.9%、専門・短大進学が 21.4%、合わせて 64.3% ある。経済的不安定世帯でも大学進学（50%）、専門・短大進学（10%）と合わせて 60% となり、安定世帯に迫っている。ただし経済的不安定世帯においても進学期待は高いものの、実際には大学に行かせる経済資本が十分ではなく、不安を抱えているケースもある（2-B119）。

ワーキングプア世帯では、高校までが 36.8% と一番多くなっているが、大学進学も専門・短大進学もそれぞれ 26.3% あり、ばらつきが目立つ。しかも経済的にギリギリであり、「公立高校なら行かせられるが、私立高校は無理」と表明するケースもある（1-B115）。むしろワーキングプア世帯では、手に職・資格志向が 42.1% と強いのが特徴である。このような手に職・資格志向がなぜ多いのかについては後に分析する。生活保護世帯では、大学進学が 23% あるものの、高校までが 61.5% と目立って多くなっている。高校までという相対的に低い進学期待は安定層で 1 ケース、経済的不安定層で 1 ケースしかなく、逆にワーキングプア世帯と生活保護世帯では合わせて 15 ケースもあるので、進学期待の低さという点においては経済資本の規定性がはっきりと現れている。

表 13-7 は、家族形態別にみた親の進学期待である。両親世帯では大学進学が 46.4% と一番多いのに対して、ひとり親家庭の場合では高校進学までが 48.3% と一番多く、家族形態においても進学期待に差があることがわかる。もちろん、この差も経済的資本の規定性ゆえであろう。

表 13-8 は、文化資本の視点から親の進学期待をみるために、学歴別に親の

表13-7　家族形態別子どもの進学期待

	両親世帯28	ひとり親世帯29
大学進学	13（46.4%）	6（20.7%）
専門・短大	7（25%）	1（ 3.4%）
高校進学	3（10.7%）	14（48.3%）
手に職・資格	6（21.4%）	8（27.5%）

＊表示：実数／パーセント
＊＊手に職・資格は他の進学期待と重なってカウントしている場合がある

表13-8　親の学歴別子どもの進学期待

	専門・短大・大卒14	高卒34	中卒・中退8
大学進学	9（64.2%）	9（26.4%）	1（12.5%）
専門・短大	2（14.3%）	7（20.6%）	0
高校進学	2（14.3%）	10（29.4%）	5（62.5%）
手に職・資格	3（21.4%）	11（32.3%）	0

＊表示：実数／パーセント
＊＊手に職・資格は他の進学期待と重なってカウントしている場合がある

進学期待を示した表である。親が専門・短大・大卒の場合、進学期待が大学進学までが64.2%と一番多いが、逆に親が中卒・高校中退の場合は大学進学の1ケースと不明を除くとすべてが高校進学（62.5%）となっている。高卒世帯の場合は、進学期待は高校進学が29.4%と多いが、それを上回って、手に職・資格志向が32.3%と多い。親の進学期待には、経済資本の規定性に加えて、文化資本による強い規定性が作用していることもわかる。

3）家族の教育的再生産戦略

経済資本と文化資本の量によって、親の進学期待に違いが生じることがわかってきた。以下、P. ブルデューの〈再生産戦略〉という視点から親の進学期待を分析してみよう。ここでは、新自由主義による社会変動に対して、それぞれの家族の再生産戦略がどのように変容しているのかという点に注目したい。つまり、先のブルデューの理論公式に則れば、構造改革による社会変動によって「再生産手段のシステム構造」が変化したことになるが、それに対して家族が意識的・無意識的にどのような再生産戦略をとるように変化してきたのかの解明が焦点となる。ここでは再生産戦略を、①学歴による教育的再生産戦略、②早い自立をめざす戦略、③手に職・資格による職業獲得戦略の3つに分類して検討する。

①学歴による教育的再生産戦略～経済資本に規定された脆弱性

学歴による教育的再生産戦略は、日本型大衆社会においてもっとも一般的な再生産戦略であり、教育における競争を産み出した原因であった。新規調査においても、親の進学期待は大学進学希望が一番多いことは先に確認した通りである。新規調査においても安定世帯で42.9%、経済的不安定世帯で50%が大学進学希望であり、従来型の学歴による再生産戦略は依然として、多数を占めていることがわかる。

学歴による教育的再生産戦略の典型的な例は、6-B90の「子どもには、こういう道に進みたいというのをみつけて、そのためには専門学校なり大学なりでの勉強を考えて欲しいといつも言っている。親は協力するつもりでいる」という語りである。また、「もっと収入あれば、一軒家が欲しい」という6-B47は「子どもには大学に行って欲しい。大学に入るといろいろと学べると聞くので。留学もして欲しい。それを子どもに押しつけないようにしている。人間力が大事」と語り、そこには中間層的なマイルドな上昇志向がうかがえる。このような学歴による教育的再生産戦略のために、学資保険を掛けている（1-B124, 6-B196）、今後掛けようとしているケースもみられた（1-B173）。

しかし、安定世帯以外の多くのケースにおいては、学歴による教育的再生産戦略において経済資本によって規定された脆弱性がみられる（1-B100, 1-B103, 1-B137, 2-B119）。たとえば、2-B119は弟だけは大学に行ってほしいと思っているが、本人はあまり乗り気ではないという。しかし、この世帯の長女は専門学校の教育費を工面できずに、進学を泣く泣くあきらめたという、先にインタビューを紹介したケースだ。弟が大学に行く費用を実際に用意することは難しいかもしれない。また、実際に姉が予定外の大学進学をしたために、妹が塾に行くお金を捻出できず、弟が部活を我慢するというケースもあった（1-B100）。このように学歴による教育的再生産戦略は安定層においては現実的な再生産戦略であるが、生活困難層においては経済資本の量の少なさゆえに脆弱な再生産戦略だといわざるをえない。この脆弱性は新自由主義的構造改革による格差拡大という社会変動によってもたらされたものである。

また、子どもが薬剤師をめざして大学進学を希望している 1-B103 は、両親ともに大卒で、ケースのなかでもっとも高学歴の世帯であるが、密かに子どもに就職を望んでいる。

〈揺れる教育戦略：ワーキングプア世帯 B103　祖母、父 48 歳、母 47 歳、長女・高 1、長男・中 1〉

B103 は両親とも大学卒。親が大学卒で子どもに大学卒を望まない唯一の例外のケースである。高 1 の長女は薬剤師になるために大学進学希望なので応援したいが、実際には経済的に行かせてやれるかわからないと母は言う。父は「余裕をもってどっかに就職すればいい」と言っている。中 1 の長男に対しては「大学は行かなくてもいいが、高校くらいは行っておかないと」と言っている。

こうしたいわば「揺れる教育戦略」が生まれる要因は、親が大卒という自らの文化資本を経済資本にうまく〈転換〉することができなかったことにある。つまり、自らの経験から大学進学後の就職に希望を見いだせず、高校卒業後にすぐに職についた方が安定すると考えているようだ。これも労働市場の不安定に起因するという意味で、新自由主義的構造改革の影響といえよう。

②早い自立をめざす教育戦略～高校卒業後のひとり立ち

進学期待が高校までという場合は、そこには「早い自立をめざす戦略」とでもいうべき戦略がみられる。そもそも大学のことは考えていないというケースもある（2-B49, 2-B72, 3-B09）が、「早い自立」をはっきりと表明しているケースもあり、その多くが生活保護世帯となっている（1-B02, 3-B51, 3B-84 ,3-B121）。生活保護世帯の 3-B121 の例をあげておこう。

〈早い自立をめざす戦略：B121 生活保護世帯母 36 歳、長男・高 1〉

母本人の両親も小さい頃に離婚。生活保護をもらっていたようだ。高校卒業後、データ入力の仕事を経て、温泉で仲居をしていた。長男が生まれるが、夫とは一緒に暮らすことなく離婚。しばらくの間、朝晩とダブルワークをかけもちしていたが、身体を壊して、生活保護受給にいたる。長男については、高校出たら働いてくれればよい。ニートにならばければ、アルバイトでもいいと思っている。大学進学は考えたことがない。具体的職業についても考えていない。本人も進路については考えていないようだ。高校を出たら自立して欲しいと思っているが、本人にはまだ言っていない。高校卒業してから言うつもりだ。

こうした親の子どもへの早い自立願望は、端的に経済資本の少なさに由来する。事実、進学期待が高校までという希望は生活保護世帯に一番多く8ケース、ワーキングプア世帯に7ケース、経済的不安定世帯、安定世帯にそれぞれ1ケースとなっている（表13-6）。高校進学でも公立高校に行かせるのがギリギリで、私立高校に行かせるのは無理だと表明している家族が3ケース（1-B36, 1-B115, 6-B77）あった。先に指摘したように、義務教育後の教育費の私費負担の高さによって、生活困難層は私学の選択から排除されている。つまり、教育における競争に意識的に乗らないというより、経済資本の少なさゆえの「競争から排除」とみるべきである。ブルデューの言葉を使うなら、「順応原理」（Bourdieu 1979）として高校卒業後の早い自立を選択しているといえよう。「排除」のもっとも顕著な例は、父が中卒の父子世帯で長女以外の子ども3人がともに定時制高校を中退してしまっているというケースである（2-B163）。しかし、このケースは世帯の成員それぞれが少ないながらも稼ぎ手となり、家族の成員が相互に支え合って暮らしているという点において、ルイスのいう「貧困の文化」に近く、「貧困文化型家族維持戦略」をとっているとみることができる[15)]。こうした戦略に近いケースは、他にもみられた（1-B100, 2-B33）。

③「手に職・資格志向」による安定した職業獲得戦略

「手に職・資格」の取得を希望するケースが一定数みられた。「手に職・資格志向」は全部で14ケース（さらに不明で1ケース）あった。「手に職・資格志向」はワーキングプア世帯に8ケース（42.1%）と一番多い（表13-6）。その他の安定世帯3ケースと経済的不安定世帯でそれぞれ2ケース、生活保護世帯では1ケースしかない。学歴別では高卒層が11ケース（32.4%）と最も多く、専門・短大・大学では3ケース（21.4%)、中卒・高校中退ではいない（表13-8)。世帯類型別では両親世帯の6ケース（21.4%）対して、ひとり親世帯では8ケース（27.5%）となっている（表13-7)。「手に職・資格志向」は、高卒、ワーキングプア世帯、どちらかといえばひとり親家庭である場合に多くなっている。

では、「手に職・資格志向」はどのような戦略なのだろうか。「手に職・資格志向」といっても、「高校に行くより手に職」(2-B188）を志向するものから、専門学校で看護師の資格を取得することで手に職（1-B24, 1-B131, 2-B39)、大学で資格取得（2-B76, 6-B164）というものまで幅広い学歴段階において志向されている。

「手に職・資格志向」のケースを分析すると、次のような4つの特徴が浮かび上がる。

(ⅰ) 大学を卒業しても就職がないので、手に職・資格による安定した職の獲得を望む（1-B24, 1-B34, 3-B69)。
(ⅱ) 一生働くことのできる職の獲得（とくに女性の場合）を望む（1-B24, 2-B39, 6-B44, 1-B131)。
(ⅲ) 経済資本の少なさから、高卒後に早く安定した職の獲得を望む（1-B02, 3-B89)。
(ⅳ) 高卒では職はないが大学に行かせることはできないために手に職・資格を望む（1-B109)。

全体的にいえば、構造改革以降、大卒の就職難が続いたため、「大学へ行けば安定した職につける」という成功神話が崩れつつあり（＝再生産手段システム構造の変化)、手に職・資格で安定した職業をもって欲しいという願いが共通しているようにみえる。とくに母子家庭の場合（1-B24, 2-B39, 1-B131）には、子どもが女性の場合は看護師など「出産後も働ける」というような一生働ける職業を願っており、自らが経験した困難を再生産しないで欲しいという願いがうかがえる。

〈B131：ワーキングプア世帯　母44歳、長女中3、長男中1〉

結婚当時は注文住宅の一軒家に住み、生活水準も高かったが、途中から夫が子どもや物にあたるので、離婚した。離婚後はパートで年収180万程度を稼ぐが、学資保険や貯金はできていない。子どもの手が離れたら夜も仕事をしようと考えているが今は無理。中3の長女は小学校の頃は医者になりたがっていたが、現在は看護師になりたいと言っている。親としては、手に職をつけたり、資格をとって、一生いつでも仕事ができるようになって欲しいと願っている。

つまり、「手に職・資格志向」は、「手に職・資格取得による安定した職業獲得戦略」といえよう。では、なぜワーキングプアに手に職が多いのだろうか。安定世帯と経済的不安定世帯の一定数が学歴による教育的再生産戦略をとるのに対して、生活保護世帯は「早い自立をめざす戦略」をとっていた。ワーキングプア世帯はその間で、大学までは無理だけれども、手に職・資格によって安定した職業獲得をめざしている。つまり、経済資本に規定されつつも、親と同じ非正規雇用にならないための再生産戦略であるといえよう。

この戦略がいわば「再生産手段システム構造の変化」に合わせての戦略変化だとしても、従来の〈いい高校→いい大学→いい企業＝安定した〉という日本型大衆社会の企業主義統合のメインルートとは違う生き方を志向しているという点で、経済資本に規定された競争からの排除の帰結ということだけではなく、従来とは異なる生き方の模索として捉えることも可能なのだろうか。その可能性については結論で考察したい。

5. 結論

〈経済資本と文化資本〉と〈再生産戦略〉という視点から生活困難層の生活と教育実態、とりわけ、家族の教育的再生産戦略について分析してきた。最後に、「従来とは異なる生き方の模索」という点に関して考察しておきたい。

われわれの調査で確認された「手に職・資格」による職業獲得戦略は、ブルデュー的視点でいえば、「再生産闘争」ではない「象徴闘争」の契機が孕まれているといえるだろうか。現状で正確な判断を下すのは難しい。おそらく、ここには中流階層に対する「文化の位相での根源的な非連続性」（ウィリス訳書 1985: 4）の存在は確認できない。しかし企業社会でいい位置を獲得するために教育における競争に乗るという従来型の教育的再生産戦略とは違う、もうひとつの生き方の萌芽を示している可能性があるとみることができるかもしれない。

ただし、こうした生き方の選択が従来とは違うもうひとつの生き方のルートとして確立できるかどうかは、本人たちの主観的な意識だけで決定はできないことはいうまでもない。もうひとつの生き方のルートとして確立できるか否かは、非正規雇用を許さないような労働市場の整備と教育費の保障を含む社会保障の充実という社会的条件の確立にかかっている。言い換えれば、そうした社会的条件の確立があってはじめて、「手に職・資格志向」が、学歴獲得競争という「再生産闘争」に組込まれない、また競争の排除の帰結としてのあきらめでもない、支配的価値に対抗できる「象徴闘争」的な意味をもつことができるといえよう。

〈いい高校→いい大学→いい企業＝安定した生活〉という人生ルートが 1990 年代後半までの日本社会に支配的な生き方であった。これは競争を通じて「支配者たちの目標に対する同意」を受容するという生き方でもあった。しかし 1990 年代以降の構造改革によって、こうした生き方さえも確実なものではなくなってきた。こうしてみると、子どもの貧困問題に対する対策を考える場合も、教育における機会の均等の獲得をめざした公正な競争の機会の確保はもちろん必要なことだが、それだけを強調することは得策ではない。むしろ多様な生き方を保障すること、いかなる職業においても（たとえ失業中であっても）、安定・安心して生活できる社会保障の制度設計が必要なのだ。ちなみに、こうした社会的条件が確立された上ではじめて、学校を学歴獲得のための競争の場ではなく、普遍的文化を安心して学ぶ場として再建できるはずだ。

総じていえば、新自由主義における排除に対抗するために、労働市場の規制と十分な社会保障を軸とした「新福祉国家」の確立（ブルデューの言葉でいえば、「トランスナショナルな社会国家」の確立[16]）こそが、必要かつ急務な課題である[17]。もちろん、そうした生活保障の基盤の確立の闘いと同時に、支配に対する再生産闘争に陥らない象徴闘争もまた必要不可欠である。しかし、すべての戦略に言えることだが、それぞれの安定を求めた戦略が「個人的再生産戦略」（Bourdieu 2002=2015: 訳書 280）に留まっていては象徴闘争としては十分な力を発揮することはできない。それらの戦略が生活保障の基盤確立のための運動と結びつきをもつ「真の意味での集団的なプロジェクト」（ibid: 282）となる場合にはじめて、支配に対抗できる象徴闘争の意味をもつことになる。それは同時に排除の危機に瀕した者たちの社会的アイデンティティの確立の闘いになるだろう。

注

1）調査の全体に関しては長谷川編（2014）を参照。また、本章の分析の一部は小澤（2014）と重なるところがある。

2）前回調査の全体像に関しては、久冨編（1993）を参照のこと。

3）日本の失業率は 3.5% で、子どもの貧困率が 16.3% なのに対し、フランスの失業率は 11% にもなるのに、子どもの相対的貧困率は 8% 程度しかない。

4）前回調査の生活困難層の不登校、高校不進学、高校中退の事例にみられた「学校へのこだわりの希薄化」という現象には象徴闘争の契機を含むという解釈もあった。その点については、長谷川（1993）を参照のこと。

5）P. ブルデューの「戦略」概念の分析については、小澤（2005）を参照。以下の戦略概念の説明は上記論文の叙述を使用した。

6）以下の特徴の整理は、山本（2014）を要約したものである。

7）以下の 3 節の分析は、小澤（2014）の叙述を部分的に使った。世帯階層分類を行うにあたっては、生活保護の最低生活費を基準に、「ワーキングプア世帯」および「経済的不安定世帯」を把握した。具体的方法としては生活保護の最低生活費を計算する「2010 年度版・最低生活費・簡易計算シート」により、世帯の人数と家族構成員のそれぞれの年齢を考慮し、最低生活費を計算した上で、インタビューで聞けた収入と比較するという方法をとった。その結果、収入が最低生活費を下回る場合は「ワーキングプア世帯」へ分類し、最低生活費以下ではないが最低生活費の 1.4 倍を下回る場合、あるいは「就学援助」を受けている場合や低収入により家賃が減額されている場合など経済的な不安定を予測させるケースについては、「経済的不安定世帯」に分類した。また、収入が最低生活費の 1.4 倍を上回る場合は「安定世帯」に分類した。尚、生活保護を受けている世帯は「生活保護世帯」、障碍年金などの手当によって生計を立てている場合は、「傷病・障碍者世帯」に分類した。中国からの引揚者は「引揚世帯」に分類した。収入、就学援助の受給有無、家賃の減額などが分からない世帯は「7・不明」に分類した。ただし、収入に関してはインタビューで正確に把握できていない場合や、いくつかの推測を含む場合がある。分類のより詳しい方法は、小澤（2014）を参照。

8）推測や推計を含むが、世帯類型別の平均収入をみておく。ワーキングプア世帯の平均就労収入（手取り）は約 180 万円（児童手当、児童扶養手当などの手当 39 万を加算して年収 219 万円）であり、経済的不安定世帯は 239 万円（手当 31 万を加算して年収 270 万円）。安定世帯の年収は 340 万円程度であった（額面年収は推計で約 439 万円）。また、ひとり親世帯（生活保護世帯と傷病・障碍者世帯を除く）の平均就労収入（手取り）は約 185 万（手当 36 万円を加算して年収 221 万円）であった。母子世帯のみでは 182 万円（手当 51 万加算して年収 232 万）、父子世帯のみで 217 万円（手当加算で 227 万円、税引き前の年収で 275 万円）であった。

9）世帯の学歴は両親家族の場合は夫と妻の学歴の高い方を用いた。ただし、夫の学歴がわからない場合は妻の学歴を用いた。その場合、表 13-3 には（妻）と表記してある。ひとり親家庭の場合は本人学歴を用いた。ワーキングプア世帯で学歴不明が 1 ケースあった（1-B135）。

10）経済資本の縦軸上において、ワーキングプア世帯を生活保護世帯より上位においたのは、収入だけでなく、貯蓄や資産（車の保有）を考慮してのことである。

11）生い立ちにおいて困難を抱えているケースには、①育った家庭が離婚や死別でひとり親家庭、②親が生活保護を受給、③親の就業が不安定、④親が低学歴などである。生活保護世帯における生活保護受給の再生産率は 15.4% と必ずしも高くないが、全般的に生い立ちにおける困難の重なりや夫の不安定な就労やきびしい家族生活などによる「貧困の再生産」がみられる。生い立ちにおける困難の詳しい一覧は、小澤（2014: 91）を参照。

12）それぞれの世帯階層の雇用形態などの就労状況や健康状態の分析について詳しくは、小澤浩明（2014）を参照。

13）義務教育における高い私費負担の現状と義務教育費の完全無償化への実現については、小澤浩明（2012）を参照。

14）新規調査において、親の「大学進学への態度」を分析した前馬優策（2014）によれば、大学進学に関する親の言及は統計的には有意ではないが、「生活困難層において否定的な言及がなされ、安定層において肯定的な言及がなされる傾向にあった」（p.269）とし、母の学歴が高いほど大学進学に肯定的であることも明らかにしている。なお、「手に職」の分析ついても前馬優策（2014）を参照のこと。

15）「貧困の文化」とは、貧困に陥った人々が貧困情況に対してとる適応の様式や下位文化のことである。ただし、この概念によって生じるスティグマに注意を払う必要がある。「貧困の文化」概念自体が孕む問題ついては、西村（2013）を参照。

16）ブルデューの「トランスナショナルな社会国家」構想については、小澤（2006）を参照。

17）新福祉国家構想を実現するための制度改革についての文献をあげておく。雇用制度改革に関しては後藤・布川・福祉国家構想研究会（2013）、医療制度改革に関しては二宮・福祉国家構想研究会（2011）、公教育の完全無償化に関しては世取山・福祉国家構想研究会（2012）をそれぞれ参照のこと。

参考文献

Bourdieu, P., (1979), *La Distinction, Minuit.* (=1989/1990 石井洋二郎訳『ディスタンクシオン』Ⅰ, Ⅱ, 藤原書店 .)

――――, (2002), Interventions 1961-2001, *Agone.*（= 2015 櫻本陽一訳『介入』Ⅰ, Ⅱ, 藤原書店 .）

江口英一・川上昌子（2009),『日本における貧困世帯の量的把握』法律文化社 .

長谷川裕（1993),「生活困難層の青年の学校『不適応』」久冨善之編『豊かさの底辺に生きる』青木書店, pp. 107-145.

長谷川裕編（2014),『格差社会における家族の生活・子育て・教育と新たな困難』旬報社 .

後藤道夫（2001),『収縮する日本型〈大衆社会〉』旬報社.

―――― (2002),『反「構造改革」』青木書店.

―――― (2009),「構造改革が生んだ貧困と新しい福祉国家の構想」渡辺治ほか編『新自由主義か新福祉国家か』旬報社 , pp.313-417.

―――― (2011),『ワーキングプア原論』花伝社.

後藤道夫・布川日佐史・福祉国家構想研究会（2013）『失業・半失業が暮らせる制度の構築』大月書店.

ルイス，オスカー／高山智博ほか訳（2003),『貧困の文化――メキシコの“五つの家族”』ちくま学芸文庫.

久冨善之編著（1993),『豊かさの底辺に生きる』青木書店.

前馬優策（2014),「子どもへの『願望』にみる現代社会――A 団地における『学歴期待』」，長谷川裕編『格差社会における家族の生活・子育て・教育と新たな困難』旬報社, pp. 261-283.

盛満弥生（2014）「A 団地の家族の子育て方針・実態」, 長谷川裕編『格差社会における家族の生活・子育て・教育と新たな困難』旬報社 , pp. 231-260.

小澤浩明（1993),「地域社会での〈階層化秩序〉と生活困難層――〈うわさの階層構造〉と孤立・敵対のメカニズム」久冨善之編『豊かさの底辺に生きる』青木書店, pp. 179-216.

―――― (2000),「『中流』階層の両極化と教育問題」『教育』No. 658.

―――― (2001),「現代日本の社会階級・社会問題とブルデュー社会学理論――新自由主義とメリトクラシー批判」『ブルデューを読む』情況出版.

―――― (2004),「六・三・三制の再編と『階層化した競争』の誕生――1990 年代以降の階層二極化と人間形成の課題」中内敏夫・小野征夫『人間形成論の視野』大月書店.
――――（2005),「ブルデューの教育と社会変動の社会学――競争、再生産、合理的教育学」日仏社会学会叢書第3巻『ブルデュー社会学への挑戦』厚生恒星閣.
――――（2006),「P. ブルデューのネオ・リベラリズム批判と社会運動――トランスナショナルな社会国家の可能性」新原道信、奥山眞知、伊藤守『地球情報社会と社会運動』ハーベスト社.
――――（2012),「学修費における私費負担の現状」, 世取山洋介・福祉国家構想研究会『公教育の無償性を実現する――教育財政法の再構築』大月書店.
――――（2014),「A団地の生活実態の概要：労働と生活水準の視点から――ワーキングプアに着目して」長谷川裕編『格差社会における家族の生活・子育て・教育と新たな困難』旬報社, pp. 70-94.
――――（2016),「子どもの貧困をめぐる状況と新福祉国家構想」『季論21』31号、本の泉社、pp. 149-159.
都留民子編著（2012),『「大量失業社会」の労働と家族生活』大月書店.
中村修一（2014),「インタビュー・地域の経済ルールをつくる社会運動」月刊『東京』359号.
二宮厚美・福祉国家構想研究会（2011),『誰でも安心できる医療保証へ』大月書店.
西村貴直（2013),『貧困をどのように捉えるか　H・ガンツの貧困論』春風社.
山本宏樹（2014),「A団地の地域特性とその変化」長谷川裕編『格差社会における家族の生活・子育て・教育と新たな困難』旬報社, pp. 56-69.
世取山洋介・福祉国家構想研究会（2012),『公教育の無償性を実現する――教育財政法の再構築』大月書店.
ウィリス, ポール／熊沢誠ほか訳（1985),『ハマータウンの野郎ども――学校への反抗　労働への順応』筑摩書房.

あとがき

本書は、巻頭に述べたように2014年11月29－30日に大阪大学人間科学研究科内で開催した日仏教育セミナー「庶民階層における教育の大衆化」を基にしている。まずは国際共同研究促進プログラム「人文科学における日仏研究交流拠点の形成――思想・教育・臨床を中心として」（代表：檜垣立哉）の助成を受けたことに感謝申し上げる。本プログラムは大阪大学におけるフランス研究の拠点形成にある。2014年から3年間のプログラムであり、その間に学術交流協定、セミナーの開催や、出版の企画等が予定されている。その1年目に招へいに応じていただいたステファン・ボー氏、ピエール・ペリエ氏、マチアス・ミエ氏には改めて御礼申し上げる。昨今の大学改革の多忙ななか、スケジュール調整をいただいたことは、たいへん光栄に思う。また初日は日仏教育学会との共催ということも手伝って2日間で60名を超える方々に参加いただき、日仏の教育学者および社会学者の横断的な視点がたいへん参考になった。ご協力いただいた日仏教育学会会員、大阪大学人間科学研究科教育制度学研究室の学生の皆様に御礼申し上げる。特に本書の校正を担当してくれた博士後期課程在籍の前田裕介君には感謝したい。

日本におけるフランス教育ならびに社会学研究は、諸外国の研究のなかでもそれなりの蓄積がこれまでにもある。しかし、こうした戦後の教育制度の変遷や、政策研究こそあるものの、その実態や、社会背景に迫ったものは未だその厚みは英米には引けを取ると感じている。その意味でも本書が、若干の進展に貢献できればと願いたい。学術出版が厳しいなか、そして何より大学研究者において研究時間の制約があるなか、多くの執筆者に思う存分各自の研究の成果を披露していただいたことに編者を代表して、この場を借りてお礼申し上げる次第である。また翻訳作業という大変な仕事をお引き受けいただいた皆さんにも感謝申し上げる。翻訳作業なくして、これだけの論文を一冊の本にまとめることはできなかった。現代のフランス教育社会学研究を代表する論文と第一人者に執筆いただけたのもこうした多くの方々の協力によるところである。本書を土台にしてひとりでも多くの有望な若手研究者が生まれ、日仏の人文社会科学のさらなる発展に期待したい。

最後に、勁草書房の藤尾やしお氏には毎回無理なお願いを快諾いただき、御礼申し上げる。

園山　大祐

日仏教育セミナー２日目（於：大阪大学、2014 年 11 月 30 日）の記念撮影より。

【付記】

本研究には、以下の科学研究費を使用している。この場を借りて感謝申し上げる。
研究課題番号：26285190, 26590211

付録1　フランスの学校系統図（2013年度）

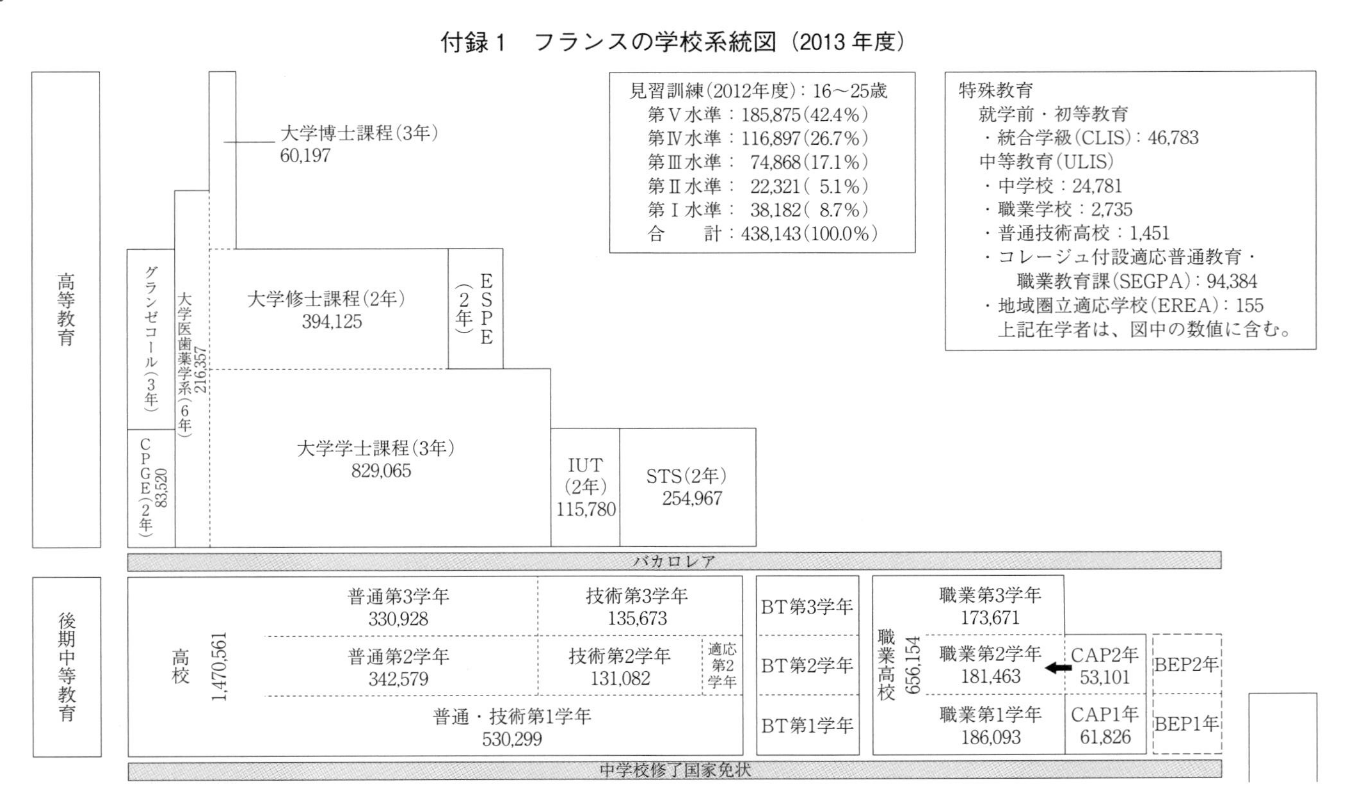

教育段階	学校	学年・生徒数	年齢	
前期中等教育	中学校 3,223,459	第4学年 785,687	14歳	義務教育
		第3学年 793,522	13歳	
		第2学年 825,767	12歳	
		第1学年 818,483	11歳	
初等教育	小学校 4,054,544	第5学年 802,487	10歳	
		第4学年 799,125	9歳	
		第3学年 805,701	8歳	
		第2学年 812,677	7歳	
		第1学年 834,554	6歳	
就学前教育	保育学校 2,535,662	年長組 817,367	5歳	
		年中組 823,587	4歳	
		年少組 803,727	3歳	
		2歳児 90,981		

出典：Repères & références statistiques 2014（Ministère de l'éducation nationale）
注：数字は児童生徒学生数を表す。

付録2　フランスの主な教育改革年表

1936年8月9日付法律：義務教育の延長（6-14歳）
1941年8月16日付法律：近代コレージュ、技術コレージュの設置
1958年10月21日付通達：小学校に観察課程を設置
1959年1月6日付政令：ベルトワン改革、義務教育の延長（6-16歳）
1960年6月6日付通達：中等教育学校、CEG、GOD設置
1963年8月3日付政令：フーシェ改革；CES設置、進路指導期を前期中等教育最終学年にする
1965年6月：バカロレアコースをA, B, C, D, Tの5つとする
　　11月9日付政令：バカロレア資格の改革
1966年1月7日付政令：IUTの設置
1967年：SES（特別教育学科）の設置、新学年から1959年6歳に達した者が旧来の義務教育年限の14歳を超えて新義務教育年限に入る
1968年11月12日付法律：「フォール法」高等教育改革
1969年5月30日付政令：PEGC教授資格に必要な養成機関を3年に
　　6月6日付通達：初等教員資格を2年に
　　6月17日付通達：初等教育の男女共学
1974年6月24日付通達：「コース（filières)」の用語廃止
1975年7月11日付法律：「アビ法」、統一コレージュ（77年9月よりコース種別の完全廃止）
1979年9月25日付省令：初等教員資格を3年に
1981年7月1日付：ZEP（優先教育地域）設置
1985年11月27日付政令：職業バカロレア設置、職業高校の創設
1987年4月27日省令：職業バカロレアの試験の実施
1989年7月10日付法律：「ジョスパン教育基本法」
　　SEGPAの設置（旧SESの代わりとなる）
1990年4月9日付通達：RASEDの設置
　　7月4日付法律：IUFM（教員養成機関）設置、初等・中等教員の養成期間を学士取得後2年とする
1993年9月15日付政令：バカロレアの資格の見直し；普通バカロレア（文系、社会経済系、科学系)、技術バカロレア（STI, STL, SMS, STT）
2005年4月23日付法律：「フィヨン学校基本計画法」

2006年7月11日付政令：「共通基礎」の設置
2009年7月9日付省令：Brevet National des collèges 設置
2013年6月25日付法律：「ペイヨン（共和国の学校再生基本計画）法」
2013年9月：ESPE（新教員養成機関）設置
2015年3月12日付：「新共通基礎」採択（教育高等審議会）
2015年6月30日付通達：中学校改革開始
2015年11月26日付官報：小学校と中学校の新学習指導要領公開

人名索引

ア行

カ行

サ行

タ行

ナ行

ハ行

マ行

ヤ行

ラ行

ワ行

地名索引

ハ行

マ行

ヤ行

ラ行

事項索引

ア行

カ行

サ行

タ行

ハ行

マ行

ヤ行

ラ行

略語一覧

ACA（Actions et Communications Administratives）：行政活動・通信（STT の選択教科）
BEP（Brevet d'Etudes Professionnelles）：職業教育免状
BTS（Brevet Technicien Supérieur）：上級技術者証書
CAP（Certificat d'Aptitude Professionnelle）：職業適格証
CEG（Collèges d'Enseignement Général）：普通教育コレージュ
CEREQ（Centre D'Etude et de Recherches sur l'Emploi et les Qualifications）：資格調査研究所
CERI（Centre for Educational Research and Innovation）：教育研究革新センター（OECD）
CES（Collèges d'Enseignement Secondaire）：中等教育コレージュ
CFA（Centre de Formation d'Apprentis）：職業訓練センター
CGT（Confédération Générale de Travail）：フランス労働総同盟
CPA（Classe Prépratoire à l'Apprentissage）：職業見習準備学級
CPGE（Classe Préparatoire de Grandes Ecoles）：グランゼコール準備級
CPPN（Classe Pré-Professionnelle de Niveau）：職業前教育学級
DATAR（Délégation à l'Aménagement du Territoire et à l'Action Régionale）：国土整備地方開発局
DEPP（Direction d'Evaluation, de Prospective et de Performance）：評価予測成果局
DNB（Diplôme National du Brevet）：中学校修了国家免状
DUT（Diplôme Universitaire de Technologie）：大学科学技術免状
ES：普通バカロレアの経済・社会系
GOD（Groupes d'Observation Dispersés）：分散式観察グループ
GSI（Gestion et Système d'Ingénieur）：経営管理システム（技術バカロレアの選択）
HCI（Haut Conseil à l'Intégration）：統合高等審議会
INED（Institut National des Etudes Démographiques）：人口問題研究所
INSA（Institut National des Sciences Appliquées）：国立応用科学院
INSEE（Institut National de la Statistique et des Etudes Economiques）：フランス国立統計経済研究所
IRIS（Ilots Regroupés pour l'Information Statistique）：統計情報統合単位
IUT（Institut Universitaire de Technologie）：技術短期大学部
L：普通バカロレアの文系
LEA（Langues Etrangères Appliquées）：応用言語学科
MEN（Ministère de l'Education Nationale）：国民教育省
OECD, OCDE（Organisation for Economic Cooperation and Development）：経済協力開発機構
PEP（Politique d'Education Prioritaire）：優先教育政策
PISA（Programme for International Student Assessment）：国際学習到達度調査
PME-PMI（Petites et Moyennes Entreprises-Peitites et Moyennes Industries）：中小企業
RASED（Réseau d'Aides Spécialisées aux Elèves en Difficulté）：困難に陥った生徒のための特別支援ネットワーク

S：普通バカロレアの科学系
SEGPA（Section d'Enseignement Général et professionnel adapté）：普通職業適応教育科
SEN（Special Educational Needs）：特別（特殊）な教育的ニーズ
SMS（Section Médico-Sociale）：医療・社会科学技術系（技術バカロレア）
SNES（Syndicat National d'Enseignement Secondaire）：中等教育教員全国組合
SNI（Syndicat National des Instituteurs）：小学校教員全国組合
STG（Sciences et technologies de la gestion）：経営科学とテクノロジー（旧 STT）
STI（Sciences et Techniques Industrielle）：工業科学技術系（技術バカロレア）
STS（Section Technicien Supérieur）：上級技手養成短期高等教育課程
STT（Sciences et Technologies Tertiaires）：（→現 STG）
TEIP（Territórios Educativos de Intervenção Prioritària）：優先教育地域（ポルトガル）
TeO（Trajectoires et Origines）：履歴と出自
ZEP（Zone d'Education Prioritaire）：優先教育地域
ZUS（Zone Urbaine Sensible）：困難都市地域

執筆者紹介（執筆順）

■編著者

園山大祐（そのやま　だいすけ）［はしがき，序章，第5章解説，第8章，あとがき］
大阪大学大学院人間科学研究科准教授．教育学修士　専門：比較教育社会学
主著：『日仏比較　変容する社会と教育』（共編著，明石書店，2009）
　『学校選択のパラドックス――フランス学区制と教育の公正』（編著，勁草書房，2012）
　『排外主義を問いなおす――フランスにおける排除・差別・参加』（共編著，勁草書房，2015）

■執筆者

ステファン・ボー（S. Beaud）［第1章］
パリ第10大学教授．社会学博士　専門：社会学
主著：S. Beaud, en collaboration avec Philippe Guimard, *Afftreux, riches et méchants ? Un autre regard sur les Bleus*, Paris: La Découverte, 2014.
　avec Michel Pialoux, *Violences urbaines, violence sociale: genèse des nouvelles classes dangereuses*, Paris: Fayard, 2003, La Découverte, 2012.
　« 80% au bac » et après ?: les enfants de la démocratisation scolaire, Paris: La Découverte, coll. « Textes à l'appui. Enquêtes de terrain », 2002.
　avec Michel Pialoux, *Retour sur la condition ouvrière: enquête aux usines Peugeot de Sochaux-Montbéliard*, Paris: Fayard, 1999.

ソフィ・オランジュ（S. Orange）［第2章］
ナント大学准教授．社会学博士　専門：社会学
主著：Sophie Orange, *L'autre enseignement supérieur. Les BTS et la gestion des aspirations scolaires*, Paris, PUF, 2013.
　Avec Romuald Bodin, Sophie Orange, *L'Université n'est pas en crise. Les transformations de l'enseignement supérieur: enjeux et idées reçues*, Bellecombe-en-Bauges, Le Croquant, 2013.

荒井　文雄（あらい　ふみお）［第3章］
京都産業大学外国語学部教授．専門：教育社会学，メディア社会学
主著：*Les expressions locatives et les verbes de déplacement en japonais*, PU. Septentrion, 2000.
　「フランスにおける学校選択行動の社会階層的類型」『学校選択のパラドックス』（勁草書房，27-50頁，2012）．
　「重大災害時におけるメディアの役割――東京電力福島第一原子力発電所事故後における放射線健康被害リスク報道の検証」京都産業大学論集人文科学系列，45号，103-145頁，2011.

マチアス・ミエ（M. Millet）［第4章］
トゥール大学教授．社会学博士　専門：社会学
主著：Martine Kherroubi, Mathias Millet, Daniel Thin, *Désordre scolaire: l'école, les familles et les dispositifs relais*, Petra, 2015.
Mathias Millet, Daniel Thin, *Ruptures scolaires.. L'école à l'épreuve de la question sociale*, Presses universitaires de France, 2012.

ダニエル・タン（D. Thin）［第4章］
リヨン大学，リヨン高等師範学校教授，社会学博士　専門：社会学
主著：Mathias Millet, Daniel Thin. École, jeunes de milieux populaires et groupes de pairs, Laurent Mucchielli, *Les bandes de jeunes. Des "blousons noirs" à nos jours*, La Découverte, 2007.
Mathias Millet, Daniel Thin, L'école au cœur de la question sociale. Entre altération des solidarités sociales et nouvelles affectations institutionnelles, Paugam, Serge. *Repenser la solidarité. L'apport des sciences sociales*, Presses Universitaires de France, 2007.
Quartiers populaires: l'école et les familles, PUL, 1998.

アントワンヌ・プロ（A. Prost）［第5章］
パリ第1大学名誉教授．歴史学博士　専門：歴史学
主著：*L'Enseignement en France（1800–1967）*, Paris, A. Colin, coll. « U », 1968.
L'enseignement s'est-il démocratisé ?, Les élèves des lycées et collèges de *l'agglomération d'Orléans de 1945 à 1980*, Paris, PUF, « coll. Sociologies », 1986, 2e éd. augmentée 1992, 2006.
Éducation, société et politiques. Une histoire de l'enseignement en France, de 1945 à nos jours, Paris, Éditions du Seuil, coll. « Points histoire », 1992.
Histoire générale de l'enseignement et de l'éducation en France, t. IV, L'école et la famille dans une société en mutation（depuis 1930） Paris, Perrin, coll. « Tempus », 2004.
Du changement dans l'école, Seuil, 2013.

ダニエル・トランカール（D. Trancart）［第6章］
雇用研究センター/ルーアン大学准教授，レジオンドヌール勲章．社会学博士
専門：社会学
主著：Sylvain Broccolichi, Choukri Ben Ayed, Danièle Trancart（coord.）, *Ecole: les pièges de la concurrence,* La découverte, 2010.

ジャン＝イヴ・ロシェックス（J-Y. Rochex）［第7章］
パリ第8大学教授．社会学博士　専門：教育社会学
主 著：Bernard Charlot, Élisabeth Bautier et Jean-Yves Rochex, *École et savoir dans les banlieues et ailleurs*, Paris, Armand Colin, 1992.

Marc Demeuse, Daniel Frandji, David Greger et Jean-Yves Rochex (dir.) *Les politiques d'éducation prioritaire en Europe. Conceptions, mises en œuvre, débats*, Lyon, Publications de l'INRP, 2008.
Marc Demeuse, Daniel Frandji, David Greger et Jean-Yves Rochex (dir.) *Les politiques d'éducation prioritaire en Europe. Tome 2: Quel devenir pour l'égalité scolaire ?*, Lyon, ENS Éditions, 2011.

ダニエル・フランジ（D. Frandji）［第7章］
リヨン高等師範学校准教授．社会学博士　専門：教育社会学
主著：Marc Demeuse, Daniel Frandji, David Greger et Jean-Yves Rochex (dir.), *Educational Policies and inequalities in Europe, London*, Palgrave Macmillan, 2012.

ステファン・ボネリー（S. Bonnéry）［第9章］
パリ第8大学教授．社会学博士　専門：教育社会学
主著：*Supports pédagogiques et inégalités scolaires*, La dispute, 2015.
Comprendre l'échec scolaire. Élèves en difficultés et dispositifs pédagogiques, Paris: La dispute, 2007.
S.Bonnéry et Élisabeth Martin, *Les classes-relais. Un dispositif pour les jeunes en rupture scolaire*, Paris: ESF éditeur, 2002.

ピエール・ペリエ（P. Périer）［第10章］
レンヌ第2大学教授．社会学博士　専門：教育社会学
主著：*Professeurs débutants*, PUF, 2014
L'ordre scolaire négocié. Parents, élèves, professeurs dans les contextes difficiles, PUR, 2010.
École et familles populaires: sociologie d'un différent, Presses universitaires de Rennes（PUR）, 2005.

村上一基（むらかみ　かずき）［第10章翻訳，第11章］
パリ第4大学博士課程．社会学修士　専門：社会学
主著：『国際社会学』（共著，有斐閣，2015）
「フランス・パリ郊外の大衆地区におけるムスリム移民の家庭教育」『年報社会学論集』第27号，2014
「フランス・パリ郊外のコレージュ教職員による移民系家族の問題化」『フランス教育学会紀要』第27号，2015

森　千香子（もり　ちかこ）［第12章］
一橋大学大学院法学研究科准教授．博士（社会学）　専門：社会学
主著：『排除と抵抗の郊外』（東京大学出版会，2016）
『国境政策のパラドクス』（共編著，勁草書房，2014）
『ヘイト・スピーチの法的研究』（共著，法律文化社，2014）

『レイシズムと外国人嫌悪』（共著，明石書店，2013）

小澤浩明（おざわ　ひろあき）［第13章］
東洋大学社会学部社会学科教授．社会学修士　専門：教育社会学
主著：『公教育の無償性を実現する』（共著，大月書店，2012）
『ペダゴジーの社会学——バーンスティン理論とその射程』（編著，学文社，2013）
『格差社会における家族の生活・子育て・教育の新たな困難——低所得者集住地域の実態調査から』（共著，旬報社，2014）

■訳者
渡辺一敏（わたなべ　かずとし）［第1章・第5章・第6章翻訳］
翻訳家．
主著：『比較教育』（共訳，文教大学出版事業部，2011）

田川千尋（たがわ　ちひろ）［第2章翻訳・解説］
大阪大学未来戦略機構第五部門特任助教．パリ第8大学教育学DEA
主著：「フランスの大学において学生の学びはどのように支援されてきたか：大学と「教育」概念」『フランス教育学会紀要』第25号，2013
「大学教育の職業化——フランスの場合」（京都大学高等教育研究開発推進センター・編『生成する大学教育学』ナカニシヤ出版，2012）
「3. 大学運営における執行部の役割と部局との関係」（共著）『フランスの大学ガバナンス』（高等教育研究叢書127，広島大学高等教育研究センター，2014）

小林純子（こばやし　すみこ）［第4章・第7章・第9章翻訳］
南山大学外国語学部准教授．教育学博士（パリ第5大学）
主著：『記憶の共有をめざして』（共著，行路社，2015）
『児童の放課後活動の国際比較——ドイツ・イギリス・フランス・韓国・日本の最新事情』（共著，福村出版，2012）
『学校選択のパラドックス』（共著，勁草書房，2012）

教育の大衆化は何をもたらしたか
フランス社会の階層と格差

2016年５月20日　第１版第１刷発行

編著者　園（その）　山（やま）　大（だい）　祐（すけ）

発行者　井　村　寿　人

発行所　株式会社　勁（けい）　草（そう）　書　房

112-0005 東京都文京区水道2-1-1　振替　00150-2-175253
（編集）電話 03-3815-5277／FAX 03-3814-6968
（営業）電話 03-3814-6861／FAX 03-3814-6854
本文組版 プログレス・日本フィニッシュ・牧製本

ISBN978-4-326-60292-6　　Printed in Japan

http://www.keisoshobo.co.jp